COLEÇÃO
ABERTURA
CULTURAL

Copyright © 1950, Lionel Trilling.
Copyright renewed © 1978, Diana Trilling and James Trilling.
Copyright da edição brasileira © 2015 É Realizações
Título original: *The Liberal Imagination*
Todos os direitos reservados.

Editor
Edson Manoel de Oliveira Filho

Produção editorial e projeto gráfico
É Realizações Editora

Preparação de texto
Dyda Bessana

Revisão
Eliel Silveira Cunha

Capa
Pedro Lima

Reservados todos os direitos desta obra. Proibida toda e qualquer reprodução desta edição por qualquer meio ou forma, seja ela eletrônica ou mecânica, fotocópia, gravação ou qualquer outro meio de reprodução, sem permissão expressa do editor.

CIP-BRASIL. CATALOGAÇÃO NA PUBLICAÇÃO
SINDICATO NACIONAL DOS EDITORES DE LIVROS, RJ

T75i

Trilling, Lionel
A imaginação liberal : ensaios sobre a relação entre literatura e sociedade / Lionel Trilling; tradução Cecília Prada. - 1. ed. - São Paulo : É Realizações, 2015.
352 p.; 23 cm.   (Abertura cultural)

Tradução de: The liberal imagination
ISBN 978-85-8033-211-7

1. Liberalismo - Filosofia. 2. Literatura. 3. Ensaios. I. Prada, Cecília. II. Título. III. Série.

15-26550   CDD: 320.51
                                                            CDU: 329.12

06/10/2014   07/10/2014

É Realizações Editora, Livraria e Distribuidora Ltda.
Rua França Pinto, 498 · São Paulo SP · 04016-002
Caixa Postal: 45321 · 04010-970 · Telefax: (5511) 5572 5363
atendimento@erealizacoes.com.br · www.erealizacoes.com.br

Este livro foi impresso pela Edições Loyola em outubro de 2015. Os tipos são da família Sabon Light Std e Frutiger Light. O papel do miolo é o off white norbrite 66g, e o da capa, cartão ningbo star 250g.

A IMAGINAÇÃO LIBERAL

Ensaios Sobre a Relação entre Literatura e Sociedade

Lionel Trilling

TRADUÇÃO CECÍLIA PRADA

É Realizações
Editora

Sumário

Introdução *por Louis Menand* 7

Prefácio 15

Capítulo 1 | Realidade na América 27

Capítulo 2 | Sherwood Anderson 49

Capítulo 3 | Freud e a Literatura 63

Capítulo 4 | A Princesa Casamassima 89

Capítulo 5 | A Função da Pequena Revista 127

Capítulo 6 | Huckleberry Finn 139

Capítulo 7 | Kippling 155

Capítulo 8 | A Ode à Imortalidade 167

Capítulo 9 | Arte e Neurose 201

Capítulo 10 | O Senso do Passado 223

Capítulo 11 | Tácito, Agora 241

Capítulo 12 | Costumes, Moral e Romance 249

Capítulo 13 | O Relatório Kinsey 269

Capítulo 14 | F. Scott Fitzgerald 291

Capítulo 15 | Arte e Fortuna 303

Capítulo 16 | O Significado de uma Ideia Literária 327

Introdução
POR *LOUIS MENAND*[1]

A Imaginação Liberal tornou a crítica literária importante para aqueles que não eram críticos profissionais. Lionel Trilling estava com 45 anos quando este livro foi lançado, e mal era conhecido. Sua tese de doutorado sobre Matthew Arnold fora publicada em 1939 e recebera uma resenha elogiosa de Edmund Wilson. Seu estudo sobre E. M. Forster, de 1941, foi tema de um artigo na revista *Time*. Seu romance *The Middle of the Journey* [O Meio da Jornada], publicado em 1947, não foi muito bem recebido pela crítica e teve vendagem desapontadora, mas teve ótima divulgação. Trilling era professor da Universidade Columbia e colaborador da revista *The New Yorker* e do *The New York Times*. Mesmo assim, *A Imaginação Liberal* foi um fenômeno. Vendeu 70 mil exemplares de capa dura e 100 mil em brochura. E mudou o papel da literatura na vida intelectual americana.

Antes de mais nada, é preciso lembrar que *A Imaginação Liberal* foi um livro da Guerra Fria, embora isso absolutamente não signifique que seja a única coisa a dizer sobre ele. Apareceu mais ou menos na mesma época de *The Vital Center* [O Centro Vital], de Arthur Schlesinger Junior, e de *1984*, de George Orwell – livros classificados

---

[1] Louis Menand é professor de Inglês da cátedra "Anne T. e Robert M. Bass" da Universidade Harvard e redator da equipe da revista *The New Yorker*. É autor dos livros: *Discovering Modernism, The Metaphysical Club* e *American Studies*.

como de um anticomunismo liberal. Trilling certamente era um anticomunista liberal. Orwell era um de seus heróis: escrevera uma resenha de *1984* para a *The New Yorker* (definindo essa obra como "livro do momento") e uma introdução à reedição de uma obra de 1952, também de Orwell, uma denúncia da hipocrisia e da brutalidade de Stalin, *Homage to Catalonia* [Homenagem à Catalunha], em que dizia que o autor era "uma figura na nossa vida". Trilling e sua mulher, Diana, eram membros da Comissão Americana para a Liberdade Cultural, fundada em 1951, e ele era sócio proeminente da *Partisan Review*, que desde 1937 era núcleo jornalístico da esquerda anticomunista. Quem lesse *A Imaginação Liberal* em 1950 tomaria o livro como uma advertência contra o dogmatismo e o filistinismo da mentalidade dos "companheiros de jornada". Em uma época posterior de sua vida, Trilling assumiria explicitamente que seu livro de fato fora um ataque contra o stalinismo.

Fato significativo é o de a palavra "liberal" nunca ter sido definida neste livro. No que se refere à teoria política, há tipos de liberal radicalmente diferentes. Segundo uma famosa definição de Isaiah Berlin, há uma distinção fundamental entre o liberal que acredita na liberdade negativa, "estar livre de alguma coisa", e o que acredita na liberdade positiva, "ser livre para fazer alguma coisa". Há o liberalismo dos mercados e do individualismo e o relacionado com o planejamento e o coletivo. Habitualmente são definidos como liberais os que acham que o discurso do ódio deve ser abolido, mas aqueles que pensam que o discurso da liberdade deve ser absoluto também são habitualmente tidos como liberais. Na época de Trilling, a divisão entre anticomunistas liberais e liberais anticomunistas parecia ser irremediável, por menor que nos pareça ser essa distância histórica (a maioria dos anticomunistas não era pró-comunistas). Alguns liberais achavam que ser membro do Partido Comunista impedia alguém de ser professor ou de se filiar a um sindicato, mas havia quem discordasse disso. Então, quando

Trilling diz, na introdução de seu livro, que "nos Estados Unidos, neste momento, o liberalismo não é só a tradição intelectual dominante, mas sim a única", está indicando, no seu característico estilo elíptico, que trata da mesma maneira todos os liberais.

Pois a ideia fundamental deste livro é a de que a maioria dos seres humanos não é constituída por ideólogos; a coerência intelectual não é um aspecto notável de suas políticas. As ideias políticas das pessoas podem ser rígidas mas não são necessariamente rigorosas. Elas tendem a derivar, ou então a refletir alguma mistura de sentimento, hábitos e aspirações morais. Segundo Trilling, isso não torna menos poderosas essas convicções no mundo político; pelo contrário, são essas atitudes e esses conceitos não examinados – coisas que são tomadas apenas como questões de costumes ou de gosto, e não tão carregadas de consequências como as posições políticas – que requerem e justificam a análise crítica. Como diz na *Partisan Review*: "a menos que se insista que a política é constituída de imaginação e pensamento, aprenderemos que a imaginação e o pensamento são políticos, e de uma espécie que não nos agradará".

Do ponto de vista de Trilling, o pressuposto compartilhado por todos os liberais, fossem eles apologistas soviéticos, livres marqueteiros hayekianos, fossem assinantes da *Partisan Review,* é o de que as pessoas podem se aperfeiçoar. Um liberal é alguém que acredita que o sistema econômico certo, as reformas políticas justas, o currículo certo, a psicologia certa e o posicionamento moral certo exterminarão a injustiça, o esnobismo, o ressentimento, o preconceito, o conflito trágico e a neurose. Liberal é aquele que pensa que há uma estrada reta que conduzirá à saúde e à felicidade. *A Imaginação Liberal* afirma que a literatura nos ensina que a vida não é tão simples assim – pois a injustiça, o esnobismo, o ressentimento, o preconceito, o conflito trágico e a neurose constituem os temas específicos da literatura. É por isso que a crítica literária tem algo a dizer sobre a política. Naturalmente não é toda obra literária que nos conduz a uma conscientização da espécie de complicação que Trilling propõe como confronto ao liberalismo. *A Imaginação Liberal* deriva de *Culture and Anarchy* [Cultura e Anarquia] (1867), outro livro que propunha castigar o liberalismo de sua época, e Trilling usa "literatura" da mesma forma que Arnold usava "cultura" e "poesia": como um termo genérico que na realidade se refere a um cânone seleto. Patrulhar os limites desse cânone deveria ser um dos principais deveres dos críticos. Toda uma geração de críticos, muitos deles inspirados pelo exemplo de Trilling, executou essa tarefa.

Duas lições podem ser extraídas da forma pela qual a literatura é tratada em *A Imaginação Liberal,* e apontam para direções muito diferentes. A primeira lição, a mais influente, é a de que há obras literárias mais ou menos politicamente higiênicas, e é função da crítica identificá-las e explicar por que acarretam consequências políticas boas ou más – tarefa que requer habilidade especial, uma vez que a política expressa em um livro pode ser inteiramente distinta de suas consequências políticas. "Dreiser e James: com esta justaposição, estaremos imediatamente postos nas encruzilhadas sangrentas e sombrias onde literatura e política se encontram. Não se vai até lá jubilosamente, mas atualmente ir ou não ir a algum lugar não é exatamente uma questão de livre escolha... O julgamento liberal de Dreiser e James vai além da política, retrocede aos pressupostos que geram a política." É bastante dramática a referência a encruzilhadas sombrias e sangrentas, com suas reminiscências dos ignorantes exércitos de Arnold e do momento parricida de Édipo: evidencia que há uma grande questão envolvida na correta interpretação dos livros. Estabelece uma missão para a crítica literária. Embora não tenha havido muito sangue derramado realmente sobre as obras de James, Frost, ou T. S. Eliot, nas guerras literárias dos anos 1950 e 1960, o espírito de batalha animou o panorama crítico.

Mas a ideia de que as pessoas têm uma espécie de obrigação moral de comparar seu gosto artístico e literário com suas opiniões políticas exerceu um apelo muito mais forte na época de Trilling do que em nosso tempo. Quando a *Partisan Review* rompeu com a Frente Popular, só fez isso engajando-se com a arte e a literatura modernistas. Um ato que por si só já intencionava tornar-se um ato político. E os editores não estavam apenas propondo que a arte e a literatura modernistas fossem apreciadas apesar das ideias políticas que expressavam, mas que seu propósito devia ser explicar por que uma apreciação do modernismo era compatível com o progressismo político. Em *A Imaginação Liberal* demonstrou-se isso, sobretudo pelo destaque dado a Henry James, que de modo geral era visto, na época, como um escritor fascinado pelos costumes das classes dominantes e praticante de um esteticismo rarefeito. A proposta da *Partisan* foi levada avante também pela insistência de Trilling em afirmar que o que recomendava a escrita modernista aos leitores progressistas era, precisamente, o desafio com frequência estabelecido por ela à crença progressista: "Os autores contemporâneos que mais queremos ler e admirar pelas suas qualidades literárias requerem de nós grande agilidade e habilidade para suportar seu antagonismo aos nossos ideais sociais e políticos".

No entanto, desde a década de 1960 o gosto cultural libertou-se muito do elemento político. Revistas de ideias ainda usam o que vem na quarta capa de um livro para restabelecer os pontos de vista expressos na introdução, mas, nas sociedades liberais, as pessoas instruídas tendem a ser culturalmente promíscuas e permissivas. Não usam a linguagem da aprovação e da desaprovação em suas respostas estéticas; simplesmente gostam de algumas experiências e não gostam de outras. Para a maioria das pessoas, não *importa* se alguém prefira Dreiser ou James. A arte e a literatura são tidas como demasiado polissêmicas para apoiarem determinada corrente política. O que tem permitido à crítica ter menos trabalho moral e político a fazer. Se há encruzilhadas sangrentas que requerem a atenção da inteligência crítica, não parece que o romance deva passar por elas.

Trilling concentrava-se muito em seus escritos. Fazia muitos rascunhos, e sua prosa mostra como trabalhava. Parece ter sido escrita por um homem que evitava que um pensamento imperfeitamente equilibrado seu pudesse criar uma abertura, por pequena que fosse, por onde pudessem se esgueirar impulsos totalitários. Mas o pensamento equilibrado foi a essência de seu gênio. Suas sentenças características giram em torno de si próprias; podem às vezes parecer autonegativas. "Supor que se possa pensar como homens de outras épocas é tão ilusório como supor que podemos pensar de modo totalmente diferente." "O poeta, é verdade, é um efeito do ambiente, mas é preciso lembrar que não deixa de ser uma causa." "Nós, que somos liberais e progressistas, sabemos que os pobres são iguais a nós em tudo, exceto em serem iguais a nós." Sobre o Relatório Kinsey: "Talvez só a ciência possa assumir a tarefa de libertar a sexualidade da própria ciência".

O tipo de mentalidade que produziu essas sentenças não é paradoxal – é dialético. Trilling via tudo de dois aspectos: como causa e efeito, progresso e reação, reconhecimento e autoengano. Viu que a arte e a ideia são funções daquilo de que elas próprias se consideravam opositoras, que as atitudes de oposição são produzidas pelas próprias atitudes às quais se opõem e que, em certo sentido, são suas cúmplices. A cultura é como o cachorro que corre atrás do próprio rabo: há uma cabeça e há uma cauda, mas ambas estão sempre mudando de lugar e fazem parte do mesmo sistema. O escândalo de ontem é a vaca sagrada de hoje. Essa não é só uma ironia da modernidade, pois está na natureza da própria arte e das próprias ideias. A consequência disso – e esta é a segunda e a mais difícil lição extraída do modo como Trilling trata a literatura neste livro – é que não há ponto estável exterior a uma cultura do qual possamos criticá-la. Os elementos adversos e subversivos têm um lugar dentro do sistema; são criações do sistema, e este não pode sobreviver sem eles. Coisa fácil de verificar quando observamos uma cultura da forma como os antropólogos fazem, e é essa a forma usada cada vez mais frequentemente por Trilling.

A perspectiva antropológica problematiza a explicação de como romances e poemas podem suplementar a política de várias maneiras diretamente benéficas. Trilling nunca abandonou o propósito moralista de sua crítica nem seus cânones, mas preocupou-se com a utilidade disso tudo. Viu que a literatura que admirava poderia facilmente ser incluída na justificação de acontecimentos que temia serem perniciosos. O sexualismo radical de Lawrence, por exemplo, tem uma espécie de significado em uma sociedade em que o sexo é cuidadosamente regulado, pois força os leitores a confrontarem-se com seus próprios preconceitos e práticas. Terá, no entanto, um significado inteiramente distinto em uma sociedade sexualmente permissiva, em que apenas ratificará o que já não apresenta tensão e, segundo pensava Trilling, na qual não haverá a resistência que constrói o caráter. Mas será que a obra de Lawrence, na sua época, não era simplesmente uma etapa do processo pelo qual a sociedade liberal caminhava em direção ao ideal de uma vida sexual relativamente livre? Mesmo em *A Imaginação Liberal,* livro que tem um objetivo nitidamente polêmico, uma ambivalência sobre o valor educativo da literatura é entrevista no pano de fundo de muitos de seus ensaios. Essa ambivalência tornou-se explícita nos seus livros seguintes – *The Opposing Self* [O *self* que se opõe] (1955), *Beyond Culture* [Além da Cultura] (1965), *Sincerity and Authenticity* [Sinceridade e Autenticidade] (1972) e na antologia póstuma, *The Last Decade* [A Última Década] (1979).

A partir de *The Opposing Self,* os críticos regularmente acusaram Trilling de afastar-se do espírito de engajamento político que caracterizava seus ensaios mais antigos. Na década de 1960, algumas críticas saíram dos próprios antigos alunos dele na Universidade Columbia. Mas essas críticas ainda estavam embebidas da crença de que a arte está na vanguarda do progresso e de que a literatura pode preparar o mundo para uma mudança política. Trilling estava apenas obedecendo aos impulsos de seu temperamento ao seguir a lógica de seu pensamento dialético, e aplicando-a às suas próprias recomendações. Ainda estava muito preocupado com a cultura; exagerava o efeito que as modas e o gosto podem ter sobre a vida comum. Podia ser um hipocondríaco cultural, ansioso por não se deixar infectar por alguma experiência indigna. Mas também preocupava-se em achar que, justamente, preocupar-se demais com a cultura pode deixar de lado o que é importante para a vida comum. Para mim, o ceticismo de Trilling sobre o programa crítico que o tornou famoso, e sua habilidade em estabelecer os limites de seu próprio pensamento, é a melhor coisa de sua obra, e o mais valioso elemento de seu legado intelectual.

Prefácio

Os ensaios deste volume foram escritos nos últimos dez anos, a maioria nos últimos três ou quatro anos. Fiz uma substancial revisão de quase todos, mas não modifiquei a intenção original de nenhum deles. As notas bibliográficas indicam as circunstâncias de sua primeira publicação. Sou grato pela permissão que me foi dada para republicá-las aqui pelas revistas *The American Quarterly*, *Horizon*, *Kenyon Review*, *The Nation*, *The New Leader*, *The New York Times Book Review* e *Partisan Review* e às editoras The Columbia University Press, The Dial Press, The Macmillan Company, New Directions e Rinehart and Company.

Embora os ensaios sejam diferentes nos temas tratados, acredito que tenham certa unidade. Uma forma de sugerir qual possa ser essa unidade – e talvez a forma mais rápida – é dizer que deriva de um permanente interesse pelas ideias do que informalmente chamamos de liberalismo, em especial da relação dessas ideias com a literatura.

Atualmente, nos Estados Unidos o liberalismo é não só dominante mas também a única tradição intelectual. Pois, de modo geral, sabe-se que hoje não há ideias reacionárias ou conservadoras em circulação. O que não significa, é claro, que não haja impulsos para o conservadorismo ou para a reação. Esses impulsos certamente são muito fortes, talvez muito mais fortes mesmo do que a maioria de nós imagina. Mas o impulso conservador e o reacionário, com algumas exceções isoladas e também algumas exceções eclesiásticas, não se expressam em ideias, só em ações ou em irritantes gestos mentais que procuram parecer ideias.

A condição intelectual do conservadorismo e do reacionarismo talvez pareça uma vantagem para alguns liberais. Quando dizemos que um movimento é uma "bancarrota de ideias", estamos prestes a supor que esteja com todos os seus poderes exauridos. Mas isso não é bem assim, e é perigoso para nós supor que seja, como sugere a experiência que tivemos na Europa no último quarto de século, pois na situação moderna é justamente quando um movimento desespera de ter ideias que se reforça, mascarando sua ideologia. Além disso, achar que o liberalismo tem de ocupar sozinho o campo intelectual não o leva a exercer sua força real. Em um dos ensaios deste livro faço referência a uma observação de John Stuart Mill, em seu famoso artigo sobre Coleridge – apesar de discordar inteiramente da linha de pensamento intelectual e política de Coleridge, Mill insistentemente pressionava os liberais a travar conhecimento com o poderoso pensamento conservador. Dizia que todo verdadeiro partidário do liberalismo deveria orar desta maneira:

> Senhor, ilumina os nossos inimigos..., aguça seus espíritos, dá agudeza às suas percepções e encadeamentos lógicos e clareza aos seus poderes de raciocínio. Nós estamos em perigo por causa de sua loucura, e não de sua sabedoria: as suas fraquezas, e não sua força, nos fazem ficar apreensivos.

Queria dizer, é claro, que a pressão intelectual que um opositor como Coleridge poderia exercer forçava os liberais a examinar suas posições em relação às suas fraquezas e complacências.

Não podemos sair por aí procurando opositores que nos forcem a nos tornar mais inteligentes ou que exijam de nós esforços que impeçam nossas ideias de se tornar gastas, habituais, inertes. Temos de fazer isso sozinhos. Pensei durante algum tempo que uma crítica que leve em conta os interesses do liberalismo deve ter como função principal não a de confirmar o liberalismo no sentido de direito geral, mas sim a de pressionar até certo ponto as ideias e os conceitos liberais de nossa época. Se o liberalismo for, e creio que seja, uma ampla tendência, mais do que um estrito corpo de doutrina, então, à medida que essa tendência se torne explícita, algumas de suas expressões particulares tenderão a se tornar relativamente mais fracas do que outras, e algumas outras a se tornar até mesmo inúteis e errôneas. Se for assim, então, para o liberalismo, conscientizar-se de seus próprios erros e fraquezas redundaria em vantagem para a tendência como um todo.

Goethe diz em algum lugar que não há uma ideia liberal, só sentimentos liberais. O que é verdade. No entanto, também é verdadeiro que certos sentimentos correspondem apenas a certas ideias, e não a outras. Além disso, sentimentos tornam-se ideais por meio de um processo natural e imperceptível. "Nossos contínuos fluxos de sentimento", dizia Wordsworth, "são modificados e dirigidos pelos nossos pensamentos, que são realmente os representantes de todos os nossos sentimentos passados". E Charles Péguy dizia: "*Tout commence en mystique et finit en politique*" – tudo começa em sentimento e suposição e se realiza em ação e em instituições políticas. O inverso também é verdadeiro: assim como os sentimentos tornam-se ideias, estas enfim se estabelecem como sentimentos.

Sendo assim, se entre sentimentos e ideias houver uma conexão natural tão íntima que chegue a uma espécie de identificação, então a conexão entre a literatura e a política será vista como imediata, o que parecerá especialmente verdadeiro se tomarmos a palavra "política" em um sentido amplo, e não em sentido estrito. É em sentido amplo que esse termo vem sendo inculcado em nós, nos tempos atuais, pois não é mais possível pensar em política a não ser como política de cultura, a organização da vida humana para um fim ou outro, para a modificação dos sentimentos, o que quer dizer para a qualidade da vida humana. O termo "liberal" tem um significado primário político, mas que se define pela qualidade de vida que objetiva, pelos sentimentos que deseja afirmar. O que começará a explicar a razão pela qual um escritor de crítica literária se envolve com considerações políticas. Os ensaios deste livro não são políticos; são ensaios de crítica literária. Mas afirmam a conexão íntima – se não for sempre óbvia – entre literatura e política.

Como já disse, o estabelecimento dessa conexão não necessita de nenhum talento especial, ou de manipulação extravagante da palavra "literatura", ou da palavra "política", se esta for tomada no sentido amplo especificado. É uma conexão que pode ser entendida imediatamente e rapidamente formada e transformada em ação por certos governos. E embora conte com a resistência de muitos críticos excelentes, tem sido durante algum tempo aceita com entusiasmo pela maioria de nossos escritores mais criativos; a literatura do período moderno, do século XIX e da primeira metade do século XX, tem sido caracteristicamente política. Dos escritores destes 150 anos que requerem nossa atenção contínua, a grande maioria tem, de uma forma ou de outra, dirigido suas paixões, suas paixões adversas, críticas e muito intensas para a condição política. A preocupação com a pesquisa do *self* que tem marcado essa literatura e o redespertar dos conceitos religiosos que também marcou boa parte dela não são contraditórios, antes sustentam a declaração de seus engajamentos essenciais com a política.

Quando Mill insistia com os liberais para que lessem Coleridge, tinha em mente não apenas o poder intelectual desse autor, a forma como ele se situava em oposição crítica ao liberalismo de sua época; pensava também em certas atitudes particulares e pontos de vista que surgiam, na sua opinião, da natureza e do poder de Coleridge como poeta. Por meio de experiências diretas e até terríveis, Mill aprendera o que seria a tendência ao liberalismo em relação aos sentimentos e à imaginação. De sua famosa "crise" da juventude aprendera, embora eu acredite que nunca tenha chegado a formulá-la desta forma, que o liberalismo mantinha uma relação paradoxal com as emoções. Esse paradoxo é que o liberalismo se relaciona com as emoções mais do que com qualquer outra coisa, como provado pelo fato de a palavra "felicidade" situar-se bem no centro de seu pensamento; no entanto, em seu esforço de estabelecer as emoções, ou algumas delas, em uma espécie de liberdade, o liberalismo de alguma forma tende a negá-las em sua total possibilidade. *Tempos Difíceis*, de Dickens, serve para nos lembrar que os princípios liberais sob os quais Mill foi educado, embora fossem extremos, não eram isolados e únicos, e que quase chegaram a destruí-lo, como realmente destruíram a personagem Louisa Gradgrind do romance de Dickens. E não há nada mais comovente do que a gratidão apaixonada que Mill consagrou à poesia pelo fato de essa ter recuperado sua possibilidade de uma vida emocional, após ter vivido em uma desesperadora apatia que o levara até a considerar o suicídio. É por isso que, embora sua discordância política e metafísica de Coleridge fosse extrema, tinha em tão alta consideração sua política e sua metafísica – valorizava-as por serem de um poeta e esperava que pudessem modificar a tendência liberal de ver o mundo de uma forma dita "prosaica" e apelar para que os liberais adotassem um sentido de variedade e de possibilidade. E nem pensava que havia só uma vantagem emocional privada a ser ganha desse sentido – acreditava que essa seria uma necessidade intelectual e política.

O liberalismo contemporâneo não deprecia a emoção em abstrato e estabelece um grande estoque de variedades e possibilidades. Contudo, a vida consciente e a inconsciente do liberalismo nem sempre estão de acordo, como aliás acontece com qualquer outra entidade humana. Enquanto o liberalismo for ativo e positivo, isto é, enquanto se encaminha para a organização, tende a selecionar as emoções e a qualidade mais suscetíveis de organização. Enquanto realiza seus objetivos ativos e positivos, inconscientemente limita sua visão do mundo àquilo com que pode lidar, e também inconscientemente tende a desenvolver teorias e princípios que justifiquem suas limitações, em particular em relação à natureza da mente humana. Seu característico paradoxo aparece de novo, e sob outra forma: no próprio interesse de seu grande e primitivo ato de imaginação, pelo qual estabelece sua essência e existência – no interesse, portanto, de sua visão de uma ampliação generalizada, da liberdade e da direção racional da vida humana –, ele deriva para uma negação das emoções e da imaginação. E, no próprio interesse de afirmar sua confiança no poder da mente, inclina-se no sentido de restringir e tornar mecânico seu conceito da natureza da mente. Numa última referência a Mill, lembramos que ele entendia, por sua própria experiência, que a imaginação era a posse conjunta das emoções e da inteligência, que esta era alimentada pelas emoções, e que sem elas a mente murcha e morre e não pode trabalhar de modo adequado e conceber a si própria. Não sei se Mill tinha ou não particularmente em mente uma sentença extraída de uma passagem da *Archaeologiae Philosophicae* [Arqueologias Filosóficas] de Thomas Burne, citada por Coleridge na epígrafe de *A Balada do Velho Marinheiro*, que diz que uma crença judiciosa na existência de demônios tem o efeito de impedir que a mente se torne "estreita, e inteiramente tomada por pensamentos mesquinhos". Mas certamente entendia o que Coleridge, que acreditava em demônios tão pouco quanto o próprio Mill, queria dizer com a citação dessa passagem. Coleridge queria reforçar, por meio dessa estranha sentença de Burnet, a importância geral de *A Balada do Velho Marinheiro*, fora de qualquer doutrina particular que os exegetas possam descobrir – isto é, que o mundo é um lugar complexo, inesperado e terrível, que não pode ser sempre entendido pela mente humana da mesma maneira que usada em nossas tarefas cotidianas.

Uma das tendências do liberalismo é a de simplificar, e essa tendência é natural, em vista do esforço que faz para organizar os elementos da vida de forma racional. E quando examinamos o liberalismo com espírito crítico, fracassamos no que se refere à completude crítica se não levarmos em conta o valor e a necessidade de seu impulso organizacional. Mas ao mesmo tempo devemos entender que organização significa delegação, agências, escritórios e técnicos, e que as ideias que podem sobreviver à delegação, que podem ser transmitidas a agências, escritórios e técnicos, tendem a ser ideias de certo tipo e de uma dada simplicidade: elas desistem de uma parte de sua amplitude, modulação e complexidade para poder sobreviver. O sentido vivo de contingência e possibilidade, e o daquelas exceções à regra que podem ser o início do fim da regra, não convêm ao impulso de organização. Portanto, quando examinamos o liberalismo com espírito crítico, temos de esperar que haja uma discrepância entre o que chamei de imaginação primeva do liberalismo e suas manifestações particulares atuais.

A tarefa da crítica parecia ser, então, a de fazer o liberalismo voltar à imaginação primeva e essencial de suas variedades e possibilidades, as quais implicam a consciência da complexidade e da dificuldade. A literatura tem uma importância única para a realização da tarefa crítica da imaginação liberal, não só porque grande parte da literatura moderna tenha explicitamente se voltado para a política mas sobretudo porque a literatura é a atividade humana que leva totalmente em conta, e da maneira mais precisa, a variedade, as possibilidades, a complexidade e as dificuldades das coisas.

L. T.
Nova York,
dezembro de 1949

NOTAS BIBLIOGRÁFICAS

"Reality in America", parte I, publicado pela primeira vez em *Partisan Review,* janeiro-fevereiro,1940; parte II publicada em *The Nation,* 20 de abril de 1946.

"Sherwood Anderson" foi publicado pela primeira vez em *The Kenyon Review,* verão, 1941; parte da matéria acrescentada apareceu em *The New York Times Book Review,* 9 de novembro de 1947.

"Freud and Literature" foi publicado pela primeira vez em *The Kenyon Review,* primavera, 1940, e em forma revista em *Horizon,* setembro de 1947.

"The Princess Casamassima" foi publicado pela primeira vez como introdução a *The Princess Casamassima,* Henry James, Nova York, The Macmillan Company, 1948.

"The Function of the Little Magazine" foi publicado pela primeira vez como introdução a *The Partisan Reader: Ten Years of Partisan Review, 1933-1944: An Anthology,* editada por William Phillips e Philip Rahv, Nova York, The Dial Press, 1946.

"Huckleberry Finn" foi publicado pela primeira vez como introdução a *The Adventures of Huckleberry Finn,* Mark Twain, Nova York, Rinehart and Company, 1948.

"Kipling" foi publicado pela primeira vez em *The Nation,* 16 de outubro de 1943.

"The Immortality Ode" foi lido no English Institute, em setembro de 1941, e publicado pela primeira vez no *The English Institute Annual,* 1941, Nova York, Columbia University Press, 1942.

"Art and Neurosis" foi publicado em *Partisan Review,* inverno, 1945; parte do material acrescentado na presente versão apareceu em *The New Leader,* 13 de dezembro de 1947.

"The Sense of the Past" foi lido no English Graduate Union da Columbia University em fevereiro de 1942, e publicado pela primeira vez em *Partisan Review,* maio-jun., 1942.

"Tacitus Now" foi publicado pela primeira vez em *The Nation,* 22 de agosto de 1942.

"Manners, Morals and the Novel" foi lido na Conference on the Heritage of the English-Speaking Peoples and Their Responsibilities, no Kenyon

College, em setembro de 1947, e publicado pela primeira vez em *The Kenyon Review*, inverno, 1948.

"The Kinsey Report" foi publicado pela primeira vez em *Partisan Review*, em abril de 1948.

"F. Scott Fitzgerald" foi publicado pela primeira vez em *The Nation*, em 25 de abril de 1945; parte do material acrescentado nesta versão apareceu na introdução a *O Grande Gatsby*, Nova York, New Directions, 1945.

"Art and Fortune" foi lido no English Institute em setembro de 1948 e publicado pela primeira vez em *Partisan Review*, em dezembro de 1948.

"The Meaning of a Literary Idea" foi lido na Conference in America Literature, University of Rochester, fevereiro de 1949, e publicado pela primeira vez em *The American Quarterly*, outono, 1949.

Para
JACQUES BARZUN

Capítulo 1 | Realidade na América

I

Podemos dizer que V. L. Parrington, em seu livro *Main Currents in American Thought* [Principais Correntes do Pensamento Americano], teve influência em nosso conceito de cultura americana que não foi igualada por nenhum escritor das últimas duas décadas. Suas ideias são aceitas agora em qualquer lugar onde o ensino da literatura americana seja feito por um professor que se tenha por opositor ao academismo bem-educado e por aliado de tudo o que é vigoroso e atual. E onde quer que um historiador liberal americano tenha ocasião de levar em conta a literatura nacional, como hoje se sentirá autorizado a fazer, é Parrington que se torna seu padrão e seu guia. As ideias de Parrington são as mais solidamente estabelecidas, por não terem de ser impostas – ao apresentá-las, um professor ou crítico provavelmente descobrirá que sua tarefa é meramente a de articular para sua audiência o que ele próprio sempre pensou ao formular de maneira clássica as hipóteses sobre nossa cultura que são mantidas pela classe média americana, que é totalmente liberal em seu pensamento social, e na medida em que começa a entender que a literatura tem algo a ver com a sociedade.

Parrington não foi um grande pensador: não era rigoroso nem causava forte impressão, exceto quando era comparado às eminências medíocres que o rodeavam. Excluindo sua ideia básica sobre a determinação econômica e social do pensamento, resta dele só uma inteligência simples, notável por sua generosidade e entusiasmo, mas certamente não por sua precisão ou originalidade. Mesmo abordando-o com sua ideia básica, ele se revela, uma vez estabelecida a direção em que vai, demasiado previsível para ser sempre interessante. E de fato o que distinguimos com o nome de determinismo econômico e social consiste, no uso que ele faz disso, apenas na demonstração daquilo que a maior parte dos escritores tende a atribuir à sua própria classe social. Mas seu maior mérito foi real e importante – tinha aquilo que gostamos de definir como o tempero característico da mentalidade americana, o sentido vívido do mundo prático e cotidiano, do caos das coisas e das pessoas comuns, dos tangíveis, ágeis e não refinados elementos da vida. Ele sabia o que muitos historiadores literários não sabem, que emoções e ideias são fagulhas que se espalham pelo ar quando a mente encontra dificuldades.

Mas, afinal, ele só tinha um entendimento limitado do que constitui uma dificuldade. Sempre que se confrontava com uma obra de arte complexa, pessoal e não literal, que não fosse por assim dizer um documento público, Parrington sentia-se perdido. Dificuldades complicadas por uma questão de personalidade, ou expressas na linguagem artística do sucesso, não lhe pareciam reais, e ele tendia a tratá-las como uma aberração – uma forma de dizer o que todo mundo admite, isto é, que a parte mais fraca do talento de Parrington era seu julgamento estético. Seus admiradores e discípulos gostam de dizer que seus erros de julgamento estético são meros lapsos de gosto, mas a coisa não é bem assim. Apesar dos erros que cometeu, como seu notório elogio a Cabell, que, em uma passagem famosa, comparou a Melville, o gosto de Parrington não era absolutamente mau. Seus erros são erros de uma incompreensão resultante de sua conceituação sobre a natureza da realidade.

Parrington não se ocupa com frequência com ideias filosóficas abstratas, mas sempre que se aproxima de uma obra de arte nos faz ter consciência da metafísica sobre a qual sua estética se baseia. Acredita que exista uma coisa chamada *realidade*; uma coisa única e imutável, totalmente externa, irredutível. A mente dos homens pode oscilar, mas a realidade é sempre confiável, sempre a mesma, sempre fácil de ser conhecida. E a relação do artista com a realidade é concebida por ele como simples. Sendo a realidade fixa e dada, o artista deve deixar apenas que ela passe por ele como uma lente no primeiro diagrama de qualquer livro elementar de óptica: Figura 1, Realidade; Figura 2, Artista; Figura 1', Obra de Arte. As figuras 1 e 1' normalmente estão em correspondência visual uma com a outra. Às vezes o artista prejudica sua relação ideal "dando as costas", afastando-se da realidade. O que resulta em certas obras fantásticas, irreais e, em última análise, inúteis. Não ocorre a Parrington que haja qualquer outra relação possível entre o artista e a realidade, a não ser essa passagem da realidade através do artista transparente; ele vê as provas de imaginação e criatividade com uma hostilidade sólida, que expressa sugerindo que as considera inimigas naturais da democracia.

Desse ponto de vista, a realidade, embora seja sempre confiável, mostra-se sempre sóbria, e até sinistra. Parrington, homem genial e entusiasta, pode entender como a generosidade das esperanças e dos desejos humanos consegue ultrapassar a realidade; admira a vontade ao suspeitar da mente. Pode ser muito terno em relação a um excesso de desejo e energia que cegue um homem às limitações da realidade. É este um dos muitos sentidos que dá ao *romance* ou ao *romantismo*, quando, superando a si próprio, apela a algo que faz parte de sua própria natureza. O elogio a Cabell é sua resposta não só à elegância desse autor – pois Parrington amava a elegância – mas também à insistência de Cabell sobre o papel que uma benéfica autoilusão poderia e mesmo deveria representar no desapontamento causado pela vida rotineira do homem, sobretudo na sua parte íntima e erótica.[1]

---

[1] Ver, por exemplo, como Parrington caracteriza a "mente idealizadora" de Melville – pela discrepância entre "uma mulher em seu quimono matutino" e "a Helena dos seus sonhos". Vol II, p. 259.

O segundo volume de *Main Currents* intitula-se *The Romantic Revolution in America* [A Revolução Romântica na América] e é natural que se espere que a palavra "romântico" apareça nele sempre. É o que acontece, com frequência maior que a esperada e raramente com o mesmo sentido em que essa palavra, ainda que escandalosamente vaga, tem sido usada pelos historiadores da literatura, por estar repleta de ideias complicadas mas nem sempre inúteis, que envolvem muitas coisas contrárias mas definíveis. Com muita frequência Parrington usa a palavra "romântico" em relação a "romance", com o significado mesmo de *um* romance – no sentido dado a obras como *Graustark* ou *A Ilha do Tesouro,* como se designasse principalmente um jubiloso descaso dos limites dos fatos da vida cotidiana. "Romance" é recusar obedecer aos conselhos da experiência (p. iii), é ebulição (p. iv), utopia (p. iv), individualismo (p. vi), é autoengano (p. 59) – "a fé romântica... nos beneficentes processos do comércio e da indústria"... (inevitavelmente perguntamos: como foi mantida pelo romântico Adam Smith?). É o amor do pitoresco (p. 49), o desgosto pela inovação (p. 50), mas também o amor pela mudança (p. iv). É o sentimental (p. 192); é patriotismo, mas patriotismo barato. Pode ser usado para designar o que não é clássico, mas sobretudo significa aquilo que ignora a realidade (p. ix, 136, 143, 147 e *passim*). Não é crítico (p. 225, 235), embora, ao falar de Cooper e de Melville, Parrington admita que a crítica às vezes pode brotar do romantismo.

Sempre que um homem tinha ideias discordantes das suas, Parrington contemplava-o com um relutante sinal de respeito, o adjetivo "romântico". Não admirava Henry Clay, mas reconhecia que nele havia algo que não devia ser desprezado – seu romantismo, muito embora fosse equivalente à sua inabilidade em "ter de lidar com a realidade". O romantismo é assim, na maioria de seus significados, o pecado venial de *Main Currents*; ele não evoca nenhuma acusação, só uma mágoa terna, como acontece com a paixão carnal no *Inferno*. Mas o romantismo pode também ser uma virtude grande e salvadora, reconhecida por Parrington e concedida aos reformadores transcendentais que ele tanto admira. Caracteriza dois de seus mais queridos heróis, Jefferson e Emerson: "ambos eram românticos e seu idealismo não era senão uma expressão diferente de um espírito comum". Poderíamos dizer que Parrington sustentava pelo menos duas diferentes visões de romantismo, o que sugere duas diferentes visões da realidade. Às vezes fala da realidade de forma honrosa, designando o material substancial da vida, os inelutáveis fatos com os quais a mente tem de lidar, mas às vezes fala dela pejorativamente, significando o mundo das formas sociais estabelecidas; e fala do realismo de duas maneiras: às vezes como o poder de se tratar um fato de forma inteligente, e às vezes como uma fria e conservadora resistência ao idealismo.

Assim como para Parrington há uma graça salvadora e um pecado venial, há também um pecado mortal, que é afastar-se da realidade, não por excesso de sentimento generoso, mas no que ele crê ser uma deficiência de sentimento, como acontece com Hawthorne, ou pelo que chega a ser um orgulho pecaminoso, como acontece com Henry James. Ele nos diz que havia em Hawthorne demasiado realismo, capaz de lhe permitir acreditar nos reformadores transcendentais: "ele era demasiado realista para transformar modas em credos"; "ele permanecia frio à crítica revolucionária que estava ansiosa para derrubar os velhos templos e criar um espaço para templos mais nobres". É esse realismo frio, que mantinha Hawthorne separado de seus entusiastas contemporâneos, que afasta também nossa simpatia de Parrington:

> Almas ansiosas, místicos e revolucionários podem propor remodelar o mundo, de acordo com seus sonhos; mas o mal permanece, e enquanto ele espreita os lugares secretos dos corações, a utopia é só a sombra de um sonho. E assim, enquanto os pensadores da Concórdia proclamavam que o homem era o indubitável filho de Deus, Hawthorne

examinava criticamente a questão do mal, tal como aparecia à luz de sua própria experiência. Esse era o fascinante problema central de sua vida intelectual, e, procurando uma solução, ele penetrava curiosamente nos recessos escondidos e furtivos da alma.

Não pode ser negada a desaprovação de Parrington dessa aventura.

Podemos agora perguntar se o questionamento das crenças ingênuas e com frequência excêntricas dos reformadores transcendentais não seria um serviço público. Mas Parrington sugere que ele não contribuía em nada para a democracia, e até mesmo que obstruía seus caminhos. Se a democracia depender totalmente de uma fé lutadora, creio que tem razão. No entanto, a sociedade procura algo que exista no momento e também no futuro, e se alguém quer penetrar curiosamente nos ocultos e furtivos recessos da alma contemporânea, uma democracia mais ampla e particularmente devotada à realidade deveria permitir que essa pessoa fizesse isso, sem desprezá-la. Se o que Hawthorne fez não foi certamente visando à criação de um partido, talvez devamos perdoá-lo, lembrando que foi só um homem e que o futuro da humanidade não dependia dele, apenas. Mas justamente esse fato é o que irrita Parrington: ele fica fora de si devido à solidão de Hawthorne e acredita que parte de sua insuficiência como escritor vem de seu fracasso em circular e encontrar pessoas. Hawthorne não podia, diz, estabelecer contato com a "realidade ianque", e mal tinha consciência do "substancial mundo da realidade puritana que Samuel Sewall conhecia".

Afastar-se da realidade poderia significar tornar-se romântico, mas Parrington nos diz que Hawthorne era romântico "só de uma forma restrita e muito especial". Ele não estava interessado no mundo do "romance prático", ou seja, na Salem dos veleiros: afastou-se desse mundo para criar "um romance da ética". Essa frase não é esclarecedora, mas é significativa, e pode ser tomada como uma afirmação de que Hawthorne seguia a tradição, digamos, de Shakespeare; mas logo verificamos que não, que Hawthorne entrara em um campo estéril, pois, embora ele próprio vivesse no presente e tivesse todo um futuro para imaginar, preferia encontrar muitos outros temas no passado. Vemos também que seu romance da ética não é admirável, por requerer uma árdua e elevada reunião de ideias, e o crítico nos diz que "um romântico que não esteja interessado na aventura e que tenha medo do sexo, muito provavelmente ficará um tanto embaraçado ao tratar desses assuntos". Em suma, a mente de Hawthorne não era muito forte, e Parrington enfatiza seu uso da alegoria e do símbolo, o grande rigor e a precisão de sua arte, para provar que ele sofria com a triste limitação de seu intelecto, pois tanta fantasia e tanta arte dificilmente poderiam ser necessárias, a menos que o escritor estivesse tentando explorar ao máximo as poucas e pobres ideias que tinha.

Hawthorne, então, estava "sempre lidando com sombras, e sabia que estava lidando com sombras". O que talvez seja verdade. Mas sombras também fazem parte da realidade, e não gostaríamos de um mundo sem sombras, que nem mesmo seria um mundo "real". Mas devemos ir além da metáfora usada por Parrington. O fato é que Hawthorne estava lidando muito bem com realidades, com coisas substanciais. O homem que podia levantar brilhantes e sérias dúvidas sobre a natureza e a possibilidade da perfeição moral, o homem que podia se manter desligado da "realidade ianque" e podia discordar das ortodoxias da dissenção e nos falar tanto sobre a natureza do zelo moral, é claro que estava lidando exatamente com a realidade.

A característica fraqueza de Parrington como historiador é sugerida pelo título de sua obra, pois a cultura de uma nação não pode ser verdadeiramente representada pela imagem de uma corrente. Uma cultura não é um fluxo, nem mesmo uma confluência: a forma de sua existência é a luta, ou pelo menos o debate – não é nada se não é dialética. E em qualquer cultura provavelmente há certos artistas que conservam grande parte da dialética dentro de si, pois o significado e o poder residem em suas contradições. Poderíamos dizer que esses homens contêm dentro de si a própria essência da cultura, e a prova disso é que não se submetem aos objetivos de qualquer grupo ideológico ou tendência. Essa é uma circunstância significativa da cultura americana, suscetível de explicação: que, em uma proporção extremamente grande, notáveis escritores do século XIX fossem repositórios da dialética de sua época – eles conservavam ao mesmo tempo os "sins" e os "nãos" de sua cultura, e com isso se tornavam profetas do futuro. Parrington dizia que não se reconhecia como crítico literário; mas se um crítico literário é simplesmente um leitor que tem habilidade para entender literatura e transmitir a outros o que compreende, não é exatamente uma questão de livre escolha saber se um historiador cultural é ou não um crítico literário, nem que esteja aberta para ele a possibilidade de suas virtuosas opiniões políticas e sociais contribuírem para seu trabalho. Descartar Poe por não poder ser encaixado convenientemente em uma teoria da cultura americana, falar dele como um espécime biológico e uma mente apartada da corrente principal, achar que sua tristeza é apenas pessoal e excêntrica, "só a biliosa desgraça de um dipsomaníaco", assim como a obra de Hawthorne "não era mais que um questionamento cético da vida por uma natureza que não conhecia tempestades furiosas", julgar a resposta de Melville à vida americana menos nobre que a de Bryant ou de Greeley, falar de Henry James como de um escapista, como um artista semelhante a Whistler, homem caracteristicamente temeroso de tensões – não é só errar no julgamento estético; é, antes, examinar sem atenção e do ponto de vista de uma concepção da realidade limitada e essencialmente arrogante os documentos que, em certos aspectos, constituem o mais sugestivo testemunho do que a América era e é, e naturalmente não extrair deles resposta alguma.

Parrington permanece vinte anos atrás de nós, e no tempo intermediário desenvolveu-se um corpo de opiniões que está consciente de sua inadequação e das inadequações de seus ajudantes e discípulos, que formam o que pode ser considerado o academicismo literário do liberalismo. No entanto, ele ainda está no centro do pensamento americano sobre a cultura, porque, acho, expressa a crença americana crônica sobre a existência de uma oposição entre realidade e mente, e diz que devemos nos afiliar ao partido da realidade.

II

Essa crença na incompatibilidade da mente e da realidade é exemplificada pela indulgência doutrinária que os intelectuais liberais sempre mostraram para com Theodore Dreiser, uma indulgência que se torna mais digna de nota quando é contrastada com a severidade liberal com Henry James. Dreiser e James: com essa justaposição nos situamos imediatamente nas encruzilhadas sombrias e sangrentas onde literatura e política se encontram. Não se passa por elas com grande alegria, mas hoje em dia passar ou não por elas não é propriamente uma questão de livre escolha. Quanto a essa justaposição em particular, ela é inevitável e neste momento muitíssimo mais significativa que aquela antigamente estabelecida com James e Whitman. Não é difícil fabricar oposições facciosas entre James e Whitman, mas a diferença real entre esses escritores é a diferença entre a mente moral, com sua consciência da tragédia, da ironia e de distinções múltiplas, e a mente transcendental, com seu apaixonado sentido da unicidade da multiplicidade. James e Whitman são diferentes não só em qualidade mas em espécie, e é exatamente essa oposição que serve para que se complementem mutuamente. Mas a diferença entre James e Dreiser não é de espécie, pois ambos focalizaram virtualmente os mesmos fatos sociais e morais. A diferença aqui é de qualidade, e talvez nada seja mais típico do liberalismo americano do que a forma pela qual respondeu às qualidades respectivas dos dois homens.

Suponho que poucos críticos, fosse qual fosse sua disposição política, tenham sido de todo cegos aos grandes dons de James, ou mesmo à grandiosa intenção moral desses dons. E poucos críticos foram totalmente cegos em relação aos grandes defeitos de Dreiser. Mas James tradicionalmente é questionado pelos críticos liberais: para que servem, qual o real uso político de seus dons e qual é sua intenção? Reconhecendo que James empenhava-se em ter uma extraordinária percepção moral, e também que essa percepção moral tem algo a ver com a política e a vida social, qual o possível valor prático da obra de James em nosso mundo ameaçado pela catástrofe? E o estilo de James, seus personagens, seus temas, e mesmo sua própria origem social e seu modo de vida pessoal são examinados, para mostrar que sua obra não pode sustentar o questionamento. A crítica americana não acolhe bem James, por seus aspectos políticos e liberais. Mas da mesma forma como a crítica liberal, movida por considerações políticas, trata James com severidade, trata Dreiser com a mais simpática indulgência. Ela nos dá a entender que os defeitos literários de Dreiser são em essência virtudes sociais e políticas. Foi Parrington que estabeleceu a fórmula para a crítica liberal de Dreiser, chamando-o de "camponês": quando Dreiser pensa de maneira estúpida, é porque tem a lenta teimosia do campônio; quando escreve mal, é porque está impaciente com a estéril gentileza literária da burguesia. É como se o espírito e a flexibilidade da mente, a agudeza de percepção e o conhecimento devessem ser igualados com a reação aristocrática e política, ao passo que o estilo tedioso e a estupidez devessem naturalmente sugerir um virtuoso espírito democrático, como acontece nas antigas peças de teatro.

O julgamento liberal de Dreiser e James retrocede além da política, voltando aos conceitos culturais que fizeram a cultura. Estamos ainda assombrados por aquela espécie de temor político do intelecto, que Tocqueville observara em nós há mais de um século. Os intelectuais americanos, quando estão conscientes de ser americanos ou políticos, mostram-se muitíssimo rápidos em sugerir que uma arte que é marcada pela percepção e pelo conhecimento, embora se desenvolva muito bem à sua maneira, nunca poderá nos conduzir através de grandes perigos e dificuldades. E suas dúvidas se intensificam quando o intelecto trabalha na arte como idealmente deveria fazer, quando seus processos são vívidos, interessantes, brilhantes. É então que gostamos de confrontá-lo com os grandes perigos e dificuldades, e desafiá-lo para que imediatamente nos salve do desastre. Quando, na arte, a inteligência se mostra desajeitada ou tediosa, não a testamos com uma praticidade imediata ou suprema. Nenhum crítico liberal questiona Dreiser a respeito de *suas* preocupações morais, se serão ou não úteis no confronto das catástrofes que nos ameaçam. E é um julgamento sobre a natureza adequada da mente, mais que qualquer sentido político que possa ser extraído das obras dos dois escritores, que acarreta a justiça desigual que receberam dos críticos progressistas. Se fosse possível demonstrar de modo categórico – por meio, digamos, de documentos manuscritos de James – que ele explicitamente tinha a intenção de que seus livros fossem entendidos como súplicas por cooperativas, sindicatos, melhores habitações e uma taxação mais equitativa, o crítico americano, por ter um feitio liberal e progressista, ainda assim se preocuparia com ele, por sua obra mostrar tantas de suas eletrizantes qualidades intelectuais. E se algo no sentido contrário fosse provado sobre Dreiser, seria descartado – como aconteceu com seu doutrinário antissemitismo – porque seus livros têm a inaptidão, o caos, o peso que associamos com "realidade". Na metafísica americana, a realidade é sempre realidade material, sólida, resistente, informal, impenetrável e desagradável. E só é confiável aquele tipo de inteligência que mais se parece com essa realidade, que em geral apenas reproduz as sensações que desperta.

Em *The Rise of American Civilization* [O Surgimento da Civilização Americana], o professor Beard usa uma frase significativa quando, no meio de um irônico texto sobre a carreira de James, sugere que temos a chave para sua irrelevância ao saber que ele pertencia a "toda uma geração afastada dos cheiros de loja". Parecido com esse comentário, mas muito mais significativo, é o feito por Granville Hicks em

The Great Tradition [A Grande Tradição], quando trata das histórias de James sobre artistas, dizendo que artistas como os retratados pelo escritor realmente não existem: "Afinal, quem jamais conheceu esses artistas? Onde estão os Hugh Verekers, os Mark Ambients, os Neil Paradays, os Overts, Limberts, Dencombes, Delavoys?", perguntas que, como Hicks admite, haviam ocorrido ao próprio James. Mas qual foi a resposta dada por ele?: "Se a vida no nosso entorno, nos últimos anos, recusa garantir tais exemplos" – disse ele no prefácio do volume XII da edição de Nova York –, "então pior para essa vida... Há decências que em nome do autorrespeito geral devemos assumir como dadas, pois há uma honra intelectual rudimentar que devemos, no interesse da civilização, pelo menos fingir que assumimos". A isso, Hicks, mais do que chocado, responde de uma forma que seria também chocante, se já não a tivéssemos ouvido antes: "Mas este é o mais puro romantismo, escrever sobre o que deveria ter acontecido, mais do que sobre o que acontece!".

Mas "o cheiro de loja" é real, e os que o sentem garantem uma sensação de vitalidade da qual James é desprovido. A ideia da honra intelectual não é real, e James era um devoto dessa quimera. Ele traía a realidade do que é, no interesse do que deveria ser. Ousaremos confiar nele? Lembramos que essa pergunta é feita por homens que haviam eles próprios elaborado transações com o que deveria ser. O professor Beard falava em nome de uma América que crescia, desenvolvia-se e melhorava. Hicks, quando escreveu *The Great Tradition*, tinha uma simpatia generalizada por um movimento nominalmente radical. Mas a própria transação de James com o que deveria ser é suspeita, pois se realizava por meio do que chamei de qualidades elétricas da mente, mediante uma imaginação complexa e rápida e com uma espécie de imediatismo autoritário. Hicks sabe que Dreiser é "desajeitado", "burro" e "confuso", e "grosseiro em sua afirmação do monismo materialista". Sabe que Dreiser, em sua vida pessoal – que importa, pois a vida pessoal de James sempre é assumida como importante – não estava totalmente emancipado de "seu juvenil desejo por um sucesso material de baixo nível", mostrando "reiteradamente um desejo da luxúria ostentada pelo homem de negócios bem-sucedido". Mas Dreiser deve ser aceito e perdoado porque seus defeitos são as falhas tristes, amáveis e honradas da própria realidade, ou da própria América – pesadas, incompletas, que lutam pela expressão, e que estão presas entre o sonho do poder bruto e o sonho da moralidade.

> A confiabilidade no que Santayana chamava de "tradição aristocrática" devia-se a ser esta um produto mental, afastado da experiência. Dreiser nos deu o material de nossa experiência comum, não como se esperava que fosse feito por qualquer teórico idealista, mas como é realmente, em toda sua crueza.

O autor desta declaração por certo não pode ser acusado de qualquer falta de sensibilidade pelos produtos mentais, como são representados por Henry James; nem pode Matthiessen ser visto como um seguidor de Parrington – realmente, no prefácio de *American Renaissance* [Renascimento Americano], ele formulou uma das mais agudas e convincentes críticas de seu método. No entanto, escrevendo na *The New York Times Book Review* [revista de resenhas do *The New York Times*] sobre o romance póstumo de Dreiser, *The Bulwark* [O Baluarte], Matthiessen aceita o clichê liberal que opõe a experiência bruta aos produtos da mente e estabelece o valor de Dreiser ao sugerir que a mentalidade com a qual supostamente a experiência crua de Dreiser se confrontava era a aristocrática.

Esse sugerido amálgama da mente com a aristocracia é a *rationale* da longa indulgência em relação a Dreiser, que é estendida até mesmo ao estilo de sua prosa. Todos estão conscientes de que o estilo da prosa de Dreiser é muito rude, mas os críticos que o admiram nos dizem que isso não importa. É claro que não importa. Nenhum leitor que entenda de estilo literário diria que isso importa, e poderia até mesmo ter isso como uma virtude. Mas já se assumiu que a rusticidade do estilo de Dreiser é a única objeção possível a ser feita, e que quem quer que descubra nele um defeito está querendo apenas o embelezamento dado por um estilo aristocrático (e está fazendo objeções à própria deselegância da realidade). Por exemplo, Edwin Berry Burgum, em um folheto sobre Dreiser publicado pelo Book Find Club, nos diz que Dreiser era um dos que usavam – ou, segundo Burgum, usava – "a língua do Meio-Oeste, exatamente como era falada, rica em coloquialismos e franqueza, na simplicidade e na maneira direta de falar da tradição pioneira", e que essa variante substituía o "inglês literário, formal e livresco, do provincianismo da Nova Inglaterra, que estava mais próximo do espírito aristocrático da mãe-pátria do que do sabor da vida cotidiana no novo Oeste". O que é mera fantasia. Hawthorne, Thoreau e Emerson eram, em geral, notavelmente coloquiais – escreviam muito como falavam: sua prosa tinha uma qualidade especificamente americana e, exceto por lapsos ocasionais, era muito direta e simples. É Dreiser que não tem senso da linguagem coloquial – do Meio-Oeste ou de qualquer outra. Se falarmos de escritores livrescos, será Dreiser o citado; ele é precisamente literário no mau sentido; seu estilo é repleto de floreios retóricos e brilha com pedrarias falsas: em centenas de passagens sua linguagem não é só aristocrática, mas maneirista. É ele que fala de "uma cena mais *distingué* do que esta", ou de uma mulher "artística na forma e no aspecto", ou de um homem que, embora seja "forte, reservado, agressivo, com um ar de riqueza e de experiência, era *soi-disant* e não particularmente ansioso por ficar em casa". O coloquialismo não tinha nenhum encanto real para ele, e sua tendência natural é sempre para o "sublime":

> [...] Os moralistas vêm e vão; os religiosos fulminam e declaram os pronunciamentos de Deus sobre isso, mas Afrodite ainda reina. Envolta nas profundezas festivas da primavera, colocada sobre seus altares de pórfiro, calcedônia, marfim e ouro, vejam seu sorriso, o sorriso que é ao mesmo tempo a textura e a essência do deleite, a glória e

o desespero do mundo! Sonha, ó Buda, adormecido em tua folha de lótus, com um Nirvana tranquilo! Sua, ó Jesus, tuas últimas gotas de agonia sobre um mundo não regenerado! Nas florestas de Pan ainda ressoam os gritos dos adoradores de Afrodite! De seus altares o incenso da adoração levanta-se sempre! E vejam as novas uvas vermelhas gotejando onde as mãos votivas as pressionam!

Charles Jackson, o romancista, escrevendo no mesmo folheto em que o estilo de Dreiser não importa, nota como muita coisa nos chega mesmo quando, devido à tradução, perdemos o brilho estilístico de Thomas Mann, dos russos ou de Balzac. Em parte ele tem razão. E também está certo quando diz que certa espécie de trabalho artístico consciente, supervisionado, não é apropriado para os romances grandes. No entanto, o fato é que os grandes romancistas escreveram em geral em excelente prosa, e o que nos é passado mesmo por uma tradução ruim é exatamente o poder da mente que construiu a sentença bem articulada do texto original. Na literatura, o estilo não é só o mero vestuário do pensamento – será que temos de insistir nisto tão tardiamente? –, e podemos dizer que do solo da prosa romanesca brotam os personagens, as ideias, e até mesmo a própria história.[2]

---

[2] É digna de nota a última defesa do estilo de Dreiser, no capítulo sobre esse autor, na *História Literária dos Estados Unidos*: "Esquecidos da integridade e do poder da obra completa de Dreiser, muitos críticos têm sido induzidos a condenar seu estilo. Ele era, como Twain e Whitman, um artista orgânico; escrevia sobre o que sabia, sobre o que era. Seus muitos coloquialismos faziam parte do feitio de sua época, e suas passagens sentimentais e românticas eram escritas na linguagem usada no sistema educacional e na literatura popular dos seus anos de formação. Em seu estilo, como em seu material, ele era um filho de seu tempo e de sua classe. Autodidata, tipo ou modelo do artista de origem plebeia na América, sua linguagem, como seus temas, não são marcados por inconsistências internas". Não há dúvida de que Dreiser era um artista orgânico, no sentido de que escrevia o que sabia e o que era, mas assim, creio, é cada artista; a questão a ser colocada pelo crítico é saber *o que* ele sabia, e *quem* ele era. Que era um filho de seu tempo e de sua classe é verdadeiro, também, mas isso pode ser dito de qualquer um, sem exceção; o crítico deve explicar como transcendeu as limitações impostas por sua época e por sua

Assim como o estilo de Dreiser é defensável, seu pensamento também o é. Ou seja, quando ele pensa como um romancista, é digno de ser seguido – quando por seu estilo rude e deselegante, mas eficiente, ele cria personagens e eventos também rudes mas eficientes. Mas quando ele pensa como, por assim dizer, um filósofo, provavelmente será não só tolo, mas vulgar. Ele pensa como a moderna multidão pensa, quando decide pensar: religião e moralidade são bobagens, "religiosos" e moralistas são hipócritas, a tradição é uma fraude, o que é o homem a não ser matéria e impulsos, misteriosas reações químicas. De qualquer forma, qual o valor da vida?

> Que importa cozinhar, copular, manter um emprego, crescer, envelhecer, perder, ganhar, em um cenário tão mutável e passageiro como o nosso? Bunk! Tudo isso é alguma forma de ilusão excitante tão importante para as forças superiores que a criaram como as funções e as voltas que dá uma mosca. Não mais do que isso. E talvez menos.

Esse é Dreiser aos sessenta anos. E, no entanto, para ele sempre há uma suposição vulgarmente salvadora de que, no fim das contas, sempre haverá Algo Por Trás de Tudo. É condizente com sua vulgaridade intelectual o fato de que seu antissemitismo não era tão só um preconceito social, mas uma ideia, uma forma de lidar com suas dificuldades.

Acho que ninguém jamais representou Dreiser como um homem de inteligência superior. É até um lugar-comum dizer que suas ideias são inconsistentes ou inadequadas. Mas, uma vez admitido isso, suas ideias são desconsideradas, enquanto se fala de sua "realidade" e de sua grande e sorumbática piedade. (Sua piedade deve ser questionada: deve ser julgada pela bondade, e não pela sua quantidade, e a dele

---

classe. Quanto à defesa feita com base em sua classe, tudo o que se pode dizer é que o pensamento liberal chega a uma estranha conclusão, quando assume que uma origem plebeia é responsável pelos defeitos de um escritor durante toda a sua vida intelectual.

– com a única exceção da mostrada em *Jennie Gerhardt* – ou destrói seu objeto ou é autopiedade.) Por que será que nenhum crítico liberal jamais levou as ideias de Dreiser ao tribunal da praticidade política, perguntando de que servia sua especulação nebulosa, desajeitada, e sua autojustificação, seu desejo de "beleza", de "sexo" e de "vivência", e da "própria vida", e o ostentoso niilismo que sempre foi tido por ele como um grande gesto em direção à profundidade? Vivemos, de modo suficientemente compreensível, com uma sensação de urgência; nosso relógio, como o de Baudelaire, não tem ponteiros e exibe uma legenda, "é mais tarde do que você pensa". Mas para nós é sempre um pouco tarde demais para o pensamento, e no entanto nunca é tarde demais para expressar a burrice honesta; é sempre um pouco tarde demais para o entendimento, e nunca tarde demais para uma indignação justa e desnorteada; sempre é tarde demais para a reflexão, e nunca tarde demais para a moralização ingênua. Parece que gostamos de condenar o que temos de melhor e não nossas piores qualidades, desculpando-as pela exigência do tempo.

Mas, às vezes, o tempo não é tão exigente assim para justificar todas as nossas próprias exigências, e no caso de Dreiser o tempo sempre permitiu que suas deficiências alcançassem sua conclusão lógica e fatal. Em *The Bulwark*, suas ideias características fazem um círculo completo, e a história simples e didática da vida de Solon Barnes, homem de negócios quacre, proclama uma simples fé cristã e uma espécie de misticismo prático, bem como as virtudes da autoabnegação e do autocontrole, e a crença e a submissão aos propósitos ocultos dos altos poderes, as "forças superiores que criam tudo" – e que, algumas vezes, na opinião de Dreiser, são tão brutalmente indiferentes, e, em outras, de alguma forma benignas. Essa não é a primeira ocasião em que Dreiser demonstra ternura e aquiescência mística em relação à religião. *Jennie Gerhardt* e a figura do reverendo Duncan McMillan em *An American Tragedy* antecipam as confissões de *The Bulwark*, e seu marcado interesse por qualquer espécie de poder levava-o a aceitar o poder implícito nas formas mais bárbaras da realização mística. No entanto, essas fissuras no seu quase monolítico materialismo não podem nos preparar para o declarado pietismo de *The Bulwark,* nem mesmo depois de lembrarmos que sempre esteve presente em sua obra uma grande e intensa raiva dos "religiosos" e "moralistas", homens que haviam assumido a crença de que é possível dar à vida qualquer lei, e que ousaram supor que a vontade, a mente ou a fé podem expressar a entidade selvagem e bela que ele próprio gostava de chamar de "a própria vida". Para Dreiser, a lei pode realmente ser imposta, e é totalmente simples – o salvo-conduto da vida pessoal requer apenas que sigamos a Luz Interior, de acordo com o regime da Sociedade de Amigos ou de acordo com alguma outra abençoada lei. E então, a Afrodite sorridente instalada sobre seus altares de pórfiro, calcedônia, marfim e ouro é totalmente esquecida, e nos dizem que o triste júbilo da aceitação cósmica caminha de mãos dadas com a abstinência sexual.

A forma de "aceitação" mostrada por Dreiser nos últimos anos de sua vida não deve ser, como uma experiência pessoal, submetida aos testes de validade intelectual. Consiste em uma sensação de entendimento cósmico, de um amplo sentido de unidade com o mundo em seu mal aparente, bem como em seu óbvio bem. Não deve ser mais criticado ou questionado do que o próprio amor – realmente, é uma espécie de amor, não tanto do mundo mas de si próprio no mundo. Talvez seja a cessação do desejo ou o perfeito equilíbrio de seus desejos. É o que com frequência foi usado para significar "paz", e até o século XIX havia um grande número de pessoas que entendiam o que isso queria dizer. Se era essa a emoção sentida por Dreiser no fim de sua vida, quem não gostaria de ser feliz dessa maneira? Não estou nem mesmo certo de que nossa civilização não seria melhor se um maior número de pessoas conhecesse e desejasse essa emoção de felicidade sepulcral. No entanto, mesmo reconhecendo a validade pessoal dessa emoção, a exposição dela feita pelo escritor é falha e, mais do que isso, é ofensiva. Matthiessen nos preveniu do ataque que seria feito à doutrina de *The Bulwark* pelos que "acreditavam que qualquer renovação do Cristianismo assinala um novo 'fracasso da coragem'". Mas a declaração religiosa feita por Dreiser não é só o fracasso da coragem – é um fracasso do espírito e do coração. Basta compararmos esse livro com qualquer outra obra em que o espírito e o coração servem à religião, para constatar esse fracasso imediatamente. A atitude de Ivan Karamazov, ao devolver o bilhete de entrada à "harmonia" do universo, sugere que *The Bulwark* não é adequado moralmente, pois nós não ousamos, como o seu herói faz, "aceitar" com tranquilidade o sofrimento dos outros; e o Livro de Jó nos diz que não é suficiente tudo o que apresenta do problema do mal, e que não é suficientemente sério. Eu já disse que a afirmação religiosa de Dreiser era ofensiva; essa ofensa consiste na facilidade vulgar de sua formulação, bem como na forma confortável e imperturbável pela qual ele passava do niilismo ao pietismo.[3]

The Bulwark é fruto da velhice de Dreiser, mas, se falarmos dele como um fracasso do pensamento e do sentimento, não quer dizer que supomos que com a idade ele estivesse mais fraco de espírito e de coração. Sua fraqueza esteve sempre presente. E em um sentido não foi Dreiser que falhou, mas todo um modo de tratar as ideias, um modo no qual todos estivemos até certo ponto envolvidos. Nossa cultura liberal e progressista tolerou o vulgar materialismo de Dreiser, com sua pesada negatividade, seu grito simplista de "Bunk!",

---

[3] Facilidade e conforto parecem caracterizar as modernas conversões religiosas. A religião hoje em dia parece ser a casa ideal moderna, que tem sido chamada de "uma máquina de viver", isto é, aquela que decidimos adquirir e usar, não em uma luta espiritual, mas só com um crescente anseio por sua praticidade e conveniência. Comparar *A Montanha dos Sete Patamares* chamada por monsenhor Sheen de "uma forma seculovinteana das *Confissões* de Santo Agostinho", com o antigo original desse livro.

sentindo que talvez ele não fosse inteiramente adequado do ponto de vista intelectual, mas reconhecendo-o como muito *forte* e muito *real*. E agora, quase como uma consequência natural, essa tolerância aprovou, e não quer hoje retirar essa aprovação à religião pietista de Dreiser, em toda a sua inadequação.

É claro que o próprio Dreiser era mais sólido do que a cultura intelectual que o aceitava. Estava realmente convicto de suas ideias, pelo menos até o ponto em que um homem pode ter convicção de ideias que é incapaz de seguir até suas últimas consequências. Mas nós, no que se refere às suas ideias, falamos sobre sua grande e sorumbática piedade e descartamos as ideias. Ainda estamos fazendo isso. Robert Elias, o biógrafo de Dreiser, nos diz que "faz parte da lógica de [sua] vida que tivesse terminado de escrever *The Bulwark* na mesma época em que se uniu aos comunistas". Que espécie de lógica era essa nos é explicado em uma declaração posterior de Elias.

> Quando ele apoiou os movimentos esquerdistas e finalmente, no ano passado, se filiou ao Partido Comunista, fez isso não por ter examinado os detalhes da linha partidária e achado que eram satisfatórios, mas sim porque concordou com o programa geral que representava um meio de estabelecer seu objetivo preferido, o de obter maior igualdade entre os homens.

Se Dreiser estava ou não seguindo a lógica de sua própria vida, certamente estava seguindo a lógica da crítica liberal que o aceitava de modo indiscriminado como uma das grandes e significativas expressões de seu espírito. Essa é a crítica liberal, vinda diretamente de Parrington, que estabelece a responsabilidade social do escritor e depois continua a dizer que, à parte do dever de estabelecer o tanto quanto possível uma semelhança com a realidade, ele não é responsável por nada, nem mesmo por suas ideias. O objetivo da realidade sendo o que é, as ideias são consideradas meros "detalhes", e, além disso, detalhes que, se forem levados em consideração, têm o efeito de diminuir a realidade. Mas os ideais são diferentes das ideias; na crítica liberal que descende de Parrington, os ideais unem-se felizmente com a realidade e nos pressionam para lidar impacientemente com as ideias – um "amado objetivo" que nos proíbe de parar para considerar como o alcançaremos, ou se não o destruiremos, tentando alcançá-lo de maneira errada.

Capítulo 2 | Sherwood Anderson

Acho difícil e não muito verdadeiro escrever sobre Sherwood Anderson sem falar dele pessoal e até mesmo emocionalmente. Não o conheci. Estive com ele apenas duas vezes e em nenhuma dessas ocasiões falei com ele. A primeira vez o vi quando estava no auge de sua fama. Lembro que estava lendo justamente *A Story-Teller's Story* [A História de um Contador de Histórias] e *Tar* [Piche], e essas obras autobiográficas me haviam tornado de todo consciente da mudança que acontecera nos meus sentimentos alguns anos antes, quando quase tudo que Anderson escrevia me parecera uma espécie de revelação. A segunda vez que o vi foi cerca de dois anos antes de sua morte. Nessa ocasião, ele não figurava havia muitos anos em minhas reflexões sobre literatura, e acho que a maioria das pessoas não o considerava mais uma força que agia na vida delas. Seus dois últimos romances (*Beyond Desire* [Além do Desejo], de 1932, e *Kit Brandon,* de 1936) não foram bons; eram nitidamente uma tentativa de acertar passo com o mundo, mas o mundo se mexera rápido demais. Anderson estava consciente do estado das coisas, mas sofrera o destino do escritor que, em um breve momento da vida, tem um sucesso com uma ideia simples, que ele permite que permaneça simples e que se torna fixa. Em ambas as ocasiões – a primeira foi uma reunião depois de uma de suas leituras, feita para ansiosos estudantes graduados de Wisconsin e jovens professores um tanto preocupados em ser considerados pedantes e acadêmicos por aquele Ulisses, o primeiro famoso homem de letras que a maioria de nós conhecera; a segunda ocasião, uma festa muito concorrida, em Nova York – impressionei-me muito com a qualidade humana de Anderson, por certo interesse sério que ele teria na pessoa com quem estava falando ou cumprimentando durante um momento breve e formal, e por certa graça que parecia surgir de um coração inocente.

Menciono essa impressão pessoal muito tênue porque ela certamente deve ter surgido não de minha observação daquele momento, mas, sim, projetada por algum resíduo consciente da admiração que eu tivera por seus livros, mesmo depois de ter elaborado tantos adversos julgamentos sobre eles. Esse sentimento devia ainda existir quando soube de sua morte, porque de outra forma eu não os teria elaborado. E agora que voltei a seus livros e descobri que gosto deles menos ainda do que me lembrava, descobri também que esse resíduo de admiração ainda se mantém; é muito vago, no entanto requer articulação com os mais nítidos sentimentos de insatisfação; e deve ser discutido, como foi antes.

Há certa pungência no fracasso da carreira posterior de Anderson. Segundo a moralidade artística pela qual se pautavam ele e seus amigos – Robert Browning parece ter desempenhado um papel importante e anônimo ao formular essa moralidade –, Anderson deveria ter ficado protegido para sempre do fracasso artístico pelos fatos de sua biografia. Quando tinha 45 anos, como todo mundo sabe, era gerente de uma pequena fábrica de tintas em Elyria, Ohio; um dia, bem no meio de uma sentença que ditava, saiu da fábrica e entregou-se à literatura e à verdade. Parece que nunca conseguiu se recuperar bem do assombro com aquela fuga, e o contínuo prazer que descobria nela prejudicou-o, pois o fez sentir que o problema do artista era definido totalmente pela luta entre a sinceridade, de um lado, e o comercialismo e as boas maneiras, de outro. Realmente ele dizia que o artista necessitava não só de coragem, mas de técnica. No entanto, por certo foi na coragem que apostou mais. E devemos às vezes sentir que, por ousar tanto pela sua arte, ele esperava demais só de sua ousadia, acreditando que as opiniões certas deveriam necessariamente resultar disso. Anderson estava profundamente preocupado com a ideia da justificação; havia nele uma tensão religiosa estranha, ardilosa e indisciplinada que assumia essa forma; e esperava que, embora os filistinos pudessem condená-lo, teria uma eventual justificação do lado da arte e da verdade. Sentia-se justificado em algum sentido pessoal, como tentei dizer, e sem dúvida sua grande fuga tinha algo a ver com tudo isso, mas também tivera o efeito de fixar fatalmente o estilo de sua vida artística.

A maior influência de Anderson foi exercida, provavelmente, sobre os que o leram na adolescência, na idade em que descobrimos livros que abandonamos mas não conseguimos esquecer. E agora temos de nos forçar a pegar outra vez, como muitos devem ter feito ao saberem de sua morte, o livro que todos certamente lemos, pois *Winesburg, Ohio* não é apenas um livro, é um *souvenir* pessoal. Em geral é um livro que se tem na edição da Modern Library, e muito provavelmente no formato mais primitivo dessa série, mesmo antes de ser desfigurada com seu vulgar pequeno balé-Prometeu: e a encadernação em verniz marrom, o papel áspero, os tipos antigos na página são mortalmente evocativos. Mesmo a introdução por Ernest Boyd é rançosa e tem cheiro de passado, do tempo em que a crítica existia em uma simplicidade prática e heroica, quando tudo era verdade contra a hipocrisia, o idealismo contra o filistinismo, e o oposto de "romantismo" não era "classicismo", mas "realismo, o que – agora isso parece estranho – negava a ambos. Quanto às próprias histórias de Winesburg, elas são tão perigosas de ser lidas novamente, tão penosas e curiosas como se fossem velhas cartas que escrevemos ou recebemos.

Não é de admirar que Anderson tenha exercido sua maior influência, embora não fosse de jeito nenhum a única, sobre os adolescentes. Por um lado, escrevia sobre jovens com uma ternura especial;

uma de suas histórias mais conhecidas intitula-se "I Want to Know Why" ["Eu quero saber por quê"]: essa é a grande pergunta do adolescente, e o mundo que Anderson via era essencialmente, e mesmo quando habitado por adultos, o mundo das pessoas jovens e sensíveis. Um mundo que não "entende", um mundo de solidão, de fuga de casa, de tédio presente e júbilo distante e eventual realização; um mundo visto como tomado pela personalidade própria e no entanto – e em consequência – sentido como indiferente à personalidade de alguém. E Anderson usava o que parecia a um jovem a própria linguagem capaz de penetrar até o coração do mistério do mundo, com seu desejo rural ou primitivo de dizer as coisas três vezes, o seu reiterado "Bem..." que sugere o gaguejo da meninice, o seu "E daí?" que sugere a sabedoria introspectiva da velhice.

A maioria de nós sentirá agora que esse mundo de Anderson é uma representação bem inadequada da realidade, e provavelmente sempre foi isso. Mas não podemos estar certos de que isso não fosse um evento necessário em nossa história, como a própria adolescência; e ninguém tem a adolescência que desejaria ter. Mas uma adolescência não deve durar mais do que o seu fim natural, e quando lemos seguindo o cânone de Anderson, o que nos exaspera é a continuidade teimosa e satisfeita de suas atitudes antigas. Há algo inegavelmente impressionante sobre o período histórico em que Anderson escrevia seus livros, formulando seus conceitos característicos. Podemos lembrar, em especial se tivermos uma consciência modificadora sobre esse período, *Windy MacPherson's Son* [O Arrebatado Filho de MacPherson], apesar de sua última parte, que, curiosamente, se parece com uma dessas histórias de revistas comerciais da época; *Marching Men* [Homens em Marcha] é uma narrativa poderosa, embora seu misticismo político seja repulsivo; *Winesburg, Ohio*, que tem um toque de grandeza; *Poor White* [Pobres Brancos] é pesado, mas não desprovido de força; e algumas das histórias *de The Triumph of the* Egg [O Triunfo do Ovo] têm uma espécie de sombria estranheza que é, na minha opinião, a característica mais bem-sucedida de Anderson, às vezes atingida em suas últimas histórias curtas, como "Death in the Woods" ["Morte nos Bosques"]. Mas depois de 1921, *em Dark Laughter* [Riso Sombrio] e em *Many Marriages* [Muitos Casamentos], livros que repercutiram mais entre os críticos, emerge na obra de Anderson a qualidade compulsiva, obsessiva, repetitiva, que finalmente nos impressiona por sua qualidade característica.

Anderson liga-se com a tradição dos que mantêm um conflito permanente com a sociedade respeitável e um eterno osso a disputar com a inteligência racional. É uma tradição muito antiga que nos vem dos essênios, dos primitivos franciscanos, bem como do primitivo hassidismo, pode-se até dizer que pertence a este. Essa tradição continuou nos tempos modernos com Blake, Whitman e D. H. Lawrence. Os que pertencem a ela habitualmente agem sobre o caminho errado que o mundo toma, mas de uma forma que ultrapassa a mera denúncia – transformam suas denúncias em ação e assumem um papel e um modo de vida. Tipicamente pegam sua bagagem e deixam a respeitável cidade, como Anderson fez. Mas a ele faltava algo que seus notáveis colegas sempre tiveram. Podemos denominar isso *mentalidade,* mas também servem outros termos, como *energia* e *espírito*, em relação à mente. Anderson nunca compreendeu que o momento da iluminação e da conversão – o do afastamento – não pode ser simplesmente celebrado mas deve ser desenvolvido, de forma que o que se inicia como um ato da vontade se transforme em um ato da inteligência. Os que adotam a tradição antirracionalista zombam das pretensões da inteligência e denunciam suas limitações; mas tornam-se eles próprios os agentes do pensamento mais poderoso. É claro que de fato eles não rejeitam totalmente a inteligência, mas só a que é concebida pela sociedade respeitável. "Aprendi a Torá de todos os poros de meu professor", disse um hassídico. Eles pensam com suas sensações, com suas emoções, e, alguns deles com seu sexo. Enquanto denunciam o intelecto, brilham em uma fogueira mental de energia que se manifesta em sintaxe, epigrama e verdadeiras descobertas.

Neste ponto, Anderson não se assemelha a eles. Ele não se tornou um "sábio". Não teve o dom de ser capaz de produzir uma sentença ou uma metáfora que repentinamente iluminasse algum canto escuro da vida – o papel que desempenhou sugeria que seu trabalho seria repleto de "ditos" e de *insights* específicos, mas isso nunca aconteceu. Mas no prefácio de *Winesburg, Ohio* ele fala de uma das escassas coisas "sábias" de sua obra e, por uma espécie de ironia, explica algo de sua própria inadequação. O prefácio consiste em uma historinha sobre um velho que está escrevendo o que chama de "The Book of the Grotesque" [O Livro do Grotesco]. Esta é a ideia principal exposta pelo velho:

> Que no início, quando o mundo era jovem, havia um grande número de pensamentos, mas nenhuma verdade. O homem criou as próprias verdades, e cada uma delas era um composto de muitos pensamentos grandes e vagos. Todo mundo foi envolvido pela verdade, e todas elas eram belas.
>
> O velho fez uma lista com centenas de verdades no seu livro. Não vou tentar falar a vocês de todas elas. Havia a verdade da virgindade e a da paixão, a verdade da riqueza e a da pobreza, a da poupança e a do desperdício, a do descuido e a do abandono. Havia centenas e centenas de verdades, e todas eram belas.
>
> E então as pessoas começaram a chegar. Cada qual, quando chegava, pegava uma verdade, e até mesmo havia os que, como eram muito fortes, agarravam uma dúzia delas.
>
> Foram as verdades que tornaram as pessoas grotescas. O velho tinha uma teoria muito elaborada sobre esse assunto. Achava que no momento em que uma pessoa se apossava de uma verdade e a chamava de sua verdade, tentando viver de acordo com ela, tornava-se grotesca, e a verdade que abraçara se tornava uma falsidade.

Anderson agarrou apenas uma das verdades e essa o transformou, no seu próprio gentil e afeiçoado sentido da palavra, em um "grotesco"; eventualmente a própria verdade se tornou uma espécie de falsidade. Era a verdade – ou talvez tenhamos de chamá-la de um complexo simples de verdades – do amor-paixão-liberdade, e era composta desses "vagos pensamentos": cada indivíduo é uma preciosa essência secreta, com frequência discordante de todas as outras essências; a sociedade, e mais particularmente a sociedade industrial, ameaça essas essências; os velhos e bons valores da vida foram destruídos pelo sistema industrial; as pessoas foram separadas umas das outras e mesmo de si próprias. É certo que esses pensamentos compõem uma verdade, e sua importância também é igualmente certa. De que forma poderia ter-se tornado uma falsidade, se seu possuidor é um "grotesco"? A natureza da falsidade parece consistir nisto: que a afirmação da vida pelo amor, pela paixão e pela liberdade, feita por Anderson, de forma bastante paradoxal, teve o efeito de negar totalmente a vida, tornando-a cinzenta, vazia e destituída de significado. Estamos muito habituados a ouvir que é isso o que a intelectualização excessiva pode fazer; e não é com muita frequência que somos advertidos de que a emoção, se for de certa espécie, pode ser igualmente destrutiva. No entanto, quando o sentimento é entendido como uma resposta, uma terapia, quando ele se torna uma espécie de instrumento crítico e é visto como excludente de outras atividades da vida, pode realmente tornar o mundo abstrato e vazio. O amor e a paixão, quando considerados, como o faz Anderson, um meio de ataque sobre a ordem do mundo respeitável, podem criar um mundo que realmente é sem amor e paixão e indigno de ser "livre".[1]

---

[1] No prefácio de *The Sherwood Anderson Reader* [O Leitor de Sherwood Anderson], Paul Rosenfeld, seu amigo e admirador, resumiu de maneira notável a visão de vida que a obra do escritor sugere: "Parece que quase tocamos uma absoluta existência, uma vida interessante, semianimal e semidivina. Seu estado crônico consiste em banalidade, prostração, desmembramento,

No mundo de Anderson há muitas emoções, ou antes, muitos exemplos de um punhado de emoções, mas há muito poucos sons, cheiros, vistas, muito pouco de realidade. As próprias coisas às quais atribui valor por serem vivas, reais e opostas, em sua natureza orgânica, à insensata abstração de uma cultura industrial, tornam-se, quando escreve sobre elas, também abstratas e desprovidas de vida. Quando elogia as corridas de cavalos, que diz amar, ele não nos dá a impressão de saber o que é um cavalo; o seu rio Mississípi não corre; suas altas espigas de milho só crescem no solo de sua dominadora subjetividade. As belas coisas orgânicas do mundo são criadas para ser admiradas não por si próprias, mas só pela sua superioridade moral sobre os homens e as máquinas. Há muitas semelhanças de tema entre Anderson e D. H. Lawrence, mas a mente muito mais forte e sensível de Lawrence tinha olhos para o substancial, e mesmo quando era mais doutrinário ele conhecia o mundo das aparências.

E assim como não há uma experiência sensorial verdadeira na escrita de Anderson, não há também nenhuma experiência social real. Seus personagens realmente não vão à igreja, nem votam, nem trabalham visando ao dinheiro, embora com frequência lhes seja dito que fazem tais coisas. Em seu desejo de melhores relacionamentos sociais, Anderson nunca pôde ver totalmente os relacionamentos sociais que realmente existem, por mais inadequados que possam ser.

---

inconsciência; de tensão, com um desejo indefinido e infinitamente extensivo. Sua manifestação: a não comunicação de lunáticos ou de outros solitários antissociais, dispersos, impotentes e prisioneiros... Suas maravilhas – a maravilha do seu caos – é feita pelos seus fugitivos heróis e heroínas, mutilados como o desmembrado Osíris, o desmembrado Dionísio... Dolorosamente o absoluto se realiza em uma consciência de sentimento e desamparo universais... Realiza-se como sentimento, sinceridade, compreensão, conexão e unidade; às vezes ao custo da morte de suas criaturas. Triunfa em qualquer pessoa consciente de sua existência, mesmo que esteja em um estado de espírito sombrio. O momento da realização é tragicamente breve. Sentimento, compreensão, situação de unidade. A vida divina afunda novamente, desmembrada e inconsciente".

Falava sempre, por exemplo, de casamentos infelizes e desesperados e parecia sugerir que deveriam ser rapidamente desfeitos, mas nunca entendeu que com frequência os casamentos são insatisfatórios pelos mesmos motivos que tornam impossível dissolvê-los.

Seus personagens têm uma paixão desencarnada e uma sexualidade sem alegria e júbilo, embora seja frequente a ideia de que pelo sexo eles talvez possam atingir a salvação. John Jay Chapman dizia, de Emerson, que, por maior que fosse, um visitante de Marte aprenderia menos sobre a vida na terra dele do que na ópera italiana, pois pelo menos a ópera sugeria que havia dois sexos. Quando Anderson estava no auge da fama, parecia que sua afirmação de que existiam dois sexos era seu grande trunfo, a coisa que tornou sua obra avançada em relação à literatura da Nova Inglaterra. Mas, embora o visitante de Marte pudesse ser instruído por Anderson sobre a mera existência da bissexualidade, ainda assim deveria ser advertido de ir à ópera italiana se quisesse informações mais completas. Pois da ópera, e nunca de Anderson, ele adquiriria parte do conhecimento que em geral os nativos do planeta têm, tais como que o sexo tem certas manifestações que socialmente são muito complexas, que está envolvido com a religião, com a política e com o destino das nações, e acima de tudo que é frequentemente caracterizado pela mais vívida espécie de energia.

Em seus discursos seus personagens não só não mostram nenhum espírito como também não têm um idioma. Dizer que não são "reais" seria introduzir todas as espécies de inúteis questiúnculas sobre a arte da criação de um personagem; simplesmente eles *não estão ali*. Não se trata de uma falha artística; pareceria antes que teria sido parte da intenção de Anderson o fato de não estarem presentes ali. Sua prosa narrativa obriga-se a esse objetivo; não é realmente um idioma coloquial, embora tenha certos truques coloquiais; na verdade aproxima-se do inadequado uso de uma língua estrangeira; velhos termos de gíria persistem, e elegantes arcaísmos são usados de maneira consciente para que as pessoas constantemente tenham "faniquitos", as moças com frequência sejam referidas como "donzelas", e coisas sejam tidas "como para" outras coisas. Esses maneirismos, embora lembrem alguns dos usados por Dreiser, não são o resultado, como os desse escritor, de um esforço para ser literário e impressionar bem. A prosa de Anderson tem um propósito que os torna necessários – a intenção de nos fazer duvidar da familiaridade com o nosso próprio mundo, e não a de tornar as coisas mais fáceis para nós, mas só mais intrigantes e distantes. Quando um homem cujo nome conhecemos é frequentemente referido como "o fabricante de arados", quando ouvimos repetidas alusões a "uma espécie de doce chamado Milky Way", coisa que sabemos há muito, e quando nos contam que alguém "se tornou um radical, tinha pensamentos radicais", fica evidente que essa falsa ingenuidade visa a nos fazer desistir da visão conceitual habitual e total que temos do mundo que nos rodeia.

Anderson gostava de atingir as pessoas em seu segredo humano, sua essência, mas quanto mais ele procura essa essência, mais seus personagens se diluem no vasto limbo de uma vida sem sentido e deixam de ser seres humanos. Seus grandes heróis americanos eram Mark Twain e Lincoln, mas, quando escreve sobre esses homens sagazes, endurecidos, rouba-os de todo o seu sabor e masculinidade, de toda a sua mentalidade amarga e resistente; eles se tornam pouco mais que um par de felizardos sensíveis e sofredores. Quanto mais Anderson fala das pessoas, menos vivas elas se tornam – e menos amáveis. É por acaso de estranhar que, com toda a afetividade que manifestava por elas, nós nunca amemos essas pessoas sobre as quais escreve? Mas é claro que não amamos as pessoas pela sua essência ou pela sua alma, mas por terem certo corpo, ou por serem espirituosas, ou pela sua linguagem, por certos específicos relacionamentos com as coisas e com outras pessoas, e por uma confiável continuidade de existência: gostamos das pessoas porque elas estão ali.

Podemos até, por um momento, pensar que o próprio Anderson não amava seus personagens, porque senão ele não os teria roubado totalmente de sua substância e forçado-os a deixar rapidamente o palco depois de seus pequenos e essenciais momentos de crise. O amor de Anderson, no entanto, era bastante real; acontece só que ele ama sempre do ponto de vista de sua própria "verdade" – é amor, realmente, mas um amor que se torna totalmente abstrato. Outra maneira de dizer isso é que ele vê através dos olhos de uma religiosidade de uma espécie muito limitada. Ninguém, acho, comentou a quantidade e a qualidade do misticismo que conseguiu penetrar no pensamento dos escritores dos anos 1920. Podemos deixar de lado Willa Cather, pois seu conceito de uma ordem católica a diferencia; mas além do próprio Anderson, Dreiser, Waldo Frank e Eugene O'Neill nos vêm à mente como homens que recorriam a uma ideia poderosa mas não desenvolvida em relação a poderes sobrenaturais.

É demasiado fácil entender esse misticismo cru como um protesto contra o materialismo filosófico e moral. Fácil demais, também, perdoá-lo, mesmo quando, como acontece com Anderson, os segundos nascimentos e as grandes revelações parecem frequentemente apontar só para o centro de uma boêmia solene, e quase sempre para um declínio, e não para uma elevação, de energia. Nosso perdão se deve ao fato de que alguma parte da culpa dessa crueza deve ser atribuída à cultura de sua época. Na Europa, um século antes, Stendhal podia execrar o materialismo burguês e não se deixar tentar pela vaga religiosidade que na América parecia ser, nos anos 1920, um dos poucos meios pelos quais se poderia afirmar o valor do espírito. Mas Stendhal podia denunciar o filistinismo em nome da música de Mozart, das pinturas de Cimabue, Masaccio, Giotto, Leonardo e Michelangelo, das peças de Corneille, Racine e Shakespeare. Coisas cujo significado parece não ter sido realmente absorvido jamais por Anderson. Ele não estava muito consciente do que fora o passado, devido talvez à sua combativa fé no "moderno", o que, em um moderno, é sempre um perigo. Eram poucos os seus heróis na arte e na moralidade: Joyce, Lawrence, Dreiser e Gertrude Stein, como companheiros de modernidade; Cellini, Turgueniev; tem um texto longo elogiando George Borrow; falava de Hawthorne com desprezo, pois não podia entendê-lo senão como um homem de sociedade, e de Henry James dizia que era "o romancista dos que odeiam", pois a inteligência era sempre vista por ele como uma espécie de malícia. E só raramente se encontrava com seus próprios colegas de arte, que admirava. Seus verdadeiros heróis eram os simples e incapazes de se assumir, alguns poucos negros anônimos, uns poucos artesãos e uns poucos corredores, cujo chefe era Pop Geers,[2] pois Anderson dava à ideia do artesanato um valor que excedia o que os ofícios realmente têm – era essa uma atitude sua, bem como muitas outras coisas que nos lembram da relação estabelecida entre ele e Hemingway. Esse é um encantador tipo de veneração de heróis, mas não pode se colocar como um antagonismo adequado à cultura à qual Anderson se opunha. Para que se tornasse eficiente e influente, ele o reforçava com o que é realmente a alta linguagem da religião, falando de salvação, da voz que não pode ser negada, de abandonar o pesado fardo deste mundo.

A salvação mencionada por Anderson era sem dúvida uma salvação real, mas era pequena e ele a usava na linguagem da mais ardorosa experiência religiosa. Falava em visões, mistérios e êxtases, mas no fim das contas só estava falando da salvação proporcionada por uma existência medíocre e legítima, de um lugar tranquilo sob o sol e de momentos de paz e lazer, de não ser importunado ou privado de sua devida cota de afeição. O que queria, para si próprio e para os outros, talvez não fosse mais do que realmente teve nos seus últimos anos: um lar, vizinhos, um pequeno trabalho diário a ser feito, e o direito de dizer o que queria, descuidada e informalmente, e sem a sensação

---

[2] Edward Franklin "Pop" Geers (1851-1924), famoso jóquei americano de corridas de cavalos de trote, morto em um acidente de corrida. (N. T.)

de estar sendo julgado com severidade. Mas entre essa vida medíocre e boa e a linguagem que usava para defini-la há uma discrepância que pode ser tida como uma deliberada falta de gosto, um lapso voluntário sobre o senso de entrosamento das coisas. Wyndham Lewis, em seu *Paleface* [Cara Pálida], escrito sobre o precoce triunfo obtido por Anderson, considera sua obra como um ataque contra a responsabilidade e a maturidade reflexiva, os prazeres e os usos da inteligência, o orgulho humano, a claridade e a precisão socráticas. E certamente, quando pensamos nos "homens em marcha" do segundo romance de Anderson, com seus pensamentos perdidos em sua marcha e seu canto, deixando a seu líder a tarefa de definir seus objetivos, temos o que realmente poderiam ser as consequências políticas das atitudes de Anderson, se fossem levadas a seu extremo. Decerto a preciosa essência da personalidade, com a qual o escritor estava tão engajado, não poderia ser preservada por qualquer pessoa ou por qualquer feito preconizado em seus livros.

Mas o que os críticos hostis esquecem, sobre Anderson, é que a situação cultural da qual surgiu sua obra era realmente como ele a descrevia. A verdade de Anderson pode ter-se transformado em falsidade em suas mãos, pelas limitações que havia nele e também pela tradição do populismo fácil escolhida por ele, mas basta tirá-la de suas mãos para vermos que é uma verdade. A existência medíocre e autêntica, tão necessária para a maioria dos homens, é de tal modo difícil em nossos tempos, que é quase impossível de ser alcançada. A linguagem usada pelo escritor não era proporcional ao valor tradicional que a literatura dá às coisas que ele queria obter, mas não é também proporcional à moderna dificuldade de se atingir tais coisas. E é a infinita consciência dessa dificuldade que constitui para mim o resíduo de admiração por Anderson que ainda descubro em mim.

Capítulo 3 | Freud e a Literatura

I

A psicologia freudiana é a única avaliação sistemática da mente humana que, por sua sutileza e complexidade, por seu interesse e trágico poder, merece manter-se à parte da caótica massa de *insights* psicológicos que a literatura acumulou durante os séculos. Passar da leitura de uma grande obra literária a um tratado de psicologia acadêmica é passar de uma ordem de percepção a outra, mas a natureza da psicologia freudiana é exatamente o material sobre o qual os poetas têm sempre exercido sua arte. Não surpreende, portanto, que a teoria psicanalítica tenha tido grande efeito sobre a literatura. Esse relacionamento, entretanto, é recíproco, e o efeito de Freud sobre a literatura não tem sido maior do que o efeito da literatura sobre Freud. Quando, por ocasião da celebração de seu septuagésimo aniversário, Freud foi saudado como o "descobridor do inconsciente", ele corrigiu o orador e rejeitou esse título. "Antes de mim, os poetas e os filósofos descobriram o inconsciente", disse. "O que descobri foi o método científico pelo qual o inconsciente pode ser estudado."

Uma falta de provas específicas nos impede de considerar as "influências" literárias particulares sobre o fundador da psicanálise. Além disso, quando pensamos nos homens que de maneira tão clara anteciparam muitas das ideias de Freud – Schopenhauer e Nietzsche, por exemplo – e depois aprendemos que ele não lera suas obras senão depois de formular suas próprias teorias, devemos ver que essas influências específicas não podem ser questionadas aqui, mas que só devemos lidar com todo o *Zeitgeist*, ou seja, com a direção geral assumida pelo pensamento de seu tempo. Pois a psicanálise é uma das culminâncias da literatura romântica do século XIX. No caso de haver uma contradição na ideia de uma ciência elevada sobre os ombros de uma literatura que se declara, de tantas maneiras, inimiga da ciência, essa contradição será resolvida se lembrarmos que essa literatura, apesar de suas declarações, era ela própria científica em pelo menos um sentido, o de ser apaixonadamente devotada a uma pesquisa do interior do *self*.

Ao mostrar a conexão entre Freud e essa tradição romântica, é difícil saber onde começar, mas pode haver certa tendência a se começar em um período anterior a ela, remontando a 1762, com *O Sobrinho de Rameau*, de Diderot. De qualquer forma, alguns pensadores do século XIX resolveram descobrir uma importância especial nessa obra pequena e brilhante: Goethe a traduziu, Marx a admirava, Hegel elogiou-a e explicou-a detidamente – por Marx tê-la mencionado na carta em que anunciava que estava enviando o livro como um presente. Shaw ficou impressionado com esse livro, e o próprio Freud, como sabemos por uma citação de seu *Introductory Lectures* [Palestras Introdutórias], o leu com o prazer da concordância.

O diálogo se desenvolve entre o próprio Diderot e um sobrinho do famoso compositor. O protagonista, o jovem Rameau, é um camarada desprezado, marginal e desavergonhado; Hegel o chama de "consciência desintegrada" e reconhece nele um grande espírito, pois ele rompe com todos os valores sociais normais e faz novas combinações com suas regras. Quanto a Diderot, o deuteragonista, é o que Hegel chama de "consciência honesta", considerando-o justo, decente e tedioso. Está claro que o autor não despreza seu Rameau e não quer que façamos isso. Rameau é lascivo e ambicioso, arrogante, mas capaz de autocrítica, dotado de aguda percepção, mas "errado" como uma criança. Ainda assim, Diderot parece na verdade conceder ao companheiro uma espécie de superioridade sobre ele próprio, como se Rameau representasse os elementos que, perigosos mas inteiramente necessários, jazem sob o moderado decoro da vida social. Talvez fosse ir longe demais descobrir em Rameau o id de Freud, e em Diderot o seu ego; no entanto, a conexão feita sugere isso mesmo; e pelo menos temos aqui a percepção que deverá ser a característica comum a Freud e ao Romantismo, isto é, a percepção do elemento oculto da natureza humana e da oposição entre o oculto e o visível. Temos também a ousada percepção do que está escondido:

> Se o pequeno selvagem (isto é, a criança) fosse deixado a si próprio, se preservasse toda a sua tolice e combinasse as violentas paixões de um homem de trinta anos com a falta de racionalidade de uma criança de berço, ele torceria o pescoço de seu pai e iria para a cama com sua mãe.

Dessa autoexposição de Rameau ao relato da própria infância feito por Rousseau, não há grande distância: a sociedade poderia ignorar ou rejeitar a ideia da "imoralidade" que jaz escondida no início da carreira do homem "bom", assim como poderia afastar-se da luta sustentada por Blake para expor uma psicologia que incluía as forças que estão além das conveniências do homem social, em geral, mas a ideia da coisa oculta prosseguiria seu curso até tornar-se um dos conceitos dominantes na época. O elemento oculto assume várias formas e não é necessariamente "sombrio" e "mau"; para Blake, "mau" era o bem, ao passo que para Wordsworth e Burke o que estava oculto e inconsciente era a sabedoria e o poder que agem apesar da inteligência consciente.

A mente tornou-se muito mais complexa; a valorização das várias formas de autobiografia – fato importante na tradição – fornece abundantes exemplos da mudança que foi realizada. Os poetas, ao elaborarem suas poesias com o que lhes parece ser quase uma faculdade recém-descoberta, descobrem que esse novo poder pode ser vítima de uma conspiração das outras faculdades da mente, e até mesmo ser privado de sua liberdade; os nomes de Wordsworth, Coleridge e Arnold nos vêm imediatamente à mente, e Freud cita Schiller sobre o perigo que, para o poeta, está na razão meramente analítica. E não apenas os poetas são ameaçados. Em toda a Europa as pessoas instruídas e sensíveis tornam-se conscientes dos danos que a razão pode causar na vida afetiva, como no clássico exemplo de John Stuart Mill.

Devemos também levar em consideração a preocupação – surgida no século XVIII, ou mesmo no XVII – com crianças, mulheres, camponeses e selvagens, cuja vida mental é tida como menos sobrecarregada do que a vida do homem adulto instruído segundo as características do hábito social. Com essa preocupação surge também um interesse pela educação e pelo desenvolvimento pessoal, consoante com os preconceitos históricos e evolutivos da época. E devemos certamente notar a revolução na moral que aconteceu por exemplo (poderíamos quase dizer) no *Bildungsroman* [romance de formação], pois nas obras introduzidas por *Os Anos de Aprendizado de Wilhelm Meister,* de Goethe, temos uma quase completa identificação de autor e herói e do leitor com os mencionados tipos de preconceito, e essa identificação sugere, quase inevitavelmente, um abrandamento do julgamento moral. O romance autobiográfico teve uma influência adicional sobre a sensibilidade moral, por sua exploração de todas as modulações de motivos e por sua sugestão de que não devemos julgar uma pessoa por qualquer momento isolado de sua vida sem levar em conta seu passado determinante e seu futuro de expiação e realização.

É difícil saber como continuar, pois quanto mais examinamos as afinidades literárias de Freud mais delas descobrimos, e mesmo se nos limitarmos à sua bibliografia, na melhor das hipóteses nosso trabalho será incompleto. No entanto, devemos mencionar a revolução sexual requerida – por Shelley, por exemplo, por Schlegel em *Lucinde,* por George Sand, e mais tarde e mais criticamente por

Ibsen; a crença na origem sexual da arte, ousadamente formulada por Tieck, e mais sutilmente por Schopenhauer; a investigação do desajuste sexual por Stendhal, cujas observações sobre os sentimentos eróticos nos parecem nitidamente freudianas. Volta e meia vemos o ego eficiente e utilitário sendo relegado a uma posição inferior, com um apelo feito em favor do anárquico e autoindulgente id. Descobrimos a exploração energética do conceito da mente como uma coisa divisível, com uma de suas partes contemplando e zombando da outra. Não demorará muito para se chegar aos brilhantes exemplos de sentimentos ambivalentes dados por Dostoiévski. Novalis introduz a preocupação com o desejo de morte, que, de um lado, liga-se com o sono e, de outro, com a percepção dos impulsos perversos e autodestrutivos, os quais por sua vez nos levam àquela fascinação pelo horrível que encontramos em Shelley, Poe e Baudelaire. E há sempre o profundo interesse nos sonhos – "Nossos sonhos", dizia Gerard de Nerval, "constituem uma segunda vida" – e na natureza da metáfora, que atinge seu clímax com Rimbaud e os últimos simbolistas, tornando-se a metáfora cada vez menos comunicativa ao se aproximar da relativa autonomia da vida do sonho.

Mas, uma vez que esses são os componentes do *Zeitgeist* do qual surgiu o próprio Freud, devemos talvez parar para perguntar se podemos dizer que Freud realmente causou grande efeito literário. O que Freud acrescentou que a própria literatura não teria desenvolvido sem ele? Se estivéssemos procurando um escritor que tivesse mostrado a influência de Freud, certamente Proust viria à nossa mente tão prontamente como qualquer outro; o próprio título de seu romance em francês ["À la *recherche du temps perdu*"] mais do que em inglês [*Remembrance of Things Passed*], sugere uma aventura psicanalítica, e é mais ou menos isso o que faz seu método – a investigação do sono, dos desvios sexuais, das formas de associação, do quase obsessivo interesse pela metáfora; a "influência" pode ser mostrada por meio desses e de muitos mais elementos. No entanto, acredito ser verdadeiro que Proust nunca tenha lido Freud. Ou ainda, embora a exegese do poema "A Terra Desolada", de T. S. Eliot, afirme que ele parece muito a interpretação psicanalítica de um sonho, sabemos que os métodos de Eliot foram fornecidos a ele não por Freud, mas por outros poetas.

Ainda assim, é verdade que foi muito grande a influência de Freud na literatura. Grande parte dela é tão penetrante que é difícil determinar sua extensão. De uma forma ou de outra, frequentemente em perversões ou em absurdas simplificações, essa influência foi inserida em nossa vida e tornou-se um componente de nossa cultura, do qual até hoje é difícil estarmos conscientes. Nas biografias seu primeiro efeito foi sensacional, mas não muito bem-sucedido. Os primeiros biógrafos freudianos na maior parte eram como Guildenstern,[1] que pareciam conhecer as veias mas não conseguiam arrancar o coração do mistério, e a mesma condenação aplica-se aos primeiros críticos freudianos. Mas nos últimos anos, com a aclimatação da psicanálise e o crescente entendimento de seus refinamentos e de sua complexidade, a crítica retirou do sistema freudiano muita coisa de grande valor, sobretudo a licença e a injunção à leitura da literatura com um vívido sentido de seus significados latentes e ambíguos, como se o sistema fosse – e realmente é – um ser quase tão vivo e contraditório quanto o homem que o criou. E essa nova resposta à obra literária teve um efeito corretivo sobre nossa conceituação da biografia literária. O crítico literário ou biógrafo que usa a teoria freudiana é tão ameaçado pelos perigos da sistematização teórica quanto o era nos primeiros tempos, mas provavelmente estará mais consciente dos riscos que corre. E acho válido dizer que atualmente o motivo de sua interpretação não é mais expor a vergonha secreta do escritor e limitar o significado de sua obra, mas, ao

---

[1] Rosencrantz e Guildenstern são personagens da tragédia *Hamlet*, de Shakespeare, encarregados pelo rei Cláudio de descobrir a possível causa da loucura do jovem príncipe da Dinamarca. (N. T.)

contrário, descobrir razões para simpatizar com ele e para ampliar os possíveis significados de seus trabalhos.

O nome dos escritores criativos mais ou menos freudianos em seu tom, ou em sua conceituação, formaria uma legião, é claro. Só um número relativamente pequeno deles, porém, usou seriamente as ideias de Freud. O próprio Freud parece ter pensado que isso era o que devia acontecer: dizem que ele esperava muito pouco dos livros que lhe eram enviados por escritores que faziam dedicatórias agradecendo tudo que aprenderam com ele. Os surrealistas manifestaram, com certa inconsistência, uma dependência de Freud, pela sanção "científica" de seu programa. Kafka, parecendo estar seguro do que fazia, explorou os conceitos freudianos de culpa e punição, sonho e temor do pai. Thomas Mann, cuja tendência, como ele próprio dizia, ia sempre na direção dos interesses de Freud, foi mais suscetível à sua antropologia, descobrindo um encanto especial na teoria dos mitos e nas práticas mágicas. James Joyce, com seu interesse pelos numerosos estados alterados de consciência, com seu uso de palavras como coisas e também de palavras que designam mais de uma coisa, e com seu penetrante senso da inter-relação e da interpenetração de todas as coisas e o igualmente importante tratamento de temas da família, foi talvez o escritor que mais profunda e conscienciosamente explorou as ideias de Freud.

II

É bem evidente o quanto o pensamento de Freud tem significativa afinidade com o elemento antirracionalista da tradição romântica. Mas também devemos ver com clareza o quanto de seu sistema é militantemente racionalista. Thomas Mann está errado quando, em seu primeiro ensaio sobre Freud, dá a impressão de que considera o lado "apolíneo" e racionalista da psicanálise de alguma forma secundário e até mesmo acidental, embora seja certamente importante e de todo admirável. Ele nos passa a ideia de um Freud engajado no "aspecto noturno" da vida. Mas isso não é nem um pouco verdade: o elemento racionalista de Freud é dominante e, antes de mais nada, é positivista. Se o intérprete dos sonhos abraçou a carreira médica influenciado por Goethe, como ele próprio diz, não entrou nela por meio da *Walpurgisnacht*, mas pelo ensaio que desempenhou um papel tão importante na vida de tantos cientistas do século XIX, a famosa pesquisa sobre a Natureza.

Essa correção é necessária não só por sua exatidão mas também para se entender a atitude de Freud em relação à arte. Com esse entendimento poderemos ver o quanto foi intensa a paixão com que Freud acreditava que o racionalismo positivista, na sua pré-revolucionária pureza da idade do ouro, era a própria forma e o padrão da virtude intelectual. O objetivo da psicanálise, dizia, é o controle do lado noturno da vida. É "reforçar o ego, para torná-lo mais independente do superego, ampliar seu campo de visão, e assim expandir a organização do id". "Onde está o id" – isto é, onde estão todas as forças sombrias, irracionais, não lógicas, que visam só à procura de prazeres – "aí estará o ego", isto é, a inteligência e o controle. E conclui com uma reminiscência de Fausto: "É um trabalho de regeneração, como a drenagem do Zuyder Zee". Essa passagem é citada por Thomas Mann quando, ao tomar pela segunda vez o tema de Freud, realmente fala de seu programa positivista; mesmo aqui, porém, o preconceito induzido pelo interesse artístico de Mann pelo "lado noturno" impede-o de dar a devida ênfase aos outros aspectos do criador da psicanálise. Freud não aceitaria nunca o papel que Mann parece lhe atribuir, o de legitimador do mito e dos sombrios meandros irracionais da mente humana. Se ele descobriu o lado sombrio para a ciência, nunca o endossou. Pelo contrário, seu racionalismo apoia todas as ideias do Iluminismo que negam validade ao mito ou à religião; mantém-se ligado a um simples materialismo, a um simples determinismo, a uma bastante limitada espécie de epistemologia. Nenhum grande cientista da atualidade fez um ataque tão articulado e tão ardente contra todos os que usariam a metafísica para sofisticar os princípios científicos que eram suficientemente bons para o século XIX. Conceitualismo e pragmatismo foram anátemas para ele durante a maior parte de sua carreira intelectual, e isso, quando consideramos a natureza de seus próprios e brilhantes métodos científicos, tem em si certamente um elemento paradoxal.

De seu positivismo racionalista deriva muito da força e da fraqueza que Freud tem. É ótima sua força, a tenacidade clara de seus objetivos positivos, de sua terapia, o desejo de fornecer aos homens uma medida decente de sua felicidade terrena. Mas sobre esse racionalismo deve ser também posta a culpa pelos frequentes princípios ingênuos que caracterizam seus primeiros achados – muito modificados mais tarde – e que consiste, em grande parte, em reivindicar para suas teorias uma perfeita correspondência com a realidade externa. Uma posição que, para os que o admiram e em especial para os que levam a sério suas considerações sobre arte, é extremamente perturbadora.

Penso que Freud tem muito a nos dizer sobre arte, mas o que quer que seja sugestivo nele, nesse sentido, talvez não seja encontrado nas obras em que expressamente trata da arte. Não é insensível a ela – ao contrário – nem tem a intenção de falar dela com desprezo. Fala dela realmente com uma ternura real e a considera um dos principais encantos de uma boa vida. Fala com admiração dos artistas, em especial dos escritores, e mesmo com uma espécie de respeito, embora o que mais aprecie em literatura sejam *insights* e observações especificamente emocionais; como já notamos, fala dos homens de letras por terem entendido, como precursores e coadjuvantes de sua própria ciência, o papel desempenhado na vida pelos nossos motivos ocultos.

E no entanto, às vezes, Freud fala da arte com o que deveríamos mesmo chamar de desprezo. Diz que "a arte substitui a gratificação", e como tal é uma "ilusão que contrasta com a realidade". Mas como a maior parte das ilusões, a arte é "quase sempre inofensiva e beneficente", porque "não procura ser algo mais do que uma ilusão.

A não ser no caso de umas poucas pessoas que são, poderíamos dizer, obcecadas por ela, a Arte não ousa jamais fazer qualquer ataque no campo da realidade". Uma de suas principais funções é servir de "narcótico". Ela partilha das características do sonho, cujo elemento de distorção Freud chama de "uma espécie de desonestidade íntima". Quanto ao artista, ele o coloca virtualmente na mesma categoria do neurótico. Do herói de um romance diz que, "por essa separação da imaginação e da capacidade intelectual, ele está destinado a ser um poeta ou um neurótico, e pertence a essa raça de seres cujo reino não é deste mundo".

Agora, não há nada na lógica do pensamento psicanalítico que exija de Freud ter essas opiniões. Mas há muito na prática da terapia psicanalítica que torna compreensível como ele, desprovido de uma filosofia adequada, se sentia tentado a assumir essa linha de pensamento. A terapia psicanalítica trata da ilusão. O paciente vai ao médico para ser curado, digamos, de um temor de andar na rua. Seu medo é bastante real, não há ilusão nisso, e produz todos os sintomas físicos de um temor mais racional, palmas úmidas, coração disparado, respiração difícil. Mas o paciente sabe que não há causa para seu temor, ou melhor, que não há uma "causa real", metralhadoras, armadilhas para humanos ou tigres soltos na rua. O médico sabe, no entanto, que o temor dele não tem nada que ver com as coisas que existem ou não na rua; a causa está dentro do paciente, e o processo da terapia terá de descobrir gradualmente qual é a causa real, libertando assim o paciente de seus efeitos.

O paciente vai ao consultório do médico, e este, aceitando-o, faz com ele um pacto tácito sobre a realidade; para o propósito de ambos, concordam com a realidade limitada pela qual pautamos nossa vida, ganhamos nossos amores, pegamos trens ou resfriados. A terapia assumirá a função de treinar o paciente de maneira adequada nos modos de enfrentar essa realidade. O paciente, é claro, tem enfrentado essa realidade sempre, mas de forma errada. Para

Freud, há duas maneiras de lidar com a realidade exterior. Uma é prática, eficiente, positiva; é o caminho do *self* consciente, do ego que se torna independente do superego e estende sua organização ao id, e esse é o caminho certo. O caminho antitético pode ser chamado, em vista de nossos propósitos aqui, de "ficcional". Em vez de agir sobre ou em direção da realidade externa, o indivíduo que adota esse caminho age sobre seus estados afetivos. O exemplo mais normal e comum disso é o sonho acordado, no qual nos concedemos ter algum prazer ao imaginar nossas dificuldades resolvidas ou nossos desejos gratificados. E, como Freud descobriu, os sonhos que temos enquanto dormimos servem para essa mesma atividade "ficcional", assumindo formas muito mais complicadas, mesmo que sejam extremamente desagradáveis. E, de uma forma ainda mais complicada e desagradável, a neurose de que o paciente sofre enfrenta uma realidade externa que sua mente considera ainda mais ameaçadora do que o próprio sofrimento causado por sua neurose.

Para Freud, como praticante da psicanálise, há, podemos dizer, os extremos polares da realidade e da ilusão. Realidade é uma palavra respeitosa e significa o que *está ali;* ilusão é uma palavra pejorativa e significa uma resposta ao que *não está ali*. A natureza didática do ensino da psicanálise indubitavelmente requer certa firmeza crua ao fazer essa distinção; afinal o objetivo desse ensino não é o de obter um refinamento teórico, mas uma eficiência prática. Os extremos polares são a realidade prática e a ilusão neurótica, e esta é julgada pela primeira. Assim é como deveria ser, sem dúvida; o paciente não está sendo treinado em um curso de metafísica ou de epistemologia.

Tal conceituação não é o único ponto de vista de Freud, em sua relação com a realidade, sobre a mente. Na verdade, a visão essencialmente freudiana assume que a mente, para o bem e para o mal, ajuda a criar a realidade pela seleção e pela avaliação. Desse ponto de vista, a realidade é maleável e sujeita à criação; não é estática, mas antes uma série de situações tratadas em seus próprios termos. Mas ao lado desse conceito surge outro da conceituação geral terapêutica e prática de Freud: a mente lida com uma realidade que é bem fixa e estática, uma realidade que é totalmente "dada" e não (para usar um termo de Dewey) "tomada". Em suas considerações epistemológicas, Freud insiste no segundo ponto de vista, embora não seja fácil entender como possa agir assim. Pois a realidade com a qual pretende reconciliar o paciente neurótico é, afinal, uma realidade "tomada" e não "dada". É a realidade da vida social e do valor, concebida e mantida pela mente e pela vontade humana. Amor, moralidade, honra, estima – esses são os componentes de uma realidade criada. Se devemos considerar a arte uma ilusão, então devemos fazer a mesma coisa com a maioria das atividades e satisfações do ego; não é isso, absolutamente, o que Freud quer.

Qual é então, realmente, a diferença entre, de um lado, o sonho e a neurose, e, de outro, a arte? É evidente que eles têm certos elementos comuns; nenhum poeta ou crítico negará a ação dos processos inconscientes sobre os dois lados, que partilham também, embora em graus diferentes, o elemento da fantasia. Mas há uma diferença vital entre esses elementos, vista tão claramente por Charles Lamb, em sua defesa da sanidade do verdadeiro gênio: "O... poeta sonha estando acordado. Não é possuído pelo seu tema, mas o domina".

Toda a diferença está nisso: o poeta comanda sua fantasia, enquanto ser possuído pela fantasia é exatamente o que caracteriza o neurótico. E há mais uma diferença, vista por Lamb: falando da relação do poeta com a realidade (que chama de Natureza), diz, "ele é muitíssimo leal àquela soberana diretora, mesmo quando mais parece traí-la"; as ilusões da arte são estabelecidas para servir ao propósito de uma relação mais íntima e verdadeira com a realidade. Jacques Barzun, em uma inteligente e simpática discussão sobre Freud, coloca bem o tema: "Uma boa analogia entre a arte e o *sonho* conduziu-o a uma falsa analogia entre arte e *sono*. Mas a diferença entre uma obra de arte é o sonho está precisamente nisto, que a obra de arte *nos conduz de volta à realidade exterior, levando-a em conta"*. A afirmação de Freud sobre a natureza quase exclusivamente hedonista e sobre o propósito da arte o impede de perceber isso.

Sobre a distinção que deve ser feita entre o artista e o neurótico, Freud, é claro, está consciente; ele nos diz que o artista não é como o neurótico porque ele sabe como voltar do mundo da imaginação e "uma vez mais assumir uma posição firme na realidade". Isso, no entanto, parece significar que a realidade deve ser enfrentada pelo artista quando ele cessa a prática de sua arte; e pelo menos uma vez, quando Freud fala da arte enfrentando a realidade, ele realmente quer expressar as recompensas que um artista bem-sucedido pode ter. Não nega à arte sua função e sua utilidade: ela tem um efeito terapêutico ao abrandar a tensão mental; tem o propósito cultural de agir como uma "gratificação substituta" para reconciliar os homens com os sacrifícios que fizeram em prol da cultura; promove a partilha social de experiências emocionais altamente valorizadas; e chama os homens para seus ideais culturais. Isso não é tudo o que alguns de nós lembrariam das coisas que a arte faz por nós; no entanto, mesmo isso já é muito para um "narcótico" fazer.

III

Comecei por dizer que as ideias de Freud poderiam nos transmitir algo sobre a arte, mas até aqui não fiz muito mais que tentar demonstrar que a própria conceituação freudiana da arte é inadequada. Deveria então, talvez, sugerir a aplicação do método analítico a obras de arte específicas ou ao próprio artista? Não creio, e acho justo dizer apenas que o próprio Freud estava consciente tanto dos limites quanto das limitações da psicanálise em relação à arte, mesmo se não faz isso sempre na prática, submetendo-se aos limites e admitindo as limitações.

Por exemplo, Freud não quer interferir na autonomia do artista; não deseja que leiamos sua monografia sobre Leonardo para depois sairmos dizendo, da "Virgem das Rochas", que é um belo exemplo de pintura homossexual e autoerótica. Se afirma que na investigação "o psiquiatra não pode ceder ao autor", imediatamente insiste que "o autor não pode ceder ao psiquiatra", e adverte a este não "forçar tudo" usando para todas as manifestações humanas os "termos substancialmente inúteis e impróprios" do procedimento clínico. Admite, mesmo afirmando que o senso da beleza provavelmente deriva do sentimento sexual, que a psicanálise "tem menos a dizer sobre a beleza do que sobre a maioria das outras coisas". Confessa uma indiferença teórica às formas artísticas e se restringe quanto a seu conteúdo. Não considera o tom, o sentimento, o estilo e a modificação que uma parte faz sobre outra. Diz:

> O leigo pode esperar, talvez, demasiado de uma análise... pois devemos admitir que ela não ilumina os dois problemas que provavelmente mais lhe interessam. Ela não pode fazer nada para elucidar a natureza do dom artístico, nem pode explicar os meios que o artista usa para seu trabalho – a técnica artística.

O que Freud realmente acreditava que o método psicanalítico poderia fazer? Duas coisas: explicar o "significado íntimo" da obra de arte e explicar o temperamento do artista, como homem.

Um exemplo famoso do método é a tentativa de resolver o "problema de *Hamlet*", tal como sugerido por Freud e feito pelo doutor Ernest Jones, um de seus primeiros e distintos seguidores. A monografia do doutor Jones é uma obra de esforçado academismo, de uma ingenuidade realmente magistral. A pesquisa propõe não só o esclarecimento do mistério do caráter de Hamlet mas também a descoberta da "chave para muitos dos aprofundamentos da mente de Shakespeare". Parte do mistério em questão é naturalmente o de saber por que Hamlet, após estar tão resolvido a agir, não vingou a morte de seu pai por seu odiado tio. Mas há outro mistério nessa peça – o que Freud chama de "o mistério do seu efeito", o apelo mágico que concentra tanto interesse nela. Lembrando os muitos fracassos para resolver o enigma do encanto dessa peça, ele se pergunta se devemos chegar à conclusão "de que seu apelo mágico consiste unicamente nos pensamentos impressionantes que existem nela e no esplendor de sua linguagem". Freud acredita que possamos descobrir uma fonte de poder que vai mais além.

Lembramos que Freud disse que o significado de um sonho é sua intenção, e podemos assumir que também esse seja o significado de um drama. A pesquisa de Jones propõe-se a descobrir o que Shakespeare queria dizer sobre Hamlet. E descobre que a intenção do autor estava envolta em uma obscuridade de sonho, por atingir tão profundamente tanto sua vida pessoal quanto a vida moral do mundo; o que Shakespeare intencionava dizer é que Hamlet não pode agir por estar incapacitado devido à culpa que sente pela inconsciente ligação com sua mãe. Não há, creio, dúvida alguma na afirmação de que uma situação edipiana está presente em Hamlet, e se a psicanálise realmente acrescentou um novo ponto de interesse à peça, foi em seu crédito.[2] E justamente por isso, não há motivo para discutir a conclusão dada por Freud, quando assume nos dar o sentido de Rei Lear por uma tortuosa relação de implicações mitológicas do tema dos três cofrinhos, da relação desses cofrinhos com os Norns, com os Destinos e com as Graças, da conexão dessas fêmeas triádicas com as filhas de Lear, da transmigração da deusa da morte para a deusa do amor e da identificação de Cordelia com ambas. Tudo isso para chegar à conclusão de que o significado de Rei Lear deve ser encontrado na trágica recusa

---

[2] No entanto, A. C. Bradley, em sua discussão de Hamlet (*Shakespearean Tragedy*), afirma nitidamente o intenso desgosto sexual sentido por Hamlet e que o ajuda a levar adiante seu incerto propósito; esse ponto de vista de Bradley foi antecipado pelo expresso por Löning. É bem sabido, e Dover Wilson enfatizou esse ponto, que, para a plateia elisabetana, a mãe de Hamlet não era só desprovida de gosto, como pareceria ser a uma plateia moderna, mas, por sua pressa em se casar com Cláudio, era considerada uma adúltera, pois esse casamento era proibido pela lei, por ser ele seu cunhado.

de um velho a "renunciar ao amor, escolher a morte e procurar fazer amigos com a necessidade de morrer". Há algo ao mesmo tempo belo e sugestivo nisso, mas não é o significado de Rei Lear mais do que o motivo de Édipo tomado como significado de Hamlet.

Não se trata de uma questão de validade das provas, embora isso também seja importante. Devemos antes objetar contra as conclusões de Freud e do doutor Jones, com base no fato de seus proponentes não terem um conceito adequado do que é um significado artístico. Não há um único significado para uma obra de arte; isso é verdade não só porque é melhor que seja assim, isto é, porque torna a obra de arte mais rica, mas porque a experiência histórica e pessoal demonstra que é verdade. Mudanças no contexto histórico e na disposição pessoal alteram o significado de uma obra e nos indicam que o entendimento artístico não é uma questão de fato, mas de valor. Mesmo que a intenção do autor fosse, como não pode ser, determinada de forma precisa, o significado de uma obra não poderia estar só na intenção de seu autor. É preciso que esteja também em seu efeito. Podemos dizer que uma erupção vulcânica em uma ilha habitada "representa um sofrimento terrível", mas, se a ilha for desabitada ou puder ser evacuada imediatamente, isso significará algo diferente. Em resumo, a audiência determina em parte o significado de uma obra. Mas, embora Freud veja algo disso quando diz que além da intenção do autor devemos levar em conta o mistério do efeito de *Hamlet*, no entanto continua a dizer que, historicamente, o efeito de *Hamlet* havia sido único e acarretado tão só pelo "mágico" poder do motivo de Édipo, ao qual, de modo inconsciente, respondemos tão violentamente. Contudo, sabemos que houve um período em que a peça *Hamlet* esteve um tanto esquecida, e foi um escândalo saber que os franceses, povo desprovido de sentimento filial, ficaram meio indiferentes ao "mágico apelo" de *Hamlet*.

Não creio que tudo o que disse sobre as inadequações do método freudiano de interpretação limite o número de maneiras de lidar com uma obra de arte. Bacon observava que o experimento pode torcer a natureza no desejo de extrair seus segredos, e que a crítica pode usar quaisquer instrumentos para descobrir o significado de uma obra de arte. Os elementos artísticos não são limitados ao mundo da arte. Eles atingem a vida, e quaisquer conhecimentos externos sobre eles que possamos ter – por exemplo, pela pesquisa do contexto histórico da obra – podem intensificar nossos sentimentos e até mesmo penetrar legitimamente neles. Tudo o que pudermos aprender sobre o próprio artista poderá ser enriquecedor e legítimo. Mas é simplesmente impraticável fazer uma pesquisa na mente do artista, por mais legítimo que isso, em tese, possa ser. Isto é, a pesquisa de sua intenção inconsciente, tal como existe à parte da própria obra de arte. A crítica entende que uma declaração feita pelo artista de sua intenção consciente, embora às vezes seja útil, não pode determinar de modo final o significado da obra. Como poderemos então determinar o que sabemos de sua intenção inconsciente, considerada algo fora do todo da obra? Por certo só descobriremos muito pouco que possa ser chamado de conclusivo ou científico. Pois, como o próprio Freud declara, não estamos em posição de questionar o artista; devemos aplicar a técnica de análise dos sonhos a seus símbolos, mas, como diz ele com algum ardor, não entendem sua teoria os que pensam que um sonho possa ser interpretado sem a livre associação feita pelo sonhador com os múltiplos detalhes de seu sonho.

Até aqui ignoramos o aspecto do método que nos faz ver a solução do "mistério" da peça *Hamlet* no próprio temperamento de Shakespeare, iluminando depois o mistério desse temperamento por meio do mistério resolvido da peça. Será divertido lembrar que por volta de 1935 Freud se convertera à teoria de que não fora Shakespeare de Stratford mas sim o conde de Oxford que escrevera as peças, invalidando assim um importante elemento da prova de que o pai de Shakespeare morrera pouco antes de *Hamlet* ter sido escrita. O que é bastante destrutivo em relação à argumentação do doutor Jones, mas as provas de que ele extrai suas conclusões sobre a literatura são falhas, por elementos muito mais importantes para a própria literatura. Pois quando ele, ao analisar *Hamlet,* nos conduz "às profundezas da mente de Shakespeare", mostra uma perfeita confiança em seu conhecimento do que é realmente a peça e sua relação com o dramaturgo. Ela é, diz, "sua principal obra-prima", tão superior a todas as suas outras obras que pode ser colocada em "um nível inteiramente diferente". Então, tendo estabelecido sua afirmação em um julgamento literário totalmente subjetivo, o doutor Jones vai além, afirmando também que *Hamlet* "provavelmente expressa o núcleo da filosofia e da visão de Shakespeare de uma forma que nenhuma outra obra sua faz". Isto é, todo o testemunho contraditório, complicado ou modificador das outras peças é desconsiderado pelo crítico, com base na sua aceitação da posição peculiar que, segundo crê, *Hamlet* ocupa, no cânone de Shakespeare. E é sobre esse julgamento totalmente inadmissível que o doutor Jones baseia sua argumentação: "Pode-se esperar, *por conseguinte,* que tudo o que nos possa dar a chave para o significado profundo dessa peça, *necessariamente* nos dará a chave para a maior parte das elaborações mais profundas da mente de Shakespeare" (grifos meus).

Eu lamentaria se parecesse que estou querendo dizer que a psicanálise não tem nada a ver com a literatura. Decerto, o contrário é que é verdade. Por exemplo, toda a conceituação sobre a rica ambiguidade da literatura, do inter-relacionamento entre o sentido aparente e o latente – e não "oculto" –, tem sido reforçada pelos conceitos freudianos e talvez tenha até recebido deles seu primeiro impulso. Nos últimos anos, os psicanalistas mais esclarecidos desistiram da antiga pretensão de seus mestres sobre a abordagem "científica" da literatura. Foi uma mudança para o bem, e quando surge um estudo tão modesto e preciso como o ensaio elaborado sobre a peça *Henrique IV,* do doutor Franz Alexander, que não pretende "resolver" mas apenas esclarecer o assunto, pudemos contar com uma obra valiosa. Ele diz, apenas, que no desenvolvimento do Príncipe Hal vemos a luta clássica do ego para atingir o ajustamento normal, a começar pela rebelião contra o pai, passando depois à conquista do superego (Hotspur, com seus rígidos conceitos de honra e de glória), depois às conquistas do *id* (Falstaff, com sua anárquica autoindulgência), e depois à identificação com o pai (a cena da coroa) e a aceitação da responsabilidade madura. Uma análise desse tipo não é momentânea, nem excludente de outros sentidos; talvez apenas aponte e formule o que todos já vimos. Tem o tato de *aceitar* a peça e não procura, como faz o doutor Jones com seu estudo, um "motivo oculto" e uma "elaboração mais profunda", o que implica a presunção de que há uma realidade diante da qual a peça se situa, assim como um sonho se situa diante do desejo que o gera e do qual é inseparável. Foi essa realidade, essa "elaboração mais profunda" que, segundo o doutor Jones, produziu a peça. Mas *Hamlet* não é só o produto do pensamento de Shakespeare, é o próprio instrumento de seu pensamento e, se houve alguma intenção, Shakespeare não intencionava abordar o motivo de Édipo ou outro qualquer, a não ser *Hamlet*; e se esse significado foi eficiente, é *Hamlet* que nos afeta, e não o motivo edipiano. Outra peça de Shakespeare, *Coriolano*, também trata do motivo de Édipo de uma forma terrível, mas o efeito de um drama é muito diferente do obtido pelo outro.

IV

Então, se não podemos aceitar nem o conceito de Freud sobre o lugar da arte na vida nem sua aplicação do método analítico, qual foi sua contribuição para o nosso entendimento da arte ou de sua prática? Na minha opinião, sua contribuição supera seus erros; é da maior importância e não consiste em nenhuma declaração específica que tenha feito sobre arte, mas está implícita em toda a sua concepção da mente. Pois, de todos os sistemas mentais, a psicologia freudiana é o que considera a poesia inerente à própria constituição da mente. De fato, na maneira de Freud ver a mente, essa é, na maior parte de suas tendências, exatamente um órgão de fazer-poesia. Não há dúvida de que essa é uma afirmação demasiado forte, pois parece tornar a elaboração da mente inconsciente equivalente à própria poesia, esquecendo que entre o inconsciente e o poema concluído intervêm a intenção social e o controle formal da mente consciente. Contudo, a declaração tem pelo menos o mérito de contrabalançar a crença, tão comumente expressa ou implícita, de que o oposto também seja verdadeiro, e que a poesia seja uma benéfica aberração do correto curso da mente.

Freud não só tornou a poesia uma coisa natural mas descobriu seu *status* como uma pioneira colonizadora, e a vê como um método de pensamento. Com bastante frequência ele tenta mostrar que, como método de pensamento, ela é não confiável e ineficiente na conquista da realidade; no entanto, ele mesmo é forçado a usá-la na própria formulação de sua ciência, como ao falar da topografia da mente e nos contar, com uma espécie de desafiadora apologia, que as metáforas do relacionamento espacial que está usando são realmente muito inexatas, já que a mente não é uma coisa espacial, mas que não existe outro meio qualquer de conceber essa difícil ideia, exceto por meio da metáfora. No século XVIII Vico falava da linguagem metafórica e imagística dos primeiros estágios da cultura; coube a Freud descobrir como, em uma era científica, ainda sentimos e pensamos em formações figurativas, e criar o que a psicanálise é, uma ciência de tropos, de metáforas e de suas variantes, a sinédoque e a metonímia.

Freud mostrou também como a mente, em uma de suas partes, podia trabalhar sem a lógica, mas não sem o propósito diretor que controla a intenção da qual, talvez, brota a lógica. Pois a mente inconsciente opera sem as conjunções sintáticas que constituem a essência da lógica. Ele não reconhece *porque, portanto* e *mas*; ideias como similaridade, concordância e comunidade são expressas imageticamente nos sonhos pela compressão dos elementos em uma unidade.

A mente inconsciente, em sua luta com a consciente, sempre passa do geral para o concreto, descobrindo que uma ninharia tangível pode ser mais adequada do que uma grande abstração. Freud descobriu na própria organização da mente os mecanismos pelos quais a arte cria seus efeitos, dispositivos como as condensações de significados e o deslocamento de acentos.

Tudo isso talvez pareça óbvio demais, embora fosse minha intenção desenvolvê-lo em proporção de sua importância e também do espaço que usei para expressar desacordo com Freud. Mas não continuarei nessa linha. Pois há dois outros elementos no pensamento freudiano que, para concluir, gostaria de apresentar por seu grande peso na sua influência sobre a arte.

Um deles é a ideia específica que, no meio de sua carreira (1920), Freud expressou em seu ensaio *Além do Princípio do Prazer*. O próprio ensaio é uma tentativa especulativa de resolver um princípio na análise clínica, mas sua importância para a literatura é inegável, como ele mesmo compreende, mesmo que a percepção de sua importância crítica não seja suficientemente forte para fazê-lo revisar seus primeiros pontos de vista sobre a natureza e a função da arte. Essa sua ideia se situa ao lado do conceito de Aristóteles sobre a catarse, em parte para suplementá-lo e, em parte, para modificá-lo.

Nessa época, Freud deparou com certos fatos que não podiam conciliar com sua antiga teoria do sonho. Segundo essa teoria, todos os sonhos, mesmo os desagradáveis, podiam ser entendidos pela análise como expressando a intenção de realizar os desejos do sonhador. Estariam a serviço do que Freud chamava de princípio do prazer, oposto ao princípio da realidade. Foi essa explicação do sonho que condicionou tão amplamente a teoria freudiana da arte. Foi então lançada sobre Freud a necessidade de reconsiderá-la, pois foi descoberto que nos casos de neurose de guerra – o que antes se chamava de "choque causado por bomba" – o paciente, com a mais desesperadora angústia, recorria em seus sonhos à própria situação, por mais desesperadora que fosse, que causara sua neurose. Parecia impossível interpretar tais sonhos por qualquer presunção de uma intenção hedonista. E nem parecia haver nesses sonhos a distorção habitual: o paciente recorria literalmente à terrível situação iniciatória. O mesmo padrão de comportamento psíquico podia ser observado no jogo das crianças; havia alguns que, longe de realizarem seus desejos, pareciam concentrar-se sobre a representação dos aspectos da vida da criança que eram mais desagradáveis e ameaçadores de sua felicidade.

Para explicar tais atividades mentais, Freud desenvolveu uma teoria da qual, no início, não fez muito alarde, mas a qual, com o passar dos anos, atribuiu uma importância crescente. Antes de mais nada, ele parte da hipótese de que há realmente na vida psíquica uma repetição-compulsão que ultrapassa o princípio do prazer. Essa compulsão não pode ser desprovida de significado, deve ter uma intenção, a de que de fato seja exata e literalmente o desenvolvimento do medo. "Tais sonhos", diz, "são tentativas de se restaurar o controle dos estímulos pela apreensão que está em curso e que, por sua preterição, causou a neurose traumática." Ou seja: o sonho é o esforço de reconstruir a situação ruim, para que seu fracasso seja recuperado; em sonhos desse tipo não há intenção obscura de fuga, mas só uma tentativa de enfrentar a situação, de fazer um novo esforço de controle. Na brincadeira infantil parece que "a criança repete até mesmo as experiências desagradáveis, porque pela sua própria atividade ela ganha um domínio muito maior sobre a forte impressão que era possível pela mera experiência passiva".

Nesse ponto, Freud não poderia deixar de se lembrar do drama trágico; no entanto, não quer se lembrar de que esse esforço de enfrentar uma situação também está envolvido na atração exercida pela tragédia. Poderíamos dizer que ele está sob a influência da teoria aristotélica da tragédia, que enfatiza a presença de um hedonismo qualificado, obtido por meio do sofrimento. Mas o prazer envolvido na tragédia talvez seja ambíguo; às vezes devemos sentir que a famosa impressão causada pela resolução catártica talvez seja o resultado de se encobrir o terror com uma bela linguagem, mais do que a tentativa de eliminá-lo. E às vezes o terror chega a explodir pela linguagem, para permanecer rígido e isolado da peça, como acontece com o rosto cego e sangrento de Édipo. De qualquer forma, a teoria aristotélica não nega outra função para a tragédia (e também para a comédia), sugerida pela teoria freudiana sobre a neurose traumática – que poderia ser chamada de função mitridática, segundo a qual a tragédia é usada como a administração homeopática do sofrimento para nos imunizar contra um sofrimento ainda maior que a vida nos forçará a assumir. Há na teoria catártica da tragédia, como em geral é compreendida, uma conceituação da função da tragédia demasiado negativa e que sugere inadequadamente a impressão de se ter um domínio ativo sobre o sofrimento.

No mesmo ensaio em que Freud propõe o conceito da mente abraçando seu próprio sofrimento em vista de algum propósito vital, ele expressa também uma concordância provisória com a ideia (formulada antes, como recorda, por Schopenhauer) de que talvez haja um impulso humano que faça da morte o objeto final e desejado da vida. O instinto da morte é um conceito rejeitado por muitos dos mais entusiastas adeptos da teoria freudiana (como o próprio Freud observou em seu último livro); o falecido Otto Fenichel argumentou com veemência contra esse conceito, em sua competente obra sobre a neurose. Contudo, mesmo se rejeitarmos a teoria, por não se ajustar aos fatos de qualquer maneira útil e operante, não poderemos deixar de notar sua grandeza, sua trágica coragem final, aquiescente ao destino. As ideias do princípio da realidade e do instinto de morte constituem o coroamento da especulação mais ampla de Freud sobre a vida humana. Sua qualidade poética é característica do sistema de Freud e das ideias que gerou para ele.

A qualidade do pensamento freudiano é tão importante para a literatura como todas as suas outras contribuições. Embora o artista não seja definitivamente determinado em sua obra pelos sistemas intelectuais que o circundam, não pode evitar sua influência; e pode-se dizer dos vários sistemas competitivos que alguns prometem mais ao artista que outros. Quando, por exemplo, pensamos no sistema simples e humanitário que durante duas décadas tem sido tão difundido, devemos ver que não só ele tem sido política e filosoficamente inadequado, mas também que implica, pela pequenez de sua visão das variedades das possibilidades humanas, uma espécie de barreira para as faculdades criadoras. Na visão do mundo de Freud, nenhuma limitação aparece. Mas decerto determinados elementos de seu sistema parecem hostis aos habituais conceitos sobre a dignidade do homem. Como qualquer crítico da natureza humana – e Freud é um deles – ele descobre no orgulho a causa última da desgraça do homem, e se compraz em saber que suas ideias se equiparam às de Copérnico e Darwin no que se refere a tornarem o orgulho mais difícil de ser mantido. No entanto, o homem freudiano é, ouso pensar, uma criatura muito mais digna e interessada do que o homem concebido por qualquer outro sistema moderno. Apesar da crença popular no contrário disso, o homem, tal como concebido por Freud, não deve ser entendido por qualquer fórmula simplista (como o sexo), mas é mais um nó inextricável de cultura e biologia. E não sendo simples, ele não é simplesmente bom; ele tem, como Freud diz em algum lugar de sua obra, uma espécie de inferno no seu íntimo, do qual surgem os duradouros impulsos que ameaçam sua civilização. Ele tem a faculdade de imaginar para si, no campo do prazer e da satisfação, mais do que possivelmente conseguirá ter. Tudo o que ganha ele, paga em uma proporção aumentada; o compromisso e a composição com a derrota constituem sua melhor maneira de lidar com o mundo. Suas melhores qualidade são o resultado dessa luta, cujo resultado é trágico. No entanto, ele é uma criatura do amor. A mais acerba crítica de Freud à psicologia de Adler é a de que ele dá toda importância à agressão, e nenhuma ao amor.

Quando lemos Freud, estamos sempre conscientes de que em seu pensamento há muito pouco cinismo. Seu único desejo em relação ao homem é o de que ele deveria ser mais humano, e sua ciência é dedicada a essa finalidade. A qualidade de sua obra não pode ser assegurada por meio de uma visão do mundo à qual o artista responda, mas as qualidades poéticas de seus próprios princípios, que estão tão nitidamente alinhados com o clássico realismo trágico, sugerem que a sua é uma visão que não restringe e simplifica o mundo para o artista, mas, pelo contrário, o abre e complica.

Capítulo 4 | A Princesa Casamassima

I

No segundo dia do mês de janeiro de 1888, data que em qualquer ano provavelmente será um dia triste, Henry James escreveu a seu amigo William Dean Howells que sua reputação fora terrivelmente prejudicada pelos seus dois últimos romances. Dizia que havia sido reduzido a zero o interesse pela publicação de suas obras, que os editores não as pediam e até mesmo pareciam ter vergonha de publicar as histórias que já haviam comprado. Mas James nunca se desencorajava. Escrevia: "No entanto, não estou desesperado, pois creio que agora estou realmente em melhor forma do que nunca e ainda pretendo fazer muitas coisas". E então, sem dúvida com a ironia que todos os escritores usam quando ousam falar em um reconhecimento futuro, mas também, certamente, com a necessária fé, conclui: "É muito provável, também, que algum dia toda a minha prosa sepultada chute ao mesmo tempo todas as suas várias lápides".

E foi isso o que aconteceu. Esse "algum dia" chegou. Estamos ouvindo o fragor do mármore sepulcral da prosa enterrada de James ao arrebentar seus monumentos, em uma ressurreição geral. Em todos os lugares James está recebendo o interesse sério e jubiloso que desejou durante a vida.

Um elemento de nosso interesse deve ser a questão de se saber quanto da prosa de James chegou a ser realmente enterrado. Não é difícil entender por que alguns de seus livros não atraíram a fantasia de seus contemporâneos. Mas os dois livros sobre os quais o autor lançava a culpa de sua decrescente popularidade eram *The Bostonians* [Os Bostonianos] e *The Princess Casamassima* [A Princesa Casamassima], e de todos os seus romances esses dois são os que mais provavelmente atraem de forma imediata o leitor de hoje. Constitui problema dos mais interessantes saber por que essas obras não foram bem aceitas pelo público de sua época e como, pelo contrário, tiveram o poder de o fazer se voltar contra ele.[1]

Nas obras-primas de seus últimos anos de vida, James tornou-se um escritor difícil. Foi isso o que aconteceu, e não se ganha nada tentando negar essa dificuldade. Ele próprio sabia que essas obras eram difíceis; desejava que fossem vistas como tais. Quando um jovem do Texas – Stark Young – indiretamente perguntou como devia proceder ao ler seus romances, ele não sentiu que sua desconfiança era provinciana e elaborou listas de suas obras que levariam, gradativamente, o jovem e extraordinário leitor das mais fáceis às mais difíceis. Mas a hostilidade com a qual *The Bostonians* e *The Princess Casamassima* foram recebidos não pode ser explicada por nenhuma dificuldade real, de estilo ou de intenção, pois neles não há nenhuma. A prosa de James, embora seja caracteristicamente pessoal, está perfeitamente de acordo com a tradição do romance do século XIX. É calorosa, fluente, e no seu todo um tanto menos elaborada e eficiente do que a

---

[1] Quem quiser saber o que a coragem de um artista pode às vezes fazer deverá ler as resenhas britânicas de *The Bostonians* e de *The Princess Casamassima*. Em um mesmo ano James lançou duas grandes obras; achava que eram as melhores que já escrevera até aquela data e esperava que tivessem grande repercussão. Mas os resenhistas disseram que não se tratava propriamente de romances. Ele foi desprezado e zombaram dele, ou então foi visto com condescendência e logo abandonado. Mas em outras colunas adjacentes os efêmeros romances da época eram tratados com gentil respeito. A imprensa americana rivalizou em veemência com a britânica, condenando *The Bostonians*, mostrando-se, porém, mais tolerante com *The Princess Casamassima*.

de Dickens. A motivação de seus personagens é clara e direta – certamente mantém-se bem mais distante do maneirismo do que outras obras-primas antigas. Também não é pertinente dizer que às vezes vai em direção contrária ao estilo mais recente, e que existe em um vácuo social. Nessas obras, James está no ponto de sua carreira no qual a sociedade, em seu sentido mais amplo e mesmo mais grosseiro, se oferece à sua mente com grande força. Ele vê essa sociedade em termos de multidões e de polícia, como um campo de justiça e injustiça, reforma e revolução. A textura social de sua obra é granulada e amarrada com praticidade e riqueza de detalhes. E mais: suas observações sociais são de uma espécie que devemos considerar surpreendentemente pré-conscientes, considerando que foram feitas há cerca de sessenta anos.

É justamente essa pré-consciência que explica a resistência dos contemporâneos de James. O que ele via era verdadeiro mas não era o que os leitores da época estavam preparados para ver. Foi preciso que seis décadas transcorressem para que hoje estejamos aptos a partilhar de sua visão, e que ocorressem todos os eventos que levaram a situação a um clímax. Henry James, na década de 1880, entendia o que dolorosamente aprendemos com o sombrio glossário de guerras e campos de concentração, depois de termos visto a situação e a natureza humana escancaradas à nossa horrorizada inspeção. "Mas tenho o dom de imaginar o desastre – e vejo a vida como feroz e sinistra", escrevia James em 1896 a A. C. Benson, e o que um jovem tão gentil como Benson fazia sobre essa declaração, e o que qualquer um podia fazer, é difícil de imaginar. Mas hoje sabemos que esse tipo de imaginação é uma das chaves da verdade.

Foi então essa "imaginação do desastre" que afastou James de seus contemporâneos, e é isso justamente o que o recomenda, para nós. Sabemos algo sobre as profundas perturbações da vida sexual que parecem acompanhar a hipertrofia da vontade, e como esse excesso de vontade parece ser uma resposta a certos desajustes da sociedade, dirigindo-os de volta a eles próprios. D. H. Lawrence nos ensinou muito sobre isso, mas ele próprio nunca tentou uma conjunção mais ousada entre a vida sexual e a vida política, como a que Henry James conseguiu em *The Bostonians*. Sabemos muito sobre a miséria e a degradação, sobre o que acontece quando personalidades fortes e bem dotadas são colocadas em uma desvantagem desesperadora, e sobre as possibilidades da extrema violência, sobre o senso de culpa e de irrealidade que pode atingir os integrantes das classes superiores, e os estranhos e complexos esforços que fazem para descobrir inocência e realidade, e sobre o conflito entre as exigências da arte e o dever social – todos esses são temas que compõem o padrão de *The Princess Casamassima*. Esse é um romance que tem como centro a ideia de que a Europa atingiu o máximo de sua maturidade e está começando a apodrecer, e que a bela luz, em particular, que ela produz é, em parte, o reflexo de um glorioso passado e, em parte, a fosforescência de uma degradação presente, que poderá encontrar seu fim pela violência, coisa que não é de todo injusta, embora nunca antes o velho continente pecador tenha feito uma investida tão orgulhosa e patética sobre nossas afeições.

II

The Princess Casamassima pertence a uma grande série de romances que atravessa todo o século XIX como a espinha dorsal de sua ficção. Definidos como um grupo pelo caráter e pelas circunstâncias de vida de seus heróis, incluem *O Vermelho e o Negro*, de Stendhal, *Pai Goriot* e *Ilusões Perdidas*, de Balzac, *Grandes Esperanças*, de Dickens, *Educação Sentimental*, de Flaubert; só uma extensão muito leve de sua definição é necessária para que sejam também incluídos *Guerra e Paz*, de Tolstói, e *O Idiota*, de Dostoiévski.

O herói definidor pode ser conhecido como "O Jovem que vem das Províncias". Não precisa vir literalmente da província, porque sua classe social pode constituir sua província. Mas um nascimento e uma criação provincianos sugerem a simplicidade e as altas esperanças que o animam, no início – começa sua vida com uma grande exigência da vida e um grande assombro diante de sua complexidade e de sua promessa. Ele pode vir de uma boa família, mas deve ser pobre. É inteligente, ou pelo menos consciente dos assuntos mundanos, mas de maneira alguma esperto. Deve ter adquirido certo grau de instrução, aprendido algo da vida pelos livros, embora não a verdade.

O herói de *The Princess Casamassima* encaixa-se perfeitamente nesse tipo. A província da qual provém Hyacinth Robinson é uma favela urbana. "Ele surgiu diante de mim saindo do pavimento de Londres", diz James no prefácio da edição nova-iorquina do romance. Em 1883, primeiro ano de seu longo período de residência na Inglaterra, James tinha o hábito de perambular pelas ruas, que lhe forneciam a imagem

> de alguma natureza individual e sensitiva, ou de uma mente excelente, alguma pequena e obscura criatura cuja instrução deveria quase em sua totalidade derivar delas, capaz de aproveitar de toda a civilização, toda a acumulação que elas testemunham, e no entanto condenada a ver as coisas só de fora – com uma mera consideração apressada, um mero desejo repleto de inveja e desespero.

Assim, equipado com pobreza, orgulho e inteligência, O Jovem da Província fica fora da vida e procurando entrar nela. Esse tipo de herói moderno está ligado aos contos folclóricos. Habitualmente sua motivação é a legendária partida para fazer fortuna, que é a mensagem do conto folclórico quando significa que o herói está em busca de si próprio. Realmente ele é o terceiro filho, o caçula, do lenhador, aquele que recebe toda a nossa simpatia, o gentil e incompreendido, o mais corajoso de todos os filhos. Provavelmente terá alguma dúvida a respeito de sua filiação; seu pai, o lenhador, não é realmente seu pai. Nosso herói tem, admita ou não isso, a crença comum às crianças de que há certo mistério em seu nascimento; seus pais verdadeiros, se a verdade fosse conhecida, pertencem a uma família importante e até de sangue real. Julien Sorel, de O *Vermelho e o Negro,* é o terceiro e mais novo filho de um verdadeiro lenhador, mas espiritualmente é filho de Napoleão. Em nossos dias, o herói de *O Grande Gatsby* não é realmente o filho de Mister Gatz. Ele diz ter saído "da concepção platônica de si próprio" para ser, realmente, "o filho de Deus". E Hyacinth Robinson, de James, embora gerado por uma pobre costureira e um andrajoso violinista, tem por pai verdadeiro um lorde inglês.

    O destino do Jovem é o de passar de uma obscura posição social a uma de considerável eminência em Paris ou Londres, ou em São Petersburgo, para atingir a vida dos que dominam a Terra. Sua situação é tão fortuita quanto a de qualquer cavaleiro errante dos romances medievais. É confrontado por situações cujo significado é sempre obscuro, para ele, e nas quais sua escolha parece ser sempre decisiva. Ele entende tudo como um "teste". Parsifal no castelo do Rei Pescador não estava mais incerto a respeito da coisa a ser feita do que o Jovem da Província ao escolher seu perigoso caminho através da irracionalidade da sociedade para a qual foi transportado. É essencial para a história do Jovem que ele seja recebido em casas importantes e se envolva em grandes negócios, mas sua história não deve ser confundida com outra parecida, a do Jovem Sensível. O herói provinciano deve de fato ser sensível, proporcionalmente à sem-vergonhice do mundo. Pode mesmo ser um artista, mas não lhe cabe se mostrar apenas ferido e intrigado – ele não é o herói de obras como *The Way of All Flesh* [O Caminho de Toda Carne], *Servidão Humana* ou *Mooncalf* [Imbecil]. Sendo diferente do herói que é apenas sensível, ele está preocupado em saber como o mundo político e social é regido e como pode ser aproveitado; ele quer partilhar o poder e o prazer, e, por conseguinte, assume riscos reais, e com frequência até riscos de vida. Os "fervilhantes fatos" que, segundo James, o seu Hyacinth deve enfrentar são "a liberdade e o bem-estar, o conhecimento e o poder, dinheiro, oportunidade e saciedade".

A história do Jovem da Província é estranha porque tem suas raízes tanto na lenda quanto no próprio coração da atualidade moderna. Aprendemos com ela a maior parte do que sabemos sobre a sociedade moderna, sobre classes sociais e seus estranhos rituais, sobre poder e influência e sobre dinheiro, o sólido e fluente elemento pelo qual a sociedade moderna se constitui. No entanto, através dos fatos sociais massificados corre um veio do romance lendário, e até de pura magia. Notamos, por exemplo, que parece ser necessário para o romancista lidar com transformações. Uma mão grande e poderosa deve se abaixar e mergulhar no mundo do que parece ser apenas uma inevitável rotina, agarrando o herói para colocá-lo em seu destino complexo e perigoso. Pip encontra no pântano Magwitch, um padrinho-delinquente; Pierre Bezukhov herda inesperadamente a fortuna que permite a esse jovem desajeitado penetrar na sociedade russa; forças invisíveis e poderosas brincam sobre a cabeça altiva de Julien Sorel, tornando possível sua estonteante ascensão social; Rastignac, só por ser um dos pensionistas da Casa Vauquer, que também aloja o grande Vautrin, insere-se bem no centro de todas as intrigas de Paris; James Gatz rema em direção ao iate de um milionário, um rapaz vestido com calças de brim, e transforma-se em Jay Gatsby, um egresso da Universidade de Oxford, um herói militar.

Essas transformações representam, com um leve exagero, o fato que literalmente devia ser observado a cada dia. Dos últimos anos do século XVIII aos primeiros do século XX, a estrutura social do Ocidente esteve peculiarmente ajustada – poderíamos dizer predestinada – para as mágicas e românticas mudanças de fortuna. O caráter das classes superiores era forte o suficiente para aceitar como notável que um jovem cruzasse suas fronteiras, mas era bastante fraco para permitir esse cruzamento em casos excepcionais. Um inábil rapaz de Genebra, um lacaio faminto, tornou-se motivo de admiração para a aristocracia francesa, e a Europa lhe permitiu a manipulação de seus conceitos, em cada departamento da vida:

Jean-Jacques Rousseau é o pai de todos os Jovens da Província, até mesmo daquele que veio da Córsega.

A história do Jovem representa uma realidade, mas podemos estar certos de que James se comprazia sobretudo em seu elemento ineluctavelmente lendário. O romancista era decerto o menos primitivo dos artistas, mas foi sempre consciente de sua conexão com os primitivos. Valorizou muito a ilusão da probabilidade e da verossimilhança, mas sabia que estava tratando sempre com ilusões; sentia orgulho dos estratagemas de sua mágica. Como qualquer primitivo contador de histórias, desejava prender o leitor contra sua vontade, *encantá-lo*, como se diz. Gostava do que chamava de "a história pela história"; adorava trabalhar com os elementos pouco habituais, extravagantes, melodramáticos e sobrenaturais, sobre o que chamava de "bendita faculdade de maravilhar-se"; e compreendia que as histórias primitivas são as raízes da arte do romancista moderno. F. O. Matthiessen fala da qualidade feérica de *The Wings of the Dove* [As Asas da Pomba]; uma obra tão sofisticada como *The Ambassadors* [Os Embaixadores] pode ser lida como um desses contos em que o herói descobre que nada é o que parece e que o único guia para o mundo deve ser a bondade de seu coração.

Como qualquer grande artista da história, como Shakespeare ou Balzac, Dickens ou Dostoiévski, Henry James acumula probabilidades de uma forma que hoje em dia não apreciamos muito. Não que nos dê eventos improváveis, mas, às vezes, ele aumenta o número de fatos interessantes, ultrapassando nossas expectativas normais. Se isso, em James ou em qualquer outro contador de histórias, leva ao limite o senso de verossimilhança do leitor, pode-se sempre defendê-lo dizendo que a tarefa especial da literatura é, na afirmação de Marianne Moore, a criação de "jardins imaginários que têm sapos reais". O leitor que descobrir que esses jardins são imaginários não deve deixar que sua descoberta o leve a ter uma visão errada da realidade dos sapos. Determinando as questões da realidade e da verdade nas obras de ficção, deve-se lembrar que, embora o romance se assemelhe, em algumas de suas formas, às ciências acumulativas e classificatórias, isto é, justamente às ciências que são mais familiares à maioria das pessoas, em outras de suas formas aproxima-se das ciências experimentais. E uma experiência é algo muito parecido com um jardim imaginário, criado expressamente para manter o sapo real de um fato. O aparato da bancada do pesquisador não é a própria natureza, mas uma criação artificial e extravagante, muito parecida com o enredo criado por um romancista, destinado a forçar ou a incrementar um fato, tornando-o um ser. Parece ter sido esse o ponto de vista adotado por James sobre o papel desempenhado em seus romances pelo que chamava justamente de "romance". Ele parecia estabelecer uma analogia com a experimentação quando dizia que o romance é "a experiência liberada, por assim dizer; experiência desengajada, desembaraçada, desimpedida, isenta das condições que geralmente se ligam a ela". Várias vezes fala sobre a invenção de um romance por meio de formas que parecem parvoíces ilegítimas ao leitor, interessado só nas premissas do romance naturalista, mas que um cientista inteligente entenderá perfeitamente.

Certamente *The Princess Casamassima* necessitaria de uma defesa desse tipo, pois esse livro nos conduz muito longe no caminho para o romance, havendo quem pense que ele nos levará mesmo até o ponto da impossibilidade. Ele nos pede para aceitar um jovem pobre, cujo nascimento está envolto em um sombrio segredo, pois seu pai é um autêntico e dissipado lorde inglês, e sua mãe uma costureira e cortesã francesa, que assassina esse lorde; uma bela princesa americana-italiana que desce na escala social para ajudar "o povo"; uma mistura generalizada de gente paupérrima com pessoas de elevado nascimento; e depois, um vago e misterioso líder revolucionário, nunca visto pelo leitor, e as maquinações de um grupo de conspiradores do submundo, um juramento feito para se cometer um assassinato em um dia futuro e não especificado – e a chegada desse dia, da hora estabelecida para o crime, as instruções dadas e a pistola arranjada.

Confrontados com essa parafernália, mesmo os que admiram o livro possivelmente concordarão com Rebecca West quando, em seu exuberante pequeno estudo sobre Henry James nos diz que essa obra é "eficiente" e "meticulosa", mas ao mesmo tempo "louca" e "selvagem", e que sua "fascinação" vem de uma transmutação de suas "perversidades". Refere-se a ela como "um sonho louco" e zomba de sua inverossimilhança, achando que constitui uma dessas grandes pilhérias da literatura. É estranha que tenha sido justamente James, que tanto se gabava de sua falta de ingenuidade, a trazer de volta para a literatura a forte implausibilidade dos romances antigos, que confiavam nos efeitos criados por noites escuras e tempestuosas, servos hindus, misteriosos estrangeiros, espadas ensanguentadas e limpas em lenços ricamente bordados.

Rebecca West escrevia em 1916, quando o romance naturalista inglês, com seu baixo nível de possibilidades, estava no auge. Nossa ideia de possibilidade política estava ainda para ser alterada por um pequeno grupo de briguentos intelectuais conspiradores que assumiriam o controle da Rússia. Mesmo um leal Fabiano podia considerar, naquela época, uma das perversidades de *The Princess Casamassima* o fato de que dois personagens seus de classe inferior dissessem que um terceiro tinha o potencial de se tornar primeiro-ministro da Inglaterra; hoje, Paul Muniment senta-se no Gabinete e está a caminho de Downing Street. Na década de 1930, o livro de James foi muito admirado pelos que o leram à luz do conhecimento de nossos movimentos radicais; costumava-se dizer então que, embora James tivesse sonhado com um impossível grupo revolucionário, conseguira fazer que ele derivasse de algumas notáveis intuições suas sobre a essência do radicalismo; esses seus admiradores agarraram o "sapo do fato", pensando que o mais notável desse fato era justamente a circunstância do jardim em que ele se encontrava ser tão evidentemente imaginário.

No entanto, um entendimento do uso do "romance" feito por James – e há "romance" na história de Hyacinth – não deve excluir nosso entendimento da extraordinária precisão literária de *The Princess Casamassima*. O próprio James ajudou a nos confundir quando, em seu prefácio ao livro, disse que não havia feito pesquisa alguma sobre a política clandestina de Hyacinth. Justificou isso dizendo que "o valor que eu mais queria transmitir e o efeito que mais queria produzir eram precisamente os de nossa falta de conhecimento, e também de a sociedade não saber, mas só adivinhar e suspeitar das coisas, e tentar ignorar o que 'se passa' irreconciliável, subversivamente, debaixo da vasta superfície complacente". E conclui o prefácio com a coisa mais bela, arrogante e verdadeira que um romancista jamais disse sobre sua arte:

> Tudo o que voltou foi, sem dúvida, algo como *esta* sabedoria – que se não temos a raiz do tema em nós para a ficção, o sentido da vida e a imaginação penetrante, seremos apenas tolos diante da própria presença do que é revelado e garantido; mas se estivermos assim armados, não estaremos realmente desamparados, desprovidos de recursos, mesmo diante dos mistérios abissais.

Se, para entender o movimento radical de seu tempo, James só teve de consultar sua imaginação penetrante – a qual, sem dúvida, era nutrida, como a de qualquer um, pela conversação e pelos jornais diários –, então devemos dizer que em nenhum outro romancista a imersão nas raízes das coisas foi tão profunda e tão ampla. A verdade é que não há um evento político de *The Princess Casamassima*, nem um detalhe de juramento, mistério ou perigo que não seja confirmado por múltiplos registros.

III

Tendemos a enfatizar nossos próprios problemas por meio da crença de que o século XIX foi uma época de paz. Mas Henry James conhecia bem a violência de seu tempo. Não há dúvida de que a Inglaterra era menos violenta do que o Continente, mas sua história nos anos 1800 era marcada por uma profunda inquietação social, com frequência levada ao extremo da desordem. Em março de 1886, ano em que *The Princess Casamassima* foi publicado em livro, James escreveu a seu irmão William sobre um conflito ocorrido em sua rua, com carruagens de senhoras sendo paradas e suas "ocupantes empurradas, saqueadas, socadas e beijadas". Ele não pensava que os desordeiros fossem trabalhadores desempregados, o mais provável era que fizessem parte do "grande exército de valentões e ladrões". Mas diz que havia uma "imensa miséria" e que "todo mundo se torna mais pobre – por motivos que, temo, continuarão a surgir". No mesmo ano escreveu a Charles Eliot Norton que o estado das classes superiores inglesas parecia ser "de muitas maneiras o mesmo estado apodrecido e em desagregação da aristocracia francesa antes da revolução".

James pensava na possibilidade de uma revolução, e não estava interessado só em sua conveniência para a ficção. Mas imaginava uma espécie de revolução com a qual não estamos mais familiarizados. Não era uma revolução marxista. Não havia o levante de um proletariado enraivecido, liderado por um partido disciplinado que planejasse chefiar um novo e forte Estado. Revoluções desse tipo têm seu aspecto conservador – procuram salvar certos elementos da cultura burguesa para seu próprio uso, por exemplo a ciência e os meios de produção e mesmo alguns agentes sociais. A teoria revolucionária de *The Princess Casamassima* tem pouco em comum com isso. Não há nenhum movimento organizado de massas; não há um partido disciplinado, mas só um forte núcleo conspiratório. Não há planos para um golpe de Estado e quase não há ideias sobre a sociedade do futuro. O núcleo conspiratório planeja só a destruição, sobretudo o terrorismo pessoal. Mas James não está ingenuamente representando um Graustark radical; ele está nos dando uma descrição muito precisa do anarquismo.

Em 1872, em sua reunião em Haia, a Primeira Internacional votou pela expulsão dos anarquistas. Karl Marx finalmente ganhara sua longa batalha contra Bakunin. Daquele ponto em diante, o "socialismo científico" dominaria o pensamento revolucionário. O anarquismo deixava de ser a corrente principal da teoria política. Mas continuava como uma força que se devia lembrar, em especial nos países latinos, e produzia um tipo revolucionário de grande coragem, e às vezes muito interessante. Mesmo em seu declínio, a teoria e a ação do anarquismo dominaram a imaginação europeia.

Não é possível apresentar aqui uma relação detalhada do anarquismo em seus vários aspectos; distinguir entre a mutação que beira o niilismo e a que é chamada de anarquismo-comunista, ou entre seus representantes, Sergei Nechayev, que mais parecia um espião da polícia, e Kropotkin ou Carlo Tresca, conhecidos por sua doçura pessoal. Ou resolver a contradição existente entre a violência de sua teoria e ação e o mundo gentil para o qual elas eram dirigidas. Bastará dizer que o anarquismo sustenta que a bondade natural do homem é absoluta e que a sociedade o corrompe, e que é levado para o ativismo anarquista pelo desejo de destruir a sociedade em geral e não só uma forma social particular.

Portanto, quando Hyacinth Robinson está dividido entre seu desejo de justiça social e seu temor de que a civilização da Europa seja destruída, ele está razoavelmente lidando com a crença anarquista. "O desencadeamento do que hoje é chamado de paixões más e a destruição do que é chamado de ordem pública" constituía o objetivo de Bakunin, que o defendia dizendo que "o desejo de destruição é ao mesmo tempo um desejo criativo". Não só o Estado mas todas as formas sociais deviam ser destruídas, conforme a doutrina do *amorfismo;* qualquer forma social continha as sementes do renascimento do Estado, devendo portanto ser extirpada. As disciplinas intelectuais eram formas sociais como quaisquer outras. Pelo menos em seus primeiros dias, o anarquismo expressava hostilidade para com a ciência. Em relação às artes, sua hostilidade era menor, pois os primeiros líderes com frequência eram treinados nas humanidades, e sua inspiração era na maior parte literária; nos anos 1890 houve forte aliança entre os artistas franceses e os grupos anarquistas. Mas, pela lógica da situação, a arte devia forçosamente sofrer os ataques dos anarquistas. A arte está inevitavelmente associada com a paz civil e a ordem social, e realmente com as classes dominadoras. Da mesma forma, qualquer grande e intenso movimento de ação moral e política tem a probabilidade de se mostrar ciumento da arte e de sentir que ela compete com a consciência plena do sofrimento humano. Bakunin em várias ocasiões falou dela como de coisa sem importância, quando a causa da felicidade humana estava em consideração. Lênin expressou algo parecido quando, depois de ter ouvido com prazer uma sonata de Beethoven, disse que ele não podia ouvir música com muita frequência. "Ela afeta os nervos, nos faz desejar dizer coisas belas e tolas e afagar a cabeça das pessoas que conseguem criar tal beleza, enquanto vivem neste vil inferno. E não se deve acariciar a cabeça de ninguém – podemos ter nossa mão mordida." E do mesmo modo, a Princesa do romance de James sente que seu gosto é apenas a prova de sua imoral existência aristocrática, e que a arte é apenas uma distração frívola, em relação à revolução.

 A natureza dos radicais nesse romance poderia parecer uma distorção dos fatos para o leitor moderno. As pessoas que se reúnem no Sol e Lua para murmurar sobre seus problemas tomando cerveja não são revolucionárias e são muito pouco radicais. A maioria delas é constituída apenas por descontentes entediados. Contudo, representam com precisão o desenvolvimento político de grande parte da classe trabalhadora da Inglaterra, no início da década de 1880. O primeiro grande movimento sindicalista inglês criara uma aristocracia do trabalho que, em grande parte, estava afastada da massa dos trabalhadores, e o próximo grande movimento ainda não fora iniciado.

A expressão política dos homens que se reuniam no Sol e Lua parecia ser tão hesitante quanto James a representava.

James escolheu a ocupação desses homens com grande discernimento. Não há operários de fábricas entre eles; naquela época o anarquismo não atraía esse tipo de operário da mesma forma como atraía os membros dos ofícios hábeis e relativamente sedentários: alfaiates, sapateiros, tecelões, marceneiros e serralheiros especialistas em obras ornamentais. O ofício de encadernador foi escolhido para Hyacinth sem dúvida porque James conhecia algo sobre ele e porque, sendo ao mesmo tempo uma arte bonita e mecânica, a encadernação se ajustava perfeitamente ao destino do jovem – e, justamente, a maioria dos encadernadores sentia-se atraída pelo anarquismo.

Quando Paul Muniment diz a Hyacinth que o clube do Sol e Lua era "um lugar que você sempre superestimou", está falando com a autoridade de quem tem conexões mais importantes. Os anarquistas, embora quisessem influenciar as massas e conseguissem às vezes conduzi-las a uma ação organizada, não valorizavam muito as organizações de massas democráticas ou quase democráticas. Bakunin acreditava que "para a organização internacional de toda a Europa, são suficientes cem revolucionários, unidos com laços fortes e sérios". A típica organização anarquista era hierárquica e secreta. Quando, em 1867, Bakunin planejou uma organização, instituiu três "ordens": um grupo público, que seria conhecido como a Aliança Internacional da Social-Democracia; sobre esta e sem que esta a conhecesse, a Ordem dos Irmãos Nacionais; sobre esta e não conhecida desta, a Ordem dos Irmãos Internacionais, com muito poucos membros. Podemos supor que o personagem de Muniment, de James, represente um Irmão Nacional.

Para a doutrinação de seu compacto corpo de revolucionários, Bakunin elaborou, com a colaboração do extraordinário Sergei Nechayev, *O Catecismo Revolucionário*. Um vade-mécum que poderia ser tomado como um guia para *The Princess Casamassima*.

Ensina que o revolucionário pode ser chamado para viver no grande mundo e penetrar em qualquer classe da sociedade: aristocracia, igreja, exército, diplomacia. Dá instruções sobre o que deve fazer para estabelecer um compromisso com os ricos, para dirigir sua fortuna, como acontece com a Princesa. Há instruções sobre como lidar com as pessoas que, como o Capitão Sholto criado por James, são levadas ao movimento por motivos questionáveis; sobre como desconfiar das mulheres das altas classes que podem estar procurando apenas sensações ou salvação – a Princesa chama isso de realidade – por meio da ação revolucionária. É um livrinho implacável: o próprio Bakunin por fim se queixa de que nada, nenhuma carta particular, nenhuma esposa, nenhuma filha, está a salvo do zelo conspiratório de seu coautor, Nechayev.

A situação em que Hyacinth se envolve, seu compromisso de cometer um assassinato requerido pela sociedade secreta, não é uma fantasia extremada de um romancista enclausurado, mas uma clássica situação anarquista. O anarquismo conseguia despertar a ação das massas, como aconteceu nos conflitos de Lyon em 1882, mas seu poder em geral era demonstrado por atos de terror cometidos por indivíduos corajosos, felizes por realizar uma guerra pessoal contra a sociedade. Bakunin canonizou por meio do anarquismo o bandido russo Stenka Razin. O personagem Vautrin, de Balzac, e o de Stendhal, Valbayre (de *Lamiel*), são protótipos de heróis anarquistas. Com uma teoria sempre ética e instrumental, o anarquismo concebeu o assassinato não só como um meio de propaganda de sua doutrina e de enfraquecimento da moral do inimigo mas também como punição, vingança ou advertência. Dos muitos assassinatos e tentativas de assassinato que enchem os anais dos últimos anos do século XIX, nem todos foram anarquistas, mas os que não foram mostravam influência dos exemplos anarquistas. Em 1878, houve duas tentativas contra a vida do Kaiser, uma contra o rei da Espanha, uma contra o rei da Itália. Em 1880, houve outra tentativa contra o rei da Espanha. Em 1881, depois de muitas tentativas, o czar Alexandre II da Rússia foi morto. Em 1882, foram cometidos os assassinatos do Phoenix Park, quando Lorde Frederick Cavendish, secretário para a Irlanda, e o subsecretário Thomas Burke foram mortos por extremistas irlandeses. Em 1883, houve várias conspirações com uso de dinamite na Grã-Bretanha, e em 1885 uma explosão na Câmara dos Comuns. Em 1883, houve um plano anarquista para a explosão simultânea do imperador Wilhelm, do príncipe herdeiro, de Bismarck e de Moltke. Esses foram apenas alguns dos atos de terrorismo dos quais Henry James estava consciente antes de iniciar *The Princess Casamassima,* e os últimos anos do século produziram muitos mais.

O anarquismo nunca se estabeleceu muito firmemente na Inglaterra, como o fez na Rússia, na França e na Itália. Nesses países, conseguiu atingir as classes mais altas. As ações da Princesa não são as únicas da aristocracia de seu tempo, nem está ela fantasiando quando fala de seu conhecimento de revolucionários de um tipo mais avançado do que aqueles que Hyacinth poderia conhecer. Na Itália, ela estaria, em termos de paridade social, com notáveis anarquistas, como o conde Carlos Cafiero e o médico Enrico Malatesta, que era filho de uma família rica. Kropotkin era descendente dos Ruriks e, como testemunham os romances de Turgueniev, amigo de James, o extremo radicalismo não era incomum entre a aristocracia russa. Na França, na década de 1880, e mais ainda na de 1890, havia grupos artísticos, intelectuais e mesmo aristocráticos que tinham íntimo envolvimento com os anarquistas.

O grande revolucionário de *The Princess Casamassima* é Hoffendahl, cuja existência real sentimos, embora nunca o vejamos. Hoffendahl é, no efeito que causa aos outros, não muito diferente do que se diz do próprio Bakunin quando estava no auge, isto é, quando arrastava com sua paixão até mesmo os que não conseguiam entender a linguagem que usava. Mas é possível também que James estivesse pensando no famoso Johann Most, que aparecia muito na imprensa londrina em 1881, quando foi julgado porque seu jornal, *Freiheit*, exultava com o assassinato do czar. Foi declarado culpado de calúnia e de incitação ao assassinato e sentenciado a dezesseis meses de trabalhos forçados. O júri que o condenou recomendou, no entanto, clemência, baseado em sua condição de estrangeiro que "poderia estar sofrendo de uma injustiça violenta". O júri tinha razão – Most sofrera nas prisões alemãs, depois de uma juventude amargurada. Não está claro se ele, como o Hoffendhal de James, tivera ocasião de aguentar firme a tortura policial, mas não podemos duvidar de sua capacidade de fazê-lo. Depois de ter cumprido sua sentença na prisão, emigrou para os Estados Unidos, e foi dito que todas as atividades terroristas nesse país foram comandadas por ele. Foi envolvido no Haymarket Affair e preso por ter incitado o assassino do presidente McKinley. Emma Goldman e Alexander Berkman foram seus discípulos, e falavam dele em uma linguagem parecida com a que Hyacinth usava para falar de Hoffendhal. Deve-se observar que Most era um encadernador profissional.

Em suma, quando consideramos a sólida precisão dos detalhes políticos de James em cada ponto, descobrimos que devemos desistir da ideia de que ele só conseguia se movimentar no ar ralo da abstração moral. Um escritor disse que *The Princess Casamassima* é "um exemplo capital da impotência de James no que se refere a assuntos sociológicos". O oposto disso é que é verdadeiro. Além de sua autoridade moral e estética, o romance de Henry James é uma representação precisa e brilhante da realidade social de sua época.

IV

Em seu prefácio a *The Princess Casamassima,* na edição nova-iorquina, James nos fala de certo elemento autobiográfico usado para a criação de Hyacinth Robinson: "Para descobrir interesse em suas possíveis aventuras, só precisei imaginá-lo assistindo ao mesmo show público, observando as mesmas coisas que eu próprio observara, e muito como eu as havia observado".

À primeira vista, isso não sugere uma conexão muito intensa entre o autor e o herói. Mas pelo menos nos assegura que, naquele determinado ponto, o romance foi tocado pela fantasia do autor sobre si próprio. Nas modernas e bem-sucedidas obras de ficção torna-se necessário que o autor expresse, de qualquer forma, suas fantasias pessoais; mas é sabido e tomado quase como uma regra que, quanto mais o autor disfarça a natureza pessoal de sua fantasia, maior força seu texto ganhará. Talvez seja melhor que não esteja totalmente consciente do que está escrevendo sobre si próprio – sua fantasia, como um sonho real, é poderosa na medida em que seu "sentido" esteja escondido.

Se Hyacinth expressa realmente a fantasia pessoal de James, somos levados a acreditar que essa fantasia se refere a uma situação familiar. James insiste sobre a pequena estatura de seu herói. O tamanho de Hyacinth é decisivo para sua história. Ela o retira de cena em certas situações adultas: por exemplo, quando Paul Muniment supera a barreira de classe e trata a princesa como mulher, levando em conta tanto a existência sexual dela quanto a sua própria, que esperamos que ele a reivindique para si, Hyacinth é excluído da possibilidade sexual e renuncia a ela. A intenção do autor não é a de mostrá-lo como pouco viril, mas como demasiado jovem para ter pretensões de maturidade; ele é a criança do livro, sempre a pessoa mais jovem. E como criança-homem vive em um romance cheio de figuras paternas. Tem pelo menos três conjuntos de pais: Lorde Frederick e Florentine, Miss Pynsent e Mister Vetch, Eustache Poupin e Madame Poupin, e isso sem mencionar o avô francês revolucionário e o superconspirador Hoffendahl; e mesmo Millicent Henning aparece nesse quadro durante um memorável domingo, em um papel maternal. O par decisivo, naturalmente, é o dos pais reais, Lorde Frederick e Florentine, que representam – há quem ache demasiado esquemático

– as forças que estão em conflito no jovem. Assumindo o assassinato do duque como uma etapa para a destruição da classe dominante, Hyacinth na realidade está planejando o assassinato de seu próprio pai; e um motivo que o faz odiar o juramento que fez é sua crença de que, repetindo a ação da pobre Florentine, estará trazendo sua mãe de volta à vida, em toda a sua lamentável vergonha.

É como criança que Hyacinth morre. Isto é, morre da recusa do amor. James cria com grande habilidade a circunstância solitária da morte de Hyacinth. Nada pode igualar a delicadeza do sofrimento irônico como os incidentes da última parte do livro, em que o jovem, que carrega no próprio bolso sua condenação à morte, a carta que ordena o assassinato, olha para seus amigos adultos procurando um motivo de amor que explicasse por que não deveria executar essa sentença em si próprio, ou como, se deve executá-la, poderá acreditar no valor de seu ato. Mas os adultos estão ocupados com coisas das quais ele está excluído, e não podem acreditar em sua seriedade. Paul Muniment e a Princesa o afastam, não por maldade, só de uma maneira condescendente, só como se alguém dissesse a um rapaz simpático que há certas coisas que ele não pode entender, coisas como poder, amor e justificação.

O mundo adulto representa-se a Hyacinth na grande cena de luxúria na loja de departamentos. Para tornar essa cena mais cruel, James previamente arranjara para Hyacinth um domingo totalmente maravilhoso na igreja e no parque, com Millicent Henning.[2]

---

[2] O resenhista de *The Athenaeum* observou "um aspecto estranho do livro, que quase toda a ação, ou quase toda ação cuja data seja indicada, se passe nos domingos". Essa observação foi oportuna, pois sugere como certos elementos da atmosfera do livro foram conseguidos – o que há de melhor como cenário da solidão e da dúvida do que um domingo em uma grande cidade? E já que a ação do livro deve depender do calendário de trabalho dos personagens operários, os quais, além de tudo, vivem a uma considerável distância um do outro, o que há de mais natural do que o fato de se encontrarem aos domingos? Mas o resenhista pensava que "possivelmente um dia de semana

Ela abraça o jovem com um amor desinteressado e protetor que não é belo nem delicado, mas por isso mesmo é muito mais útil. Mas quando, em sua última tentativa de estabelecer um contato, Hyacinth procura Millicent na sua loja, a vê parada e "imóvel, como uma figura morta" sob o olhar do Capitão Sholto, exibindo "as linhas longas e grandes" do seu corpo sob o pretexto de "exibir o modelo" do vestido. E quando Hyacinth vê que os olhos do Capitão "viajam de cima a baixo pelo corpo de Millicent", sabe que foi traído.

Tanta manipulação do tema "pais e filhos", tanto interesse pelo amor protetor, sugere que a conexão entre Hyacinth e seu autor pode ser mais intensa do que parece à primeira vista. E há uma consideração que reforça a hipótese de que essa fantasia de uma criança e sua família tenha uma relação particular e muito pessoal com James, na sua própria situação familiar. O que se questiona no romance que estamos examinando é a disputa entre a arte e a ação moral, a controvérsia entre o glorioso e irrecuperável passado e o futuro restaurado, mas essa não era uma disputa só de interesse geral para Henry James, nem, de fato, para qualquer dos notáveis membros de sua família. Ralph Barton Perry, em seu *Thought and Character of William James* [O Pensamento e o Caráter de William James], diz que essa questão é tão perturbadora e real na vida de William que dedica um capítulo inteiro a ela. Para William, a antítese frequentemente representada entre a arte europeia e a ação americana com frequência se resolvia em favor da América e da ação. A posição de Henry, ao que parece, iria na direção oposta – decerto em favor da arte. Mas se a opção de Henry necessariamente envolvia, como William acreditava, uma decisão em favor do passado, um amor do passado em si poderia ser considerado o elemento essencial da disputa entre os dois irmãos.

---

londrino sugere uma vida estressante demais para ser vivida pelos seres fúteis que Mister James retrata". O tema dos "seres fúteis" foi o mais usado pela maioria dos resenhistas mais ou menos liberais.

Esse desacordo era a base do relacionamento entre eles. E durou anos e anos. Mas, no fim das contas, William era o agressor, e é impossível supor que seu posicionamento não causasse sofrimento a Henry. William chegou a suspeitar que a preocupação com a arte estivesse muito ligada à imoralidade. Talvez ele não estivesse tão errado, já que os clichês em defesa da arte seriam a causa dessa sua maneira de pensar; seu erro real consistia em não saber o que a arte, como coisa a ser contemplada ou fabricada, representava para o seu irmão. Suas suspeitas envolviam até as obras de Henry. De maneira alguma era desprovido de simpatia por elas, mas pensava que os grandes dons do irmão estavam a serviço dos refinados e afetados; mostrava-se impaciente com tudo que não fosse tão robusto quanto ele próprio. Podemos ter certeza de que Henry nunca teria querido uma diminuição da franqueza fraternal que lhe podia dizer que *The Bostonians* poderia ter sido um livro ótimo se tivesse apenas umas cem páginas. Mas essas e outras observações de William apenas conseguiam deixar seu coração um tanto dolorido.

Então, quando vemos Henry James criando para o seu Hyacinth uma situação em que deve escolher entre a ação política e os frutos do espírito criativo da Europa, não podemos deixar de ver que ele colocou no centro de seu romance um tema cujo interesse era o mais pessoal possível. Sua natureza familiar e pessoal é enfatizada pela parte desempenhada na disputa por Alice James, irmã deles, pois ela e William se uniam contra o irmão Henry, mantendo agressivamente uma opinião desvalorizadora da Inglaterra. O ativismo de William encontrava um eco forte e até estridente em Alice, cujo apaixonado radicalismo era – na opinião de Henry – "sua característica mais evidente". Mas muito mais importante era a opinião do pai deles em relação a essa disputa familiar. A autoridade de Henry James pai podia ser bastante assimilada por ambos os filhos, pois ele era brilhantemente contraditório no que se referia ao *status* moral da arte. William só podia chegar a pensar que a arte se baseava em um princípio antagônico ao princípio da vida porque essa era a opinião paterna. E Henry podia encontrar uma base sólida para sua própria posição na frequência com que seu pai se referia ao artista como uma pessoa que, por procurar *criar* e não *ter*, chegava mais perto das atribuições de divindade, na humanidade.

The Princess Casamassima pode então ser considerado um livro intensamente autobiográfico, não no sentido de registro pessoal de um autor, mas como um ato pessoal seu. Pois podemos imaginar que Henry James, dominando magnificamente seu romance de uma forma que nenhuma pessoa decente consegue manter em uma situação familiar, está continuando a antiga disputa em seus próprios termos e até mesmo vingando-se. Imaginando qual seja essa "vingança", não precisaremos atribuir a Henry uma atitude maliciosa de desvalorização – pelo contrário, pois sua vingança é gentil, inocente e nobre. Consiste só em arranjar as coisas de tal forma que Paul Muniment e a Princesa representem o irmão e a irmã do autor, e então fazer que os eventos mostrem que, no momento em que esse brilhante par pensa estar mais próximo do segredo dos conspiradores, do verdadeiro centro das coisas, está na realidade mais distante dele do que nunca.[3]

---

[3] Quando digo que Paul e a Princesa "representam" William e Alice, não quero dizer que sejam retratos deles. É verdade que, no contexto que condiciona o romance, Paul sugere certas equivalências com William James em sua estimulante masculinidade, sua inteligência, seu direto senso comum e em seu espírito prático, tudo isso em relação a Hyacinth. O que mais achamos autenticamente que seja uma representação é a *ratio* dos personagens – Paul: Hyacinth; William: Henry. A Princesa tem as ideias radicais de Alice. É chamada de "a mulher mais notável da Europa", o que realmente é o que Henry James dizia que Alice seria, se o pleno exercício de sua vontade e de sua inteligência não houvesse sido prejudicado pela doença. Mas essas equivalências não constituem "retratos", e o romance não é um *roman à clef* familiar. Contudo, esse tema não pode ser visto superficialmente, pois já foi notado pelos que conheceram a vida e o caráter de Alice James que há muitos pontos de semelhança entre ela e Rosy Muniment. Certamente suas opiniões são opostas, pois Rosy é uma *tory* convicta e uma terrível esnobe, mas a própria oposição entre as duas pode ser considerada suficientemente significativa. Na

Paul e a Princesa acham que têm a confiança *Deles*, as Pessoas-lá-
-de-cima, os Irmãos Internacionais, ou seja lá o que forem, quando
realmente é deles que se desconfia, nessa altura. Eles condescendem
com Hyacinth na sua frívola preocupação com a arte, mas o jovem,
sem que eles saibam, já recebeu a carta de sua missão fatal; ele tem
a sentença de morte no bolso, a de outro e a sua própria. Apesar de
ter dado sinais nítidos de que via a causa com certa frieza, é nele
que os poderosos secretos confiam, e não nos seus amigos. Em seus
últimos dias de vida, Hyacinth torna-se consciente de seu desejo de
não mais encadernar livros, mas escrevê-los: o romance pode então
ser considerado a mensagem em que Henry James demonstra ao
mundo em geral, e em particular a seus irmãos, que o artista, da
mesma forma que qualquer ativista, leva no bolso seu derradeiro
compromisso e também sua sentença de morte. Como ele próprio
escreveu a um jovem amigo, "a vida não é nada, a não ser que seja
heroica e capaz de sacrifícios".

    James chega a sugerir que o artista pode até aproximar-se mais
do centro secreto das coisas, ao passo que o ativista está completamente afastado dele. No entanto, Hyacinth não consegue executar as
ordens das pessoas que confiam nele. Tampouco, é claro, pode traí-
-las – a pistola que, nas últimas e secas palavras do livro, "certamente
teria servido muito melhor para o duque", é a que Hyacinth volta
contra si próprio. Uma visão simplista poderia achar que essa é a
prova da "impotência em questões sociológicas" de James, um "problema que permanece não resolvido". No entanto, pode-se supor que

---

> mentalidade e no orgulho que mostram, na franqueza no falar, na vontade e
> na permissão de exercer essa vontade que é dada pela doença, há uma seme-
> lhança entre a irmã de Paul e a irmã de William e de Henry. Não há motivo
> algum para que todos os que se interessam por Henry James não tenham
> consciência disso, contanto que esse sentimento não seja tomado como uma
> negação do amor expresso por Henry em relação a Alice e William – contan-
> to, também, que isso seja tomado como um aspecto de sua imaginação moral
> particular, um assunto que será discutido adiante.

um verdadeiro conhecimento da sociedade abranja a realidade das forças sociais que pretende estudar, e que ele esteja consciente de suas contradições e consequências. Sabe-se que às vezes a sociedade oferece um conjunto de motivações opostas e que os antagonistas estão em tal equilíbrio de autoridade e atração que um homem que as percebe tão profundamente a ponto de encarná-las em seu próprio ser não conseguirá escolher entre elas e seja então destruído. Isso é o que conhecemos como tragédia.

V

Não devemos entender mal a natureza do destino trágico de Hyacinth. Ele morre em sacrifício, mas não como um cordeiro, totalmente inocente – morre como um herói humano que teve certa parcela de culpa.

A possibilidade de se compreender mal a situação de Hyacinth surge de nossa moderna crença de que o artista é um dos tipos de inocentes sociais. Nossa sociedade aquisitiva e competitiva condena o que pratica – o dinheiro nos dá *status*, no entanto consideramos que prezar muito o dinheiro é uma coisa aviltante, e valorizamos muito a atividade desinteressada. Donde nosso culto do cientista e do médico, que supostamente estão livres dos impulsos aquisitivos. A classe média, contanto que seja liberal, admira de várias distâncias os motivos e até os objetivos dos revolucionários, pois não consegue imaginar que eles tenham algo a "ganhar", no sentido que dá ao ganho. E embora algumas vezes a nossa cultura diga que o artista é um preguiçoso subversivo, em nossos dias isso equivale a dizer que ele deve ser admirado por sua inocência, pois sua atividade não pode ter outro fim além de si mesma, com exceção possível de algum benéfico propósito social, tal como "ensinar as pessoas a compreender umas às outras".

Mas James não via a arte como inocente, neste sentido. Lembramos novamente o elemento autobiográfico, pois nesse ponto há uma conexão significativa entre sua própria vida e a de Hyacinth.

No capítulo XXV de *A Small Boy and Others* [Um Menino Pequeno e Outros], seu primeiro volume autobiográfico, James nos conta que foi iniciado no conhecimento do estilo na Galerie d'Apollon do Louvre. Da forma como apresenta esse evento, as variedades de estilo dessa galeria se apossaram tão intensamente dele que seu impacto transcendeu totalmente a experiência estética. Pois essas formas pareciam falar com ele não visualmente, mas como um "complicado som" e um "coro ensurdecedor"; elas lhe transmitiram o que define como "um sentido geral de glória", sobre o qual se torna bem explícito: "A glória significa tantas coisas ao mesmo tempo, não só beleza e arte e supremo projeto, mas história, fama e poder, o mundo da beleza elevado à sua expressão mais rica e mais nobre".

Hazlitt disse que "a linguagem da poesia naturalmente se mescla à linguagem do poder", e continua a desenvolver uma elaborada comparação entre os processos da imaginação e os da autocrática regulamentação. Ele não está apenas se permitindo um voo da fantasia ou um modo de falar; jamais houve um democrata radical tão firme como Hazlitt, nem um maior apreciador da literatura imaginativa, mas ele acreditava que a poesia tinha uma afinidade com o poder político, em sua forma autocrática e aristocrática, e que ela não é amiga das virtudes democráticas. Acho que não concordamos muito com Hazlitt; preferimos falar da arte como se ela morasse em um bangalô branco, com um jardim, tivesse esposa e dois filhos e fosse inofensiva, tranquila e colaboradora. Mas Henry James concorda com a opinião de Hazlitt; sua primeira grande revelação da arte veio como uma analogia com os triunfos do mundo; a arte falou com ele da vontade imperiosa, envolta na música de um exército que portasse bandeiras desfraldadas. Foi talvez sobre isso que o ato final da imaginação do autor, quando estava morrendo, o fez chamar sua secretária para que tomasse pela última vez seu ditado de um texto que pretendia fazer passar por uma memória autobiográfica escrita por Napoleão Bonaparte.

No entanto, uma tão grande agressão deve acarretar alguma retribuição, e enquanto James continua com o episódio da Galerie d'Apollon, fala também que a experiência teve o efeito não só de um "filtro de amor" mas também de um "filtro de terror". A agressão traz culpa e depois medo. E ele conclui o episódio com o relato de um pesadelo no qual aparecia a galeria; define-o como o pesadelo "mais aterrorizante e no entanto mais admirável" de toda a sua vida. Sonhou que se defendia de um intruso, tentando manter a porta fechada contra uma terrível forma de invasão; então, subitamente, apareceu "o grande pensamento de que, em meu estado aterrorizado, eu era mais aterrorizante do que o terrível agente, criatura ou presença". Então abriu a porta e, ultrapassando o invasor por uma "direta agressão e uma intenção medonha", perseguiu-o por um longo corredor, durante uma grande tempestade de raios e trovões. Esse corredor era visto como a Galerie d'Apollon. Não é preciso levar nossa suposição mais longe para descobrir o sentido desse sonho, pois James nos fornece tudo que poderíamos querer saber. Ele nos conta que o sonho foi importante para ele e que, tendo experimentado a arte como "história, fama e poder", sua presunção parecia ser culpada e representar o grande temor que superou por uma inspiração sobre a agressão direta e a intenção medonha, triunfando no próprio lugar onde tivera essa fantasia dominadora. Um pesadelo admirável, realmente. É preciso ser um gênio para contra-atacar um pesadelo – talvez seja essa a definição de gênio.

Quando James resolveu escrever a importante carta de Hyacinth, de Veneza, o envolvimento da analogia da arte com o poder se desenvolveu e se tornou mais nítido e mais objetivo. Hyacinth tivera suas experiências das glórias europeias, e quando ele escreve à Princesa a sua visão da miséria humana, ela vem acompanhada de uma visão do mundo "elevada à sua expressão mais rica e mais nobre". Ele entende mais "o despotismo, as crueldades, as exclusões, os monopólios e as ganâncias do passado". Mas reconhece que "o tecido da civilização tal como o conhecemos" está inextricavelmente ligado com o dessa injustiça; os monumentos da arte, do saber e do gosto foram levantados pelo poder coercitivo. Contudo, nunca antes tivera ele essa visão completa do que o espírito humano pode fazer para tornar o mundo "menos impraticável e a vida mais tolerável". Ele descobre que está pronto a lutar pela arte – e pelo que a arte sugere à vida gloriosa – contra a avaliação baixa e mesmo hostil que seus amigos revolucionários haviam feito dela, e isso envolve, é claro, alguma reconciliação com o poder coercitivo estabelecido.

É demasiado fácil condenar Hipólito por certos conceitos seus e até mesmo xingá-lo. Antes, porém, devemos ver o que sua posição realmente significa e qual tipo de heroísmo existe nela. Hyacinth reconhece o que muito poucas pessoas querem admitir, que a civilização tem um custo, e um custo alto. As civilizações diferem umas das outras, tanto naquilo que abandonam quanto no que adquirem, mas todas se parecem quando renunciam a alguma coisa trocando-a por outra. Estamos certos quando protestamos contra essa atitude em qualquer caso que venha ao nosso conhecimento, e também estamos certos quando procuramos ganhar o máximo possível pelo mínimo possível. Mas não podemos nunca adquirir tudo em troca de nada. Nem, realmente, imaginamos que seja possível fazer isso. Assim, para nos manter no contexto presente, cada conhecida teoria da revolução popular desiste da visão do mundo "elevada à sua expressão mais rica e mais nobre". Para atingir o ideal da ampla segurança, a teoria popular revolucionária condena o ideal da experiência aventureira. Ela tenta evitar fazer isso de modo explícito e até mesmo nega sua ação, embora raramente seja convincente. Mas todos os instintos ou necessidades da democracia radical são contra a soberba e a arbitrariedade que com frequência caracterizam os grandes espíritos.

Diz-se às vezes, em relação a um ideal ou a uma total abstração, que não é preciso escolher, que a segurança pode ser imaginada como complementar da riqueza e da nobreza de expressão. Mas não foi isso o que vimos no passado e ninguém realmente tenta imaginá-lo no futuro. A escolha feita por Hyacinth sofreu a pressão da contrapartida realizada por Paul e pela Princesa. Sua "retificação geral" envolve uma civilização em que desaparecerá quase completamente a ideia de uma vida elevada à sua expressão mais rica e mais nobre.

Alguns críticos veem Hyacinth como um esnobe que representa o esnobismo do próprio James. Mas se Hyacinth for considerado um esnobe, estará na companhia de Rabelais, Shakespeare, Scott, Dickens, Balzac e Lawrence, escritores que viram a condição senhorial e o *establishment* dos aristocratas e cavalheiros como apropriados ao espírito do homem, e que, em sua maioria, exigiram essa condição para eles próprios, como o pobre Hyacinth não fez nunca, pois "não se tratava tanto de ele desejar desfrutar [dessa situação], mas de poder conhecê-la; seu desejo não era o de ser mimado, mas o de ser iniciado". Seu esnobismo não era senão o mesmo de John Stuart Mill, quando descobriu que um cômodo espaçoso e imponente poderia ter um efeito de ampliação sobre sua própria mente; quando Hyacinth, em Medley, teve sua primeira experiência de uma grande e antiga mansão, o que mais admirou foi a habilidade de uma coisa se tornar tão antiga sem perder nada, ou antes, ganhando em dignidade e interesse: "o espetáculo da longa duração, dissociado de qualquer sórdido desgaste ou pobreza, era novo para ele; pois vivera com pessoas entre as quais a velhice significava, em grande parte, uma sobrevivência disputada e degradada". Hyacinth tem, como Yeats, a consciência do sonho personificado por uma grande mansão, onde a fonte da vida "transborda sem ambiciosos sofrimentos".

> E sobe mais alto, vacilante, quanto mais chove,
> Como se escolhesse a forma que quer
> E nunca descesse a uma mecânica
> Ou servil forma, chamado por outros.

No entanto, como Yeats ele sabe que o homem rico que constrói uma casa assim, e o arquiteto e os artistas que elaboram seu projeto e a decoram, são "homens amargurados e violentos", e que as grandes mansões "só assumem nossa grandeza com nossa violência" e nossa "grandeza com nossa amargura".[4]

Quando a história de Hyacinth vai se aproximando do fim, sua mente está perfeitamente equilibrada, não pela irresolução, mas pela conscientização. Sua impressão de horror social do mundo não diminuiu devido à sua nova ideia sobre a glória do mundo. Pelo contrário, assim como seu compromisso de devotar a vida à causa revolucionária tinha, na realidade, o libertado para entender a glória humana, a compreensão dessa glória apressara sua resposta à miséria humana – nunca, realmente, ele fora tão sensível em relação à vida sórdida da massa da humanidade como depois de ter tido a revelação da arte. E assim como alcançara um equilíbrio de consciência, entrara também em um estado equilibrado em relação à culpa. Aprendera algo do que pode estar por trás dos ideais abstratos, isto é, a inveja, o impulso da vingança e da dominação. Sente-se menos inclinado a perdoar o que vê, porque, como devemos lembrar, o triunfo da revolução apresenta-se a ele como uma certeza, e o ato revolucionário, como um êxtase. Há pouca dúvida, para ele, do sucesso da revolução, da mesma forma como não duvida que sua mãe assassinara seu pai. E quando pensa em revolução, ele a vê como uma terrível maré, uma força colossal; tem a tentação de entregar-se a ela como uma fuga de seu isolamento – seria como ser elevado por ela até "um ponto mais alto, nos vagalhões banhados pelo sol, mais alto do que se poderia jamais esperar alcançar por meio do esforço solitário". Mas se a paixão revolucionária tem também sua culpa, a paixão do jovem pela vida no seu ápice e na sua maior nobreza não deixa de ter culpa também. Leva-o a aceitar o poder coercitivo estabelecido sobre o mundo, e essa aceitação não poderá nunca ser inocente. Não se pode "aceitar"

---

[4] "Ancestral Houses" em *Collected Poems*. Todo o poema pode ser lido como um texto extremamente esclarecedor de *The Princess Casamassina*.

o sofrimento dos outros, seja lá pelo ideal que for, não importando nada que o próprio sofrimento também seja aceito, sem incorrer em culpa. Essa é a culpa em que todas as civilizações incorrem.

A morte de Hyacinth, então, não é sua maneira de escapar da irresolução. É um verdadeiro sacrifício, um ato de heroísmo. Ele é um herói da civilização, por não ousar fazer mais do que ela faz: encarnando dois ideais ao mesmo tempo, assume inteiramente consciente a culpa de cada um deles. Reconhece ambos os pais. Por meio de sua morte, ele nos ensina a natureza da vida civilizada, e pela sua consciência ele a transcende.

VI

Suponhamos que a verdade seja a expressão não do intelecto, nem mesmo, como às vezes pensamos agora, da vontade, mas do amor. Essa é uma ideia ultrapassada, e no entanto ainda tem alguma força que nos levará a entender a verdade de *The Princess Casamassima*. É claro que a lenda de James não o associa ao amor. Realmente, é um fato sintomático da condição das letras americanas que Sherwood Anderson, escritor que falava muito de amor, fosse capaz de dizer de James que ele era um romancista "dos que odeiam". No entanto, ao lermos *The Princess Casamassima*, é possível perguntar se houve algum outro romance que, tratando da ação moral decisiva e das questões finais, expressasse suas considerações e seus julgamento com tanta amorosa bondade.

Desde que James escreveu esse livro, temos tido um número crescente de romances que nos pedem para tomar conhecimento dos que chamamos de "desfavorecidos". Esses romances são naturalmente dirigidos aos que têm dinheiro e lazer para comprar livros e lê-los, e segurança para invadir nossa mente com relatos das misérias de nossos camaradas. De modo geral, os pobres não gostam de ler livros sobre pobres. E a classe média, à medida que fica satisfeita e gratificada pelas implicações morais da maioria dessas obras, provavelmente não admirará o tratamento que James dá a esses pobres. Pois ele os representa cheios de dignidade e inteligência, no mesmo grau das pessoas da classe leitora. Mais: ele assume essa atitude e não sente necessidade alguma de insistir em que as coisas realmente são assim. Temos tão pouca capacidade para entender essa graça do espírito que até nos ressentimos dela. Poucos dos nossos romancistas são capazes de escrever sobre os pobres de maneira que os tornem mais do que meros objetos de piedade de nossas simplistas mentes sociológicas. A literatura de nossa democracia liberal mima e embala os personagens desprivilegiados e os perdoa pelas falhas que possam ter, como se tivesse o direito de fazê-lo. Mas James está certo de que nessas pessoas, que são numerosas, existem as gradações humanas habituais de compreensão, interesse e bondade. Mesmo que minhas conjecturas a respeito da conexão familiar sejam por completo errôneas, sugerirão pelo menos o que é indubitavelmente verdadeiro, que James podia escrever sobre um operário da mesma maneira abrangente, voluntária e complexa usada pelo autor de *The Principles of Psychology* [Princípios de Psicologia]. Ao mesmo tempo, tudo na história de *The Princess Casamassima* é baseado na igualdade dos membros da família humana. Pessoas que pertencem aos extremos das classes sociais são facilmente levadas a uma relação por estarem todas contidas no afeto do romancista. Nesse contexto, é natural para a Princesa e para lady Aurora Langrish se conhecerem à cabeceira de Rosy Muniment e disputarem notícias de Paul. Ouso dizer que um motivo inexpresso, e que nunca-poderia-ser-expresso, de se achar que James é "impotente em questões sociológicas", é seu poder de criar pessoas pobres tão altivas e inteligentes que tornem impossível para todo mundo, até mesmo para o leitor que pagou pelo seu privilégio, condescender com esses personagens, tão altivos e inteligentes realmente que não é muito fácil para eles serem "bons". Nós, liberais e progressistas, sabemos que os pobres são iguais a nós em tudo, exceto no fato de serem iguais a nós.

Mas a qualidade moral especial de James, seu poder de amar, não está totalmente incluída no seu impulso de distribuir de forma igual a dignidade entre seus personagens. Ele vai mais além, para criar seu realismo moral único, seu dom particular de compreensão humana. Se em seus últimos romances, como muitos afirmam, levou ao virtuosismo sua consciência das complicações humanas, não é decerto o que faz no romance que examinamos, e no entanto esse seu conhecimento é também considerável nele. Mas não é um conhecimento analítico, ou não no sentido habitual em que essa palavra é tomada, implicando uma dissecação fria. Se imaginarmos um pai de muitos filhos que realmente os ame, podemos supor que ele verá de modo muito nítido as diferenças entre todos, pois não terá vontade de impor a eles uma similaridade que seria a sua própria. E estará muito disposto a ver os seus defeitos, pois sua afeição o deixa livre para amá-los pelo que são, e não por serem perfeitos. No entanto, ao reconhecer seus defeitos será capaz de perceber muitos motivos para suas ações, devido a seu prolongado relacionamento com eles e por não haver motivo para ignorar a verdade. As discriminações e modificações feitas por esse homem seriam enormes, mas a atitude de realismo moral que revelam não surgiria de uma inteligência analítica, como costumamos pensar, mas do seu amor.

A natureza do realismo moral de James pode ser facilmente exemplificada por sua maneira de tratar do caráter de Rosy Muniment. Em muitos aspectos ela é muito parecida com Jennie Wren, a estilista de bonecas de *Our Mutual Friend* [Nossa Amiga Comum]. Ambas são deficientes físicas, corajosas, estranhas, de língua ferina, dominadoras, e ambas são admiradas pelas pessoas entre as quais transcorre sua existência. Dickens inconscientemente reconhece a crueldade que jaz escondida em Jennie, mas conscientemente não faz senão zombar de modo rude de seu hábito de ameaçar os olhos das pessoas com sua agulha. Ele se permite ser enganado e quer nos enganar. Mas James manipula nossos sentimentos sobre Rosy de forma perfeitamente ambivalente. Ele nos força a admirar sua coragem, seu orgulho e sua inteligência, e parece nos proibir de levar em conta sua crueldade, já que ela a dirige contra os que têm corpo capaz ou contra os aristocratas. Só no fim ele nos permite liberar nossa ambivalência – a revelação de que Hyacinth não gosta de Rosy e de que nós também não temos de gostar dela é um alívio emocional e um esclarecimento moral. Embora nós, por permissão expressa do autor, demonstremos repulsa por Rosy, ele não se vale desse mesmo privilégio. Na família do romance o *status* de Rosy não mudou.

O realismo moral é o espírito presente em *The Princess Casamassima* e transmite uma espécie de conhecimento social e político difícil de ver. É um trabalho que cria o caráter de Millicent Henning, cuja força, afeição e quente sensualidade levam James à série de árias notáveis em seu louvor, que pontuam o livro. No entanto, admirando-a, ele conhece os tipos especiais de corrupção que nossa civilização impõe a essa personagem, pois ela está consciente não só de seu desejo de puxar tudo o que está acima dela mas também do seu desejo de imitar e se conformar com tudo, desprezando o que ela própria é. Millicent tem orgulho de não fazer nada com as mãos e despreza Hyacinth por ele ser tão pobre de espírito que consente em *fazer* coisas e sujar-se ao fazê-lo, e valoriza a si própria por não fazer nada a não ser exibir o trabalho feito por outros. E em uma das cenas mais impressionantes do livro James a envolve na sexualidade corrupta e fraca que está associada, em nossa cultura, à exibição e à apreciação de objetos luxuriosos.

Mas na criação de Paul Muniment e da Princesa o realismo moral de James mostra-se em seu máximo poder. Se procurarmos uma explicação para o fato de *The Princess Casamassima* não ter sido apreciado em seu tempo, descobriremos que o significado desse notável par não poderia ser evidente para o leitor de 1886. Hoje, porém, podemos dizer que eles, e seu relacionamento, constituem um dos mais magistrais comentários sobre a vida moderna que já foram escritos.

Em Paul Muniment, um idealismo genuíno coexiste com um desejo secreto de poder pessoal. Um dos aspectos mais brilhantes do romance é que sua ambição nunca se torna explícita. A observação de Rosy sobre seu irmão, "Tudo com o que meu irmão realmente se importa... bem, um desses dias, quando você souber, me conte", talvez seja o ponto mais próximo da possível revelação de seu segredo. É transmitido a nós pelo seu tom, como um elemento decisivo de charme, pois Paul irradia o que os sociólogos, pedindo um nome emprestado à teologia, chamam de *carisma,* o charme do poder, o dom da liderança. Sua paixão natural pelo poder não pode nunca tornar-se explícita, pois uma das crenças de nossa cultura é a de que o poder invalida o propósito moral. A ambiguidade de Paul Muniment surgiu da natureza dos políticos modernos, no que têm de morais e idealistas. Pois o idealismo não mudou a natureza da liderança, mas forçou o líder a mudar sua natureza, exigindo que ele se apresente como um homem inofensivo e capaz de abnegação. É demasiado fácil falar dessa ambiguidade como uma forma de hipocrisia, mas a oposição entre a moralidade e o poder do qual ela surge é perfeitamente bem concebida. No entanto, mesmo que bem concebida, é infinitamente difícil executá-la, e ela produz suas próprias confusões, falsificações e até mesmo mentiras. O realista moral vê essa ambiguidade como a fonte de ironias caracteristicamente modernas, tais como a exaustão e os escrúpulos liberais que o fazem abominar todo poder e tornar-se extravagantemente tolerante daquilo que antes denunciara, ou o idealista que se licencia de seus ideais em prol do exercício irrestrito do poder.

A Princesa, como alguns lembrarão, é a Christina Light do romance anterior de James, *Roderick Hudson,* e considera, como Madame Grandoni diz, "que na hora mais sombria de sua vida ela se vendeu por um título e uma fortuna. Ela considera o que fez uma terrível frivolidade que nunca, pelo resto de sua vida, conseguiria reparar, por mais séria que fosse". A seriedade tornou-se sua paixão dominante, e na triste grandeza cômica da história, é seu pecado fatal, pois a seriedade não está isenta da tendência que as paixões dominantes têm de nos levar a cometer erros. E, no entanto, ela tem um aspecto de heroísmo, sua procura da realidade, de uma base de vida forte e final. "Então é real, é sólida!" exclama, quando Hyacinth conta que viu Hoffendahl e que penetrou no santo dos santos revolucionário. É sua busca da realidade que a leva aos pobres mais miseráveis que pode encontrar, e que traz uma luz de alegria a seus olhos a qualquer notícia de sofrimento e de privação, o que certamente deve ser, se é que é alguma coisa, uma realidade irrecusável. Assim como a morte e o perigo são – seu interesse por Hyacinth torna-se mais intenso pela sua morte empenhada, e ela própria às vezes deseja assumir a missão mortal. Como uma perfeita bêbada da realidade, ela é sempre levada a procurar bebidas cada vez mais fortes.

É claro que, inevitavelmente, a grande ironia de seu destino é que quanto mais apaixonadamente ela procura a realidade, e quanto mais feliz fica por acreditar estar perto dela, o mais longe está. É inevitável que ela deva se afastar de Hyacinth, porque toma sua seriedade moral por frivolidade; e também é inevitável que tenha de ser levada a Paul, que, como ela pensa, a fortalece em uma moralidade que é tão real e séria quanto uma coisa pode ser, uma moralidade absoluta que lhe dá permissão para desvalorizar e até destruir tudo que conheceu da bondade humana, porque isso esteve ligado a seu próprio passado, frívolo e traidor de si próprio. Ela não pode deixar de errar em relação à natureza da realidade, pois acredita que seja uma coisa, uma posição, uma finalidade, um fundamento. Em suma, ela é a própria encarnação da vontade moderna que se mascara como virtude fazendo-se passar por inofensiva, a vontade que odeia a si própria e acha culpadas as suas manifestações, sendo capaz de existir só quando opera em nome da virtude, e que despreza a variedade e as modulações da história humana desejando uma humanidade absoluta, que não seria senão outra maneira de se dizer "um nada". Em sua aliança com Paul, ela constitui um chocante símbolo dessa poderosa parte da cultura moderna que existe pela sua proclamação de inocência política e pela sua falsa seriedade – a consciência política que não é consciente, a conscientização social que odeia a conscientização total e cuja seriedade moral é uma luxúria moral.

A ambiguidade fatal da Princesa e de Paul é uma premissa da tragédia de Hyacinth Robinson. Se compreendermos a totalidade complexa que James concebeu assim, entenderemos que o romance é uma representação incomparável das circunstâncias espirituais de nossa civilização. Ouso chamá-lo de *incomparável* porque, embora outros escritores tenham fornecido abundante substancialidade da intuição de Henry James, nenhum, como ele, nos contou a verdade em um único ato luminoso de criação. Se perguntarmos por qual mágica James foi capaz de fazer o que fez, a resposta será descoberta no que identifiquei como a fonte de seu realismo moral. Pois o romancista pode falar a verdade sobre Paul e sobre a princesa só se, enquanto os representa em sua ambiguidade e em seu erro, também permite que eles existam em seu orgulho e em sua beleza: o realismo moral que mostra a ambiguidade e o erro não pode deixar de mostrar seu orgulho e sua beleza; o seu poder de falar a verdade surge de seu poder de amar. James tinha a capacidade de imaginar o desastre, e é por isso que se torna imediatamente relevante para nós; mas juntamente com essa sua capacidade tinha também o que a imaginação do desastre com frequência destrói, e em nossa época destrói diariamente, isto é, a capacidade de imaginar o amor.

Capítulo 5 | A Função da Pequena Revista[1]

The Partisan Reader [O Leitor da *Partisan* (Review)] pode ser considerado um monumento ambíguo. Ele comemora uma vitória – a *Partisan Review* sobreviveu por uma década e com uma vitalidade cuja prova pode estar no livro que marca esse aniversário. No entanto, celebrar sua vitória significa ao mesmo tempo estar consciente das circunstâncias mais amplas de fracasso que teve de superar. Pois aquilo que consideramos uma notável realização não é mais do que isto: que uma revista que se dedicou à publicação de boa literatura de várias espécies tenha existido por dez anos e tenha agora se sedimentado tanto que soma perto de 6 mil leitores.[2]

Apresentamos aqui um epítome de nossa situação cultural. Em poucas palavras, constatamos um grande abismo entre a nossa classe instruída e o melhor de nossa literatura.

Uso o termo *instruída* em sua acepção mais literal para indicar as pessoas que valorizam sua habilidade de viver parte da vida com ideias sérias. Limito meu estudo a essas pessoas e não me refiro à grande massa, porque isso envolveria uma questão social definitiva, e o que tenho em mente é só apresentar a questão cultural. E não

---

[1] Este ensaio foi publicado pela primeira vez como introdução a William Phillips e Philip Rahv (eds.), *The Partisan Reader: Ten Years of Partisan Review, 1933-1944: An Anthology*. Nova York, The Dial Press, 1946.

[2] Quatro anos mais tarde, já contava com 10 mil leitores. A revista durou 69 anos: de 1934 a 2003. (N. T.)

quero afirmar que a *Partisan Review* contenha o melhor da literatura, mas só que representa algumas das tendências que estão produzindo essa literatura.

O grande abismo a que me refiro não se escancarou subitamente. Há uns cinquenta anos, William Dean Howells observava que os leitores das revistas "cultas" americanas estavam nitidamente perdendo interesse nas contribuições literárias. Howellls é uma testemunha útil, não só porque conseguia enfiar seu dedo em tantas e importantes tortas literárias e ser admiravelmente consciente da economia e da sociologia da literatura mas também porque ele próprio era um exemplo interessante da cultura literária cujo declínio apontava. O estado de Ohio de sua juventude apenas recém-emergira de sua fase de "fronteira", e seu modo de vida era ainda o que chamaríamos de primitivo. No entanto, em Ohio, enquanto ainda era menino, Howells se dedicara à vida literária. Uma atitude que não era comum mas que também não era única ou solitária; tinha amigos que também se sentiam chamados para a literatura e para a vida acadêmica. Os mais velhos não o achavam estranho. A literatura tinha seu lugar e era bem aceita na sua cultura. Os respeitáveis advogados de sua localidade assinavam importantes revistas literárias inglesas. Seu pai tinha uma gráfica que era o ponto de encontro das pessoas inteligentes que, como o filho nos conta, "passavam por ali e gostavam de ficar de costas para a lareira, desafiando as opiniões sobre Holmes e Poe, Irving e Macaulay, Pope e Byron, Dickens e Shakespeare". Os problemas relativos à moralidade e à fé religiosa eram discutidos de maneira franca e ousada. Não havia um isolacionismo intelectual, e a vila sentia, pelo menos às vezes, as reverberações dos movimentos intelectuais da Europa. Howells aprendeu adequadamente o alemão dos colonizadores e tornou-se um discípulo de Heine. O passado estava vivo, e o garoto encontrava muito para ler sobre a velha Espanha fermentando em um barril cheios de livros na cabine de madeira do seu pai – aos 15 anos, apaixonado por *Dom Quixote*, planejou escrever a vida de Cervantes. No início da Guerra Civil, quando Howells tinha 23 anos, Abraham Lincoln, desejando premiar o jovem autor que escrevera sobre sua campanha, ofereceu-lhe, devido à insistência de John Hay e dos políticos de Ohio, um consulado em Veneza. Esse era um meio prático, na época, de colocar literatos em postos da carreira diplomática.

Não estou tentando pintar um quadro idílico da vida literária do século XIX. Era uma vida repleta de anomalias sociais e de dificuldades econômicas. Estou apenas tentando sugerir que na cultura da época a literatura era assumida. O que valia para Howells em Ohio valia também para Mark Twain no Missouri. Nunca se viu mentira maior do que dizer que Mark Twain era um escritor folclórico. Como seu próprio Tom Sawyer, ele era um literato legítimo, e até mesmo esnobe. A cultura local literária da qual gostava de zombar, a poesia dos cemitérios, o tolo byronismo, a adoração de Walter Scott, era essa a literatura dos salões londrinos, naturalizada como fatos folclóricos no Missouri. Éramos ao mesmo tempo uma nação que usava como padrão literário a intensa literaridade do *Eclectic Readers* [Leitores Ecléticos] de McGuffey. Quando Oscar Wilde e Matthew Arnold passaram em turnê pelos Estados Unidos, podem ter sido tomados sobretudo como curiosidades, mas pelo menos esse literatos não eram menos do que isso.

No século XIX, em nosso país como na Europa, a literatura era a base de cada atividade da mente. O cientista, o filósofo, o historiador, o teólogo, o economista, o teórico social e até mesmo o político deviam ter qualidades literárias que atualmente seriam consideradas irrelevantes para suas respectivas carreiras. O homem que tinha ideias originais falava diretamente com o "público inteligente", com o advogado, o médico, o comerciante, e mesmo com as massas trabalhadoras – e muito mais do que hoje, como nos é sugerido pela antiga prática de produzir edições muito baratas de livros importantes.

O papel do "divulgador era relativamente pouco conhecido"; quem tinha uma ideia teria de tentar explicá-la da melhor maneira possível.

Comparando duas declarações da mesma qualidade, uma do século XIX e outra do século XX, podemos dizer que a do século XIX certamente seria mais *poderosa*. Se os meios de comunicação da época eram menos eficientes do ponto de vista tecnológico, os meios intelectuais eram muito mais eficientes. É possível que haja uma *ratio* significativa entre essas duas modalidades. Talvez, como sugeriu John Dos Passos, quando livros e ideias são relativamente raros, a expressão literária pode ser mais elevada do que quando ela é superabundante.[3] De qualquer forma, a expectativa natural era que uma ideia fosse ouvida e considerada. O próprio Baudelaire ainda podia pensar em "sucesso", acreditar na possibilidade de ser ouvido seriamente pela própria sociedade que ele vergastava, e até levava sua convicção a ponto de apresentar-se como candidato à Academia de Letras.

Não contamos mais, na mesma medida, com esse poder da palavra, esse poder da ideia. Já se passaram mais de vinte anos desde que um movimento literário foi dotado do que chamei de poder neste país. O movimento literário da crítica social da década de 1920 não foi totalmente satisfatório, mas teve mais energia para fazer avançar nossa civilização do que qualquer coisa que possamos ver hoje, e seus efeitos foram grandes e bons. Desde então, nenhuma tendência teve uma força igual. O declínio dessa energia pode não ser permanente.

---

[3] Isto parece ter surgido não só do grande exemplo dado pela prosa de Lincoln mas também pelos conceitos expressos pelos escritores humorísticos, pelo estilo dos jornais da época, pelas cartas das pessoas que liam muito poucos livros... Ver, por exemplo, a carta que o pai de Mark Twain escreveu ao filho para informá-lo de um curso que havia feito com um professor viajante de gramática e de retórica. O domínio da linguagem era tido como um dos meios pelos quais alguém poderia se tornar uma pessoa de prestígio e eficiente. A tradição da oratória americana é atualmente só cômica, no entanto é possível que o ritual verbal do dia 4 de Julho seja um tributo pago pela simplicidade ao intelecto.

Poderia, é claro, tornar-se permanente. Há circunstâncias que nos permitem esperar por isso. Afinal, o espaço emocional da mente humana é grande mas não é infinito, e talvez ele seja preenchido pelos substitutos da literatura – o rádio, os filmes e algumas revistas – que são antagônicos a ela, não só por serem gêneros competitivos mas também pelos conceitos políticos e culturais que os controlam. Além de tudo, a política com a qual somos hoje confrontados pode ser de tal espécie que esmague qualquer possibilidade de interação entre o livre-arbítrio e as circunstâncias de que toda a literatura depende. Essas condições dificilmente nos encorajam. Por outro lado, não se pode deixar que elas se tornem obsessivas a ponto de não nos permitirem trabalhar. Elas envolvem considerações de finalidade e, à parte o fato de que é sempre fútil fazer predições sobre cultura, a atividade prática da literatura requer que um sentido do momento presente seja mantido como padrão.

As inumeráveis "pequenas revistas" têm sido uma resposta natural e heroica ao rebaixamento geral de *status* da literatura e do interesse nela. Desde o início do século XX, deparando com as dificuldades que só os seus editores são capazes de conceber verdadeiramente, elas têm tentado manter os caminhos abertos. Da elegância e do brilhantismo de *Dial* às mais recentes tentativas feitas nas províncias, essas revistas fizeram sua tarefa, mantendo nossa cultura longe da ameaça de se tornar apenas cautelosa e estabelecida, ou meramente sociológica, ou piedosa. Elas têm sido zombadas e desprezadas, às vezes com razão, e nenhuma delas ousaria dizer de forma precisa qual o efeito que produziram – exceto que mantiveram aquecidos os novos talentos até que o editor comercial, com seu costumeiro ar de nobre resolução, estivesse pronto para assumir seus riscos, e exceto também por terem causado certo constrangimento entre os representantes oficiais da literatura, além de estimularem um movimento de contracorrente do qual ninguém, talvez, esteja de todo consciente até que ele cesse de se mover.

Entre essas revistas, essas aventuras privadas e precárias, a *Partisan Review* destaca-se por um trabalho que a coloca em uma posição peculiar. Embora seja uma revista de literatura experimental, difere das outras pequenas revistas pela ênfase que dá às ideias e às atitudes intelectuais. E para entender seu papel especial na nossa cultura, devemos entrar em mais detalhes sobre a situação cultural que descrevi. Devemos estar conscientes da discrepância que existe entre as crenças políticas de nossa classe culta e a literatura, que, por seus méritos, deveria adequadamente pertencer a essa classe.

Nossa classe culta é predominantemente liberal em seus sentimentos políticos. Tentar definir o liberalismo não é fácil – o que quero dizer é que a nossa classe culta tem uma leve mas imediata suspeita sobre a motivação do lucro, uma crença no progresso, na ciência, na legislação social, no planejamento e na cooperação internacional, em especial quando a Rússia está em questão. No entanto comenta-se, não em relação às nossas crenças mas aos meios que temos para mantê-las, que nenhum de nossos escritores de primeira classe emergiu para lidar de forma literariamente gloriosa com essas ideias e com as emoções condizentes com elas.

Nossa ideologia liberal produziu uma grande literatura de protesto social e político, mas não apareceu, durante várias décadas, um único escritor que provocasse verdadeira admiração literária. Todos nós respondemos à adulação da concordância, mas talvez mesmo o mais simples leitor conheça, no íntimo, a diferença entre essa emoção e as genuínas emoções causadas pela literatura. Fato notável sobre a literatura do liberalismo contemporâneo é seu grande sucesso comercial – na opinião da classe média liberal, o velho vício do "comercialismo", que todos costumávamos criticar, está hoje em desvantagem diante da "integridade" que ele antigamente costumava corromper. Nossa literatura predominante, hoje, é útil, uma vez que é séria, sincera e solene. No melhor dos casos, ela tem o encanto da literatura piedosa. Não tem imaginação nem ideias.

E, por outro lado, se nomearmos os escritores que, pelo consenso geral da maioria dos críticos, e também pelo consenso da própria classe de pessoas cultas da qual falamos, devem ser tidos como as figuras monumentais de nossa época, veremos que para tais escritores a ideologia liberal tem sido, na melhor das hipóteses, indiferente. Proust, Joyce, Lawrence, Eliot, Yeats, Mann (em sua obra criativa), Kafka, Rilke, Gide – todos expressam seu amor à justiça e à boa vida, mas em nenhum deles é assumida aquela forma de amor às ideias e às emoções que a democracia liberal, tal como é conhecida pela classe culta, declarou ser respeitável. Podemos assim dizer que não há conexão alguma entre a nossa classe liberal culta e o que há de melhor na concepção literária do nosso tempo. O que significa que não há conexão entre as ideias políticas de nossa classe culta e o que há de mais profundo em nossa imaginação. A mesma separação fatal pode ser vista na tendência presente nessa classe de se rejeitar o sólido complexo psicológico de Freud, substituindo-o pelo otimismo racionalista de Horney e Fromm.

A alienação da classe culta em relação à mais impressionante literatura de nosso tempo já foi notada antes, é claro. E alguns críticos se mostraram ansiosos por atribuir essa falta de conexão à dificuldade literal dos próprios escritores, e a culparem seu esnobismo intelectual e sua irresponsabilidade. Com a proximidade da guerra, eles até mesmo chegaram a definir como subversivos em relação à democracia todos os escritores que "não se afastaram das preferências das minorias autodefinidas e não se voltaram para as necessidades e desejos dos que eram muitos". Esse diagnóstico poderia ser mais facilmente aceito se os críticos que o fizeram fossem, por sua vez, mais capazes de entender aquilo que, no fim das contas, muitas pessoas boas podem entender, ou se não se mostrassem tão apressados em demonstrar toda a sua simpatia e a sua tolerância por obras de óbvia qualidade inferior, apenas por serem fáceis de ler, "afirmativas" ou "cheias de vida", isto é, escritas em vista das necessidades e dos desejos de muitos. Se a tolerância estiver em questão, me será mais fácil inclinar-me a concedê-la aos escritores dos quais, sejam quais forem suas dificuldades, ouvimos o tom inconfundível da seriedade – uma nota que nos deveria sugerir que os que o atingem não estão devotando sua vida à tarefa de cometer um suicídio literário.

Seria fútil oferecer um diagnóstico que iria se contrapor ao do esnobismo e da irresponsabilidade literária e que talvez se dispusesse a jogar toda a culpa da situação cultural sobre a qualidade da educação e das classes educadas, ou sobre sua inteligência política. A situação é demasiado complexa e importante para ficar em procedimentos unicamente conflitivos. Nem o elogio nem a culpabilização fazem alguma coisa para preencher o abismo que acabei de descrever.

Mas será preciso organizar uma nova união entre nossas ideias políticas e nossa imaginação – não há nada mais necessário em nosso panorama cultural. É a essa tarefa que a *Partisan Review* tem se dedicado durante mais de uma década.

É certamente importante lembrar que essa revista iniciou sua carreira como um órgão que, no campo cultural, dedicou-se aos interesses do Partido Comunista. Considerando esse fato neste momento de um ponto de vista totalmente apolítico, o programa cultural do Partido tem, neste país, mais do que qualquer outro fator intelectual isolado, dado licença para o divórcio entre política e imaginação que abordei. Baseando-se em um grande ato da mente e em uma grande fé, ele foi bem-sucedido na racionalização das limitações intelectuais que, em vinte anos, não produziram uma única obra notável ou mesmo digna de ser respeitada. Depois da ruptura entre a *Partisan Review* e o Partido Comunista, grande parte de sua própria vitalidade intelectual derivou de anos de conflito com a cultura comunista, em uma época em que nossas classes educadas, sentindo-se culpadas e confusas, estavam inclinadas a aceitar seriamente e de boa-fé a liderança cultural do Partido. Nos anos mais recentes, a intensidade política da revista de alguma forma diminuiu, mas seu caráter político permanece.

Como deveria mesmo permanecer, porque nosso destino, para o bem ou para o mal, é político. Não é, portanto, um destino feliz, mesmo soando de modo heroico, mas não há como escapar dele, e a única possibilidade de suportá-lo é incluir à força dentro de nossa definição de política todas as atividades humanas, com todas as suas sutilezas. Há riscos manifestos nesse ato, mas esses riscos são ainda maiores se não os corrermos. A menos que insistamos que a política é imaginação e mente, aprenderemos que esses dois elementos são políticos, e políticos de uma espécie que não nos agradará. A *Partisan Review* definiu que sua função especial é tornar-se o veículo dessa insistência necessária, e desejou acomodar o velho e o novo em sua matriz política, e também o tradicional e o experimental, o religioso e o positivista, o esperançoso e o desesperado. Em seu implícito esforço de promover a união das ideias políticas com a imaginação, ela visou uma gama de interesses humanos e de personalidades mais ampla do que qualquer outro periódico cultural de nosso tempo. E, no entanto, conservou sua unidade evidente: é a unidade conferida sobre a diversidade, por meio da inteligência e da imaginação.

Mas se reconhecermos a importância desse trabalho, teremos de perguntar como ele pôde ser feito de forma eficiente por uma revista desse tipo e com a circulação que tem. Estamos novamente tratando de poder. Essa questão, a do poder, nem sempre foi preocupação da literatura. Idealmente não é a questão que deveria vir em primeiro lugar à mente de quem pensa em literatura. A qualidade seria a primeira, e talvez devesse ser a única a ser considerada. Mas na nossa atual situação, quando pensamos em qualidade, temos sempre de perguntar qual a chance que uma qualidade particular tem de sobreviver, e como poderá ser uma força capaz de agir em sua própria defesa e na defesa das circunstâncias sociais que permitirão que ela se estabeleça e se propague no mundo. Não é um estado desejável das coisas. "A arte é uma arma", e "ideias são armas", são frases que há alguns anos fluíam amplamente e de maneira feliz. E às vezes, ao olhar para as necessidades de nossa vida, temos a impressão de que a metáfora da arma se propaga de forma extremamente rude – o alimento é hoje considerado uma arma, logo mais o sono e o amor serão considerados armas, e talvez nosso *slogan* final seja: "A vida é uma arma". E no entanto a questão do poder nos é imposta.

Pelo menos, temos de nos esforçar para não cair nas tentações de grosseria e crueza que sempre nos são oferecidas. Os críticos aos quais me referi cedem a essas tentações quando denunciam os grupos e os escritores que não escrevem para a massa. A coisa não é tão simples quanto essas pessoas gostariam que fosse. Do ponto de vista democrático, devemos dizer que em uma verdadeira democracia nada deveria ser feito *para* o povo. O escritor que define seu público pelas suas limitações está incorrendo em uma arrogância imperdoável. Ele deve defini-lo por sua capacidade, por sua perfeição, uma vez que é dotado para concebê-lo. Se não puder ver seu público no alcance imediato de sua voz, fará bem se dirigir suas palavras para seus ancestrais espirituais, ou para a posteridade, ou mesmo, se for necessário, para determinado grupo. O escritor tem de servir a seus demônios e a seus assuntos. E a democracia que não sabe disso não é absolutamente, em qualquer sentido ideal da palavra, uma democracia.

A referência ao "grupo" não deve nos assustar demais. Nem também nos encantar em demasia. Escrever para um pequeno grupo não nos garante mais integridade do que se escrevêssemos para as massas. O grupo seleto também pode corromper, de maneira certa e às vezes tão rápida, como o que é feito pela apropriação dos grandes meios publicitários. Mas a pequenez do grupo não limita a qualidade "humana" da obra. Alguns escritores desse tipo sem dúvida serão sempre difíceis e especiais, como Donne e Hopkins – mas isso não diz nada sobre sua humanidade. Os críticos populistas parecem negar a possibilidade de ampla humanização dos que não visam a um grande público, no entanto os escritores que eles citariam como exemplos dessa "humanização" não sentiram eles próprios que o efeito de sua imaginação dependia do tamanho de seu público. A opinião de T. E. Shaw sobre o autor da *Odisseia* era esta: "Muito letrado, este homem criado em casa. Sua obra cheira a grupo literário". Chaucer escrevia para um pequeno grupo da corte; Shakespeare, em seus sonetos, demonstra algo do aspecto de um poeta de grupo; Milton contentava-se com seu pequeno público, embora insistisse que fosse instruído. Os românticos escreviam para um punhado de pessoas, enquanto o país zombava dele. Dostoiévski escrevia para uma revista que proclamava seu sucesso quando atingia 4 mil assinantes. E nosso Whitman, que hoje é um símbolo não lido da vida democrática, durante a maior parte de sua carreira foi considerado um poeta que não chegava a atingir nem mesmo um grupo de pessoas.

Portanto, esse argumento rançoso nem deveria ter surgido, e temos uma prova do sombrio presságio de nossa atual situação cultural no fato de muitos críticos tentarem, em nome da democracia, definir como vergonhoso um poeta que não seja amplamente lido.

Quando tentamos avaliar o poder da literatura, não podemos nos deixar enganar pelos fantasiosos quadros históricos que nos são dados. De vez em quando ocorrem períodos em que a melhor literatura transborda de seus habituais limites e atinge uma grande massa popular. Atenas teve um período assim e a veneramos por isso. O século XIX também teve um período de transbordamento. Devemos sempre esperar e trabalhar para que outras épocas assim surjam. Mas, na realidade, são raras as ocasiões em que a melhor literatura se torna, por assim dizer, a literatura do povo. Falando de maneira geral, a literatura sempre foi feita dentro de limites pequenos e sob grandes dificuldades. A maioria das pessoas não gosta da solidão e da tranquilidade física da atividade da contemplação, e muitas não têm tempo ou disposição para isso. Mas sempre que se trata de uma questão de medir o poder da literatura, torna-se recorrente o velho comentário feito por Shelley, que "ultrapassa toda a imaginação conceber o que teria sido feito da condição moral do mundo" se a literatura não continuasse a existir com seu apelo aos pequenos grupos, mantendo aberto o caminho.

Esta não é uma resposta ao questionamento sobre um período como o nosso, quando uma espécie de mecanização literária se espalha mais e mais, e quando um número cada vez maior de pessoas insiste, como deveriam fazer, em uma igualdade de *status* cultural, correndo o risco de se deixarem arrastar para o que foi chamado por Tocqueville, que viu a situação detalhadamente há um século, "a hipocrisia da luxúria", a satisfação com a coisa que se parece com a coisa real mas não o é. Uma revista com 6 mil leitores não pode ser tida como poderosa demais, aqui, e no entanto endossar esse julgamento seria ceder facilmente demais às tentações da grosseria e da crueza que surgem sempre que se discute uma questão de poder. Devemos levar em conta qual seria nossa condição moral e política se o impulso que tal revista representa não existisse – o impulso de se garantir que o demônio e o tema sejam servidos, o impulso de se insistir para que a atividade da política seja associada à imaginação sob o aspecto do pensamento.

Capítulo 6 | Huckleberry Finn

Em 1876, Mark Twain publicou *As Aventuras de Tom Sawyer* e no mesmo ano iniciou o que chamou de "outro livro para meninos". Ele não tinha muita confiança nesse novo empreendimento e disse que não representava senão "algo que lhe permitisse continuar trabalhando". Não estava muito interessado no livro – "Até este ponto, apenas o tolero", disse, "e é possível que o guarde, ou que jogue o manuscrito no fogo quando estiver acabado". Realmente, guardou-o durante muito tempo quando o concluiu, bem uns quatro anos. Em 1880 retirou-o da gaveta e trabalhou um pouco mais, apenas para abandoná-lo novamente logo depois. Tinha uma teoria pessoal sobre a composição inconsciente e acreditava que um livro deveria escrever a si próprio; o livro a que se referia como "Autobiografia de Huck Finn" recusava-se a executar essa tarefa de criação e o escritor não o coagia.

Então, no verão de 1887, Mark Twain foi tomado por uma forte carga de energia literária que, como escreveu a Howells, era mais intensa do que qualquer outra que experimentara durante muitos anos. Trabalhava durante o dia todo, todos os dias, e, periodicamente, ficava tão cansado que tinha de recuperar sua força durante um ou dois dias na cama só fumando e lendo. É impossível não supor que esse grande surto criativo estava ligado com – ou talvez fosse o resultado direto de – uma visita ao Mississípi que fizera no início daquele ano, viagem que compõe o material usado na segunda parte do livro *Velhos Tempos no Mississippi*. A infância e a juventude que passara naquela região que amava tão profundamente haviam sido as épocas mais felizes e significativas de sua vida; sua volta à região, na maturidade, despertara lembranças que reviveram e deram novo vigor à criação de *Huckleberry Finn*. Naquele momento, finalmente o livro não só estava pronto mas ansioso para escrever a si mesmo. Mas não receberia muita ajuda consciente de seu autor. Twain estava sempre repleto de esquemas literários de segunda ordem, e então, nas primeiras semanas daquele verão, enquanto *Huckleberry Finn* esperava ser concluído, o escritor dirigiu sua energia calorosa para vários outros projetos lamentáveis, cuja realização lhe dava a mesma impressão de produtividade satisfatória que às vezes lhe podia vir de sua absorção no livro principal.

Quando, finalmente, *Huckleberry Finn* ficou pronto e foi publicado, e muito apreciado, Mark Twain tornou-se um tanto consciente do que acabara de fazer com aquela obra que começara sua jornada como trabalho rotineiro e desprezado, adiado, ameaçado com a destruição. É sua obra-prima, e talvez ele tivesse aprendido a vê-la assim. Mas dificilmente poderia avaliá-lo pelo que realmente é: um dos grandes livros do mundo e um dos principais documentos da cultura americana.

Mas em que consiste essa grandeza? Sobretudo em seu poder de falar a verdade. Uma conscientização dessa qualidade, como há também em *Tom Sawyer*, que levou o autor a dizer, de sua primeira obra, que "*não* é absolutamente um livro para crianças. Será lido só por adultos. Foi escrito só para adultos". Mas essa era só uma forma de falar. Era a maneira peculiar de Mark Twain afirmar, com um explícito toque de irritação, o grau de verdade que atingira. Não representa sua visão habitual sobre livros para crianças, ou sobre as próprias crianças. Ninguém, como ele bem sabia, valoriza tanto a verdade como um menino. A verdade é o que um menino exige totalmente do mundo dos adultos. Ele é capaz de pensar que todo o mundo adulto conspira para mentir a ele, e é essa crença, de modo algum infundada, que desperta Tom e Huck, e todos os meninos, para sua sensibilidade moral, sua perene preocupação com a justiça, com o que chamam de jogo limpo. Ao mesmo tempo com frequência ela os torna mentirosos hábeis e profundos, em sua própria defesa, embora não cheguem à mentira suprema dos adultos: eles não mentem para si próprios. Foi por isso que Mark Twain sentia que era impossível continuar a história de Tom Sawyer além de sua meninice – na maturidade, "ele mentiria exatamente como os outros heróis da literatura, e o leitor passaria a sentir um grande desprezo por ele".

Decerto um elemento da grandeza de *Huckleberry Finn*, e também da grandeza menor de *Tom Sawyer*, é o fato de que faz sucesso, antes de mais nada, como livro juvenil. Pode-se lê-lo aos dez anos de idade e depois disso a cada ano, e encontrar nele sempre uma frescura tão grande como a do ano anterior, e descobrir que a sua única mudança consiste em tornar-se sempre maior. Ler essas obras de Twain quando se é jovem é como plantar uma árvore na juventude – cada ano que passa acrescenta-se a ele uma nova camada de significado e, assim como acontece com as árvores, os livros dificilmente se tornam tediosos com o passar do tempo. Era assim, como podemos imaginar, que um menino ateniense crescia, com a *Odisseia*. São muito poucos os outros livros que podemos ler na juventude para amá-los por toda a vida.

A verdade contida em *Huckleberry Finn* é diferente da de *Tom Sawyer*. É uma verdade mais intensa, mais altiva e mais complexa. *Tom Sawyer* tem a verdade da honestidade – o que nos fala sobre coisas e sentimentos nunca é falso e é sempre belo e adequado. *Huckleberry Finn* também apresenta essa espécie de verdade, mas também a da paixão moral; ele trata diretamente da virtude e da depravação do coração do homem.

Talvez a melhor pista para a grandeza de *Huckleberry Finn* nos tenha sido dada por um escritor que é tão diferente de Mark Twain como é possível que um habitante do Missouri seja diferente de outro.

O poema de T. S. Eliot, "The Dry Salvages" ["Os selvagens secos"], terceiro de seus *Four Quartets* [Quatro Quartetos], começa com uma meditação sobre o Mississíppi, que esse escritor conheceu na infância passada em Saint Louis:

> Não sei muito acerca de deuses, mas creio que o rio
> É um poderoso deus castanho...

E a meditação continua, para falar de deus como

> quase esquecido
> Pelos moradores das cidades – sempre, contudo, implacável,
> Fiel às suas iras e épocas de cheia, destruidor, recordando
> O que os homens preferem esquecer. Desprezado, preterido
> Pelos adoradores da máquina, mas esperando, espreitando e esperando.[1]

Huckleberry Finn é um grande livro porque é sobre um deus – isto é, sobre um poder que parece ter cérebro e vontade próprias, e que para os homens dotados de imaginação moral parecer encarnar uma grande ideia moral.

O próprio Huck é um servo do deus-rio, e chega muito perto da conscientização da natureza divina do ser ao qual serve. O mundo que ele habita está perfeitamente aparelhado para acomodar uma divindade, pois está repleto de presenças e significados que transmite por signos naturais e também por superstições e tabus sobrenaturais: olhar para a Lua sobre o ombro esquerdo, sacudir a toalha da mesa após o pôr do sol, manusear uma pele de cobra, todas essas são maneiras de se ofender os espíritos obscuros e dominantes. Huck tem de lidar, em campos estéticos e morais, com a única forma de religião estabelecida que conhece, e sua vida moral muito intensa pode ser tida como derivada quase totalmente de seu amor pelo rio. Ele vive em uma adoração perpétua do poder e do encanto do Rio Mississípi.

---

[1] T. S. Eliot, *Obra completa: Poesia*. Trad. Ivan Junqueira. São Paulo, ARX, 2004, p. 359. (N. T.)

Expressa-se sempre, naturalmente, melhor do que imagina, mas não há nada que exija tanto seu dom da fala como sua resposta à divindade. Depois de cada incursão na vida social local, ele volta para o rio com alívio e gratidão; e em cada retorno, regular e explícito como um coro de tragédia grega, há um hino de louvor à beleza, ao mistério, à força do deus, à sua grandeza nobre que contrasta com a mesquinharia dos homens.

Geralmente o deus é bondoso, um ser feito de longos dias de sol e noites espaçosas. Mas, como qualquer deus, também é perigoso e enganador. Gera névoas capazes de confundir as pessoas e fabrica ecos e distâncias falsas que desorientam. Seus bancos de areiam podem prender, e seus obstáculos escondidos podem atingir mortalmente um grande navio a vapor. Ele pode romper a terra sólida sob os pés de um homem e carregar sua casa. A presença constante do perigo do rio é o que salva o livro de qualquer toque de sentimentalismo e de inépcia moral que caracterizam muitas obras que contrastam a vida da natureza com a da sociedade.

O rio, em si, é só divino; não é ético nem bom. Mas sua natureza parece estimular a bondade dos que o amam e tentam encaixar-se em seu modo de ser. E devemos observar que não podemos estabelecer – e Mark Twain não estabelece – uma oposição absoluta entre o rio e a sociedade humana. Para Huck, muito do encanto da vida do rio é humano: é a jangada, a tenda indígena e Jim. Ele não fugiu de Miss Watson, da Viúva Douglas e de seu brutal pai para gozar de uma liberdade inteiramente individualista, pois em Jim ele encontra seu verdadeiro pai, da mesma maneira como Stephen Dedalus encontra seu verdadeiro pai em Leopold Bloom, no *Ulisses* de James Joyce.[2]

---

[2] No *Finnegans Wake,* de Joyce, tanto Mark Twain quanto Huckleberry Finn aparecem com frequência. O tema dos rios é, naturalmente, dominante no livro; e o nome de Huck serve ao propósito de Joyce, pois Finn é um dos muitos nomes de seu herói. O amor e o dom de Mark Twain pela linguagem falada é mais uma razão para Joyce interessar-se por ele.

O menino e o escravo negro formam uma família, uma comunidade primitiva – uma comunidade de santos.

A qualidade moral intensa e até mesmo complexa de Huck possivelmente não é notada em uma primeira leitura, pois é preciso que o leitor seja cativado e convencido de sua autoestima, de suas bravatas sobre o preguiçoso hedonismo, sua explícita preferência pela solidão, seu desgosto da civilização. Mas, factualmente, Huck está mergulhado até as orelhas na civilização. A fuga da sociedade é apenas sua maneira de atingir o que a sociedade idealmente sonha para si mesma. A responsabilidade é a própria essência de seu caráter, e talvez seja justo dizer que o original de Huck, companheiro de infância de Mark Twain que se chamava Tom Blenkenship, como Huck "escapara para o Território" só para se tornar um juiz de paz em Montana, "um bom cidadão, muitíssimo respeitado".

Huck tem, de fato, toda a capacidade de ser feliz, mas as circunstâncias e sua própria natureza moral fazem dele o menos despreocupado dos meninos – ele está sempre "suando" por causa dos problemas de alguma outra pessoa. Ele sente profundamente a tristeza da vida humana, e embora goste de ficar sozinho, as palavras "solitário" e "solidão" são frequentes em sua fala. A nota dessa sensibilidade especial é tocada logo no início de sua história:

> Bem, quando Tom e eu chegamos ao topo da colina, olhamos para baixo, para a vila, e pudemos ver três ou quatro luzes brilhando onde havia pessoas doentes, talvez; e sobre nós as estrelas brilhavam sempre, tão belas; e embaixo, perto da vila, estava o rio, com sua largura de 1,5 quilômetro, e terrivelmente tranquilo e grande.

A identificação das luzes das lâmpadas de cabeceira dos doentes define o caráter de Huck.

Sua simpatia é rápida e imediata. Quando o público do circo ri do homem aparentemente bêbado que tenta subir em seu cavalo, Huck sente-se mal: "Para mim, não era engraçado... Eu tremia todo, vendo o risco que ele corria". Ao aprisionar os pretensos assassinos no barco a vapor naufragado, seu primeiro pensamento foi o de saber como conseguiria arrumar alguém para socorrê-los, pois considerava "como era terrível, mesmo para aqueles assassinos, estar naquela situação. Eu me dizia que não podia saber se eu próprio não seria um assassino algum dia, e imaginava como me sentiria, então". Mas sua solidariedade nunca é sentimental. Quando, por fim, sabe que os assassinos não podem mais ser ajudados, não aceita um falso sofrimento. "Eu me senti um pouco de coração pesado por causa da gangue, mas não muito, pois lembrei que, se eles podiam suportar aquilo, eu também poderia." Tem uma genuína boa vontade e não precisa se torturar com contínuos pensamentos de culpa.

Um dos aspectos mais notáveis do sentimento de Huck em relação ao povo é que sua ternura sempre aparece com a ideia de que seus companheiros homens provavelmente serão perigosos e malvados. Viaja incógnito, nunca contando a verdade sobre si e nunca contando a mesma mentira duas vezes, pois não confia em ninguém e a mentira o conforta, mesmo quando não é necessária. Instintivamente sabe que a melhor forma de manter um grupo de homens afastado de Jim, na jangada, é pedir que subam a bordo para o ajudarem a cuidar de sua família, que está com varíola. E se ele não conhecesse bem a fraqueza, a estupidez e a covardia humanas, certamente logo as conheceria, pois todos os seus encontros já o haviam forçado a aprender isso – o conflito insensato entre os Graingerfords e os Shepherdsons, a invasão da jangada pelo Duque e pelo Rei, o assassinato de Boggs, o grupo de linchadores e o discurso do Coronel Sherburn. No entanto, seu profundo e amargurado conhecimento da depravação humana nunca o impede de tornar-se amigo de um homem.

Não há nenhum orgulho pessoal nisso. Ele sabe o que é *status* e, em geral, o respeita – realmente é uma pessoa muito *respeitável* e tende a gostar de "pessoas de qualidade" – mas ele próprio não é afetado por esse sentimento. Nunca teve *status*, sempre foi o mais humilde dos humildes, e a considerável fortuna que adquiriu em *As Aventuras de Tom Sawyer* nunca teve um caráter real para ele. Quando Duque sugere que Huck e Jim lhe prestem um serviço pessoal de acordo com sua categoria, Huck só comenta: "Bem, fizemos isso porque foi fácil fazer". Ele é insultado de todos os modos possíveis pelo Duque e pelo Rei, usado, explorado e manipulado, no entanto, ao ouvir que os dois personagens correm risco com a multidão, seu impulso natural é o de adverti-los disso. E quando fracassa em seu propósito e os dois homens são maltratados e amarrados a um trilho, seu único pensamento é, "Bem, passei mal ao ver isso, e tive piedade daqueles miseráveis bandidos, e parecia que nunca mais eu sentiria algo contra eles".

E se Huck e Jim formam na jangada uma comunidade de santos, é porque não têm nenhum orgulho de seu relacionamento. Mas isso não é de todo verdade, porque o único desentendimento que tiveram, uma vez, foi por um motivo de orgulho. Foi quando Jim e Huck ficaram separados pelo nevoeiro. Jim pensava que Huck estivesse morto e chorara, e depois, exausto, caíra no sono. Quando acorda e descobre que Huck havia voltado, sente imensa alegria. Mas Huck o convence de que ele só sonhara com o incidente, que não existira nenhum nevoeiro, nem separação, nem perseguição, nem reunião, e permite então que Jim elabore uma "interpretação" do sonho que acredita ter realmente tido. Então essa brincadeira é esquecida, e à luz do dia que surge Huck aponta para a pilha de folhas acumulada sobre a jangada e para o remo quebrado.

> Jim olhou para o monte de lixo, depois olhou para mim, e novamente para o lixo. O sonho se fixara de tal modo em sua cabeça que ele parecia não poder livrar-se dele e recolocar os fatos em seus devidos lugares. Mas quando, finalmente, conseguiu reorganizar a coisa ao seu redor, ele me olhou firmemente, sem o menor sorriso, e disse:
>
> "Que é isso tudo? Vou falar pra ocê. Quando eu tava moído de canseira, em vez de chamá ocê, fui durmi, meu coração tava todo quebrado porque ocê tava perdido, eu não sabia mais o que tava fazendo

na jangada. E quando acordei tava tudo bem, ocê tava de volta, salvo, comecei a chorá, eu podia joelhá pra bejá seus pés, agradecendo. E tudo que ocê tava pensando é que podia fazê o véio Jim de bobo com uma mentira. Esses troços aí é *lixo. E lixo é as pessoa que põe sujeira na cabeça dos amigo e humia eles"*.

Então ele foi erguido devagar e começou a caminhar até a cabana, e entrou nela sem dizer mais nada.

O orgulho implícito na afeição humana foi tocado, um das poucas manifestações de orgulho que têm verdadeira dignidade. E com sua expressão, totalmente se desfaz o último lampejo de orgulho de *status* de Huck, seu senso de importância como homem branco: "Passaram-se quinze minutos antes que eu pudesse me levantar para ir me humilhar perante um negro; mas consegui fazer isso, e nunca me arrependi do meu gesto, dali por diante".

Esse incidente é o início da prova moral e do desenvolvimento que um caráter moralmente sensitivo como o de Huck deve inevitavelmente suportar. E ele se torna um caráter heroico quando, pressionado por sua afeição, Huck descarta o código moral que sempre aceitara como óbvio, resolvendo ajudar Jim a fugir de sua condição de escravo. A intensidade dessa luta sugere como estava profundamente envolvido na sociedade que rejeita. O brilho satírico do episódio consiste, é claro, no fato de Huck resolver seu problema não por agir "certo", mas por agir "errado". Se consultasse sua consciência, que era a de um rapaz sulista em meados do século XIX, saberia que devia fazer Jim voltar para a escravidão. Assim que toma uma decisão de acordo com sua consciência e resolve informar Jim sobre isso, ele sente todas as calorosas emoções gratificantes da virtude consciente. "Ora, era algo espantoso que eu me sentisse imediatamente tão leve como uma pluma, com todos o sumiço de meus problemas... Eu me sentia bom e totalmente lavado do pecado pela primeira vez na minha vida, sabendo que agora poderia rezar." E quando afinal descobre que não pode suportar a decisão que tomara, que deveria sacrificar o conforto de um coração puro e ajudar Jim a fugir, não é por ter adquirido ideias novas sobre a escravidão – ele acha que detesta os abolicionistas. E quando lhe perguntam se a explosão da caldeira de um barco a vapor ferira alguém, responde: "Não, matou só um negro", e naturalmente não acha nada de errado no comentário "que sorte, porque às vezes há pessoas feridas". Ideias e ideais não podem ajudá-lo em sua crise moral. Ele não condena a escravidão mais do que Tristão e Lancelot condenavam o casamento; ele é tão conscientemente *malvado* quanto qualquer amante ilícito de romances e consente em ser amaldiçoado por uma devoção pessoal, nunca questionando a justiça do castigo em que incorreu. *Huckleberry Finn* foi proibido em certas bibliotecas e escolas, devido a uma pretensa subversão da moralidade. As autoridades achavam que o livro continha mentiras endêmicas, pequenos roubos, calúnias contra a respeitabilidade e a religião, linguagem má e má gramática. Hoje sorrimos dessa preocupação extrema, no entanto factualmente o livro é de fato subversivo – ninguém que leia e reflita sobre a dialética da grande crise moral de Huck será capaz de voltar a aceitar sem questionar e sem de alguma forma ironizar a respeitável moralidade pela qual vive, nem jamais estará certo de que os preceitos nítidos da razão moral não sejam meramente as crenças costumeiras de seu tempo e de seu lugar.

Decerto não deixaremos de notar em *Huckleberry Finn* o sutil significado moral implícito do grande rio. E possivelmente entenderemos que essas implicações morais têm a ver só com sua conduta pessoal e individual. E uma vez que a soma da mesquinharia individual, em seu todo, é muito constante, poderemos pensar que o livro se aplica à humanidade em geral e em todos os lugares e a todas as épocas, e que poderá ser apreciado como uma obra "universal". E realmente é apreciado como tal. Mas como acontece com muitos livros aos quais são aplicados grandiosos adjetivos, ele é também local e particular. Refere-se em particular à moralidade dos Estados Unidos no período pós-Guerra Civil. Foi então que, na frase de T. S. Eliot, o rio foi esquecido, e precisamente pelos "habitantes das cidades", pelos "adoradores das máquinas".

A Guerra Civil e o desenvolvimento das ferrovias encerraram o período dos grandes dias em que o rio era a artéria central da nação. Nenhum contraste foi mais comovente do que o que se estabeleceu entre a energia quente e turbulenta da vida do rio na primeira parte de *Life on the Mississippi* e a melancólica reminiscência da segunda parte. E a guerra que trouxe o fim dos dias ricos do Mississípi também marcou uma mudança na qualidade de vida nos Estados Unidos, que, para muitos, consistia em uma deterioração dos valores morais americanos. Naturalmente é um mau hábito ficar lembrando o passado para descobrir se foi um tempo melhor e mais inocente do que o presente. No entanto, neste caso parece haver uma base objetiva para esse julgamento. Não podemos desconsiderar o testemunho de homens tão diversos como Henry Adams, Walt Whitman, William Dean Howells e o próprio Mark Twain, para mencionar só alguns do muitos que concordavam sobre esse ponto de vista. Todos falaram de algo que desaparecera da vida americana depois da guerra, uma simplicidade, uma inocência, alguma paz. Nenhum deles tinha ilusões sobre a quantidade de maldade humana comum que havia nos tempos antigos anteriores, e Mark Twain também não partilhava ilusões. A diferença estava na atitude pública, nas coisas que então eram aceitas e vistas como respeitáveis no ideal nacional. Todos sentiam que ela estava conectada com as novas emoções relativas ao dinheiro. Como dizia Mark Twain, enquanto antigamente "as pessoas haviam desejado o dinheiro", agora "caíam de joelhos e o adoravam". O novo evangelho era "Ganhe dinheiro. Ganhe dinheiro rapidamente. Tenha muito dinheiro. Em prodigiosa abundância. Faça isso de modo desonesto, se puder, e honesto, se tiver de agir assim".[3]

---

[3] *Mark Twain in Eruption* ["Mark Twain em Erupção"], publicado por Bernard de Voto.

Quando a Guerra Civil terminou, o capitalismo havia se estabelecido. A influência relaxante da fronteira atingia seu fim. Os americanos tornavam-se gradualmente "habitantes das cidades" e "adoradores da máquina". O próprio Mark Twain tornou-se uma parte notável desse novo regime. Ninguém adorou tanto a máquina mais do que ele, ou como ele pensava fazer – arruinou-se por sua devoção pela máquina de tipos Paige, com a qual esperava acumular uma fortuna maior mesmo do que a obtida com sua escrita, e entoou os louvores da idade da máquina em *Um Ianque na Corte do Rei Artur*. Associou-se intimamente com as personalidades dominantes dos homens de negócios americanos. Ao mesmo tempo, porém, odiava o novo modo de vida e guardou textos amargurados sobre seu desprezo, comentando a baixa moralidade ou o mau gosto dos homens que estavam modelando o ideal e dirigindo o destino da nação.

Mark Twain dizia que *Tom Sawyer* era "simplesmente um hino escrito em forma de prosa para lhe dar um ar mundano". Poderia ter dito a mesma coisa, e com mais razão, de *Huckleberry Finn*, que é um hino a um país mais antigo e para sempre desaparecido, um país que tinha suas grandes faltas nacionais, que era cheio de violência e mesmo de crueldade, mas que mantinha seu senso de realidade, pois ainda não era dominado pelo dinheiro, o pai das supremas ilusões e mentiras. Contra o deus-dinheiro apresenta-se o deus-rio, cujos comentários são silenciosos – a luz do sol, o espaço, o tempo não saturado, a tranquilidade, o perigo. Era esquecido rapidamente, uma vez que sua utilidade prática passasse, mas, como diz o poema de Eliot, "O rio está dentro de nós...".

Huckleberry Finn é uma obra quase perfeita, em sua forma e em seu estilo. Só um erro foi achado uma vez nela, o de concluir com o jogo elaborado, demasiado elaborado por Tom Sawyer, da fuga de Jim. Esse episódio por certo é longo demais – no rascunho original era ainda mais longo e certamente é um anticlímax, como qualquer outra coisa também seria, depois dos incidentes ocorridos no rio.

Tem, contudo, certa aptidão formal – como, digamos, a da iniciação turca que conduz *O Burguês Fidalgo,* de Molière, a seu final. É uma espécie de desenvolvimento mecânico de uma ideia, e no entanto necessita de algum dispositivo que permita a Huck voltar a seu anonimato, a desistir de seu papel de herói, a cair no ambiente que prefere, pois ele é modesto em todas as coisas e não toleraria bem a atenção e o charme que recaem sobre um herói no fim de um livro. Nada poderia servir melhor a esse propósito do que a mentalidade de Tom Sawyer, com seus elementos literários, seu desejo romântico consciente da experiência e do papel de herói, e sua inteligente esquematização da vida, para atingir esse objetivo.

A forma do livro baseia-se na mais simples de todas as formas do romance, o chamado "romance picaresco" ou romance de estrada, que amarra seus incidentes na linha das viagens feitas pelo herói. Mas, como diz Pascal, "rios são estradas que se movem", e o movimento da estrada em sua própria vida misteriosa transmuta a primitiva simplicidade da forma: a estrada em si é o maior personagem desse tipo de romance, e as partidas e os retornos do herói do rio compõem um padrão significativo e sutil. A simplicidade linear do romance picaresco é mais modificado ainda pelo fato de a história ter nítida organização dramática: ele tem início, meio, e fim, e um suspense interessante.

Quanto ao estilo do livro, ele é definitivo na literatura americana. Sua prosa estabeleceu as virtudes do discurso coloquial americano para a prosa escrita. O que não tem nada a ver com a pronúncia ou com a gramática. Só com a estrutura da frase, que é simples, direta e fluente, mantendo o ritmo dos grupos de palavras do discurso e as entonações da fala.

Quanto à linguagem, a literatura americana tinha um problema especial. A jovem nação tendia a pensar que a marca do verdadeiro produto literário era uma grandiosidade e uma elegância que não são encontradas no discurso comum. Isso encorajava, portanto, a formação de um abismo maior, entre seu vernáculo e sua linguagem literária, do que seria permitido pela literatura inglesa do mesmo período. O que explica algumas notas falsas que se ouvem às vezes nas obras de nossos melhores escritores da primeira metade do século XIX. Os escritores ingleses do mesmo período nunca teriam cometido os lapsos de excessos retóricos comuns em Cooper e Poe, e que podem ser encontrados até mesmo em Melville e Hawthorne.

No entanto, no mesmo período em que a linguagem da literatura ambiciosa era elevada e sempre corria o risco da falsidade, o leitor americano se mantinha muitíssimo interessado na atualidade da fala diária. Nenhuma literatura, de fato, teve tanto interesse nas questões do discurso como a nossa. O "dialeto" que atraía até mesmo nossos escritores sérios tornou-se o terreno comum aceito de nossa escrita popular humorística. Nada, na vida social, parecia tão notável quanto as diferentes formas que o discurso cotidiano podia assumir – a algaravia do imigrante irlandês ou a pronúncia ruim do alemão, a "afetação" do britânico, a precisão reputada do bostoniano, o anasalado lendário do fazendeiro ianque, o arrastado do homem de Pike County. Mark Twain, naturalmente, pertencia à tradição do humor que explorava esse interesse, e ninguém conseguia usá-lo tão bem quanto ele. Embora hoje os dialetos cuidadosamente reproduzidos do humor americano do século XIX provavelmente nos pareçam bastante enfadonhos, as sutis variações de falas em *Huckleberry Finn*, das quais Twain se orgulhava, fazem parte ainda do sabor e da vivacidade do livro.

Com seu conhecimento da fala real do americano, Mark Twain forjou uma prosa clássica – adjetivo que pode parecer um pouco estranho, mas é justo. Se forem desconsiderados os erros de ortografia e de gramática, essa prosa parecerá se mover com a maior simplicidade, diretamente, com lucidez e graça. Essas qualidades não são absolutamente acidentais. Mark Twain, que era grande leitor, tinha um interesse apaixonado pelo problema do estilo; a marca da mais estrita sensibilidade literária encontra-se sempre na prosa de *Huckleberry Finn*.

Era essa prosa que Ernest Hemingway tinha em mente quando disse que "toda a moderna literatura americana vem unicamente de um livro de Mark Twain chamado *Huckleberry Finn*". A prosa de Hemingway surge direta e conscientemente dele; e a mesma coisa acontece com a prosa dos dois escritores modernos que mais influenciaram o estilo usado por ele no início de sua carreira, Gertrude Stein e Sherwood Anderson (embora nenhum deles pudesse manter a pureza robusta de seu modelo). Isso vale também para a prosa de William Faulkner, a qual, como a de Mark Twain, reforça a tradição coloquial com a tradição literária. Realmente, podemos dizer que quase todos os escritores americanos contemporâneos que tratam conscienciosamente dos problemas e das possibilidades da prosa devem sentir, direta ou indiretamente, a influência de Mark Twain. Ele é o mestre do estilo que foge da rigidez da página escrita para soar em nossos ouvidos com o imediatismo da voz ouvida, a própria voz da verdade despretensiosa.

Capítulo 7 | Kippling

Kipling pertence irrevogavelmente a nosso passado, e embora a renovada atenção crítica que ultimamente lhe tem sido dada por Edmund Wilson e T. S. Eliot seja mais amigável e mais interessante do que qualquer uma das outras que costumava receber durante muito tempo, é mais capaz de reviver as lembranças que temos dele do que de nos fazer rever nossas opiniões. Mas essas lembranças, quando revividas, serão fortes, pois se Kipling pertence a nosso passado, na realidade pertence a ele de uma forma muito firme, bem sedimentada nos nossos sentimentos infantis. E em especial para os liberais de certa idade ele deve ser sempre uma figura interessante, pois exerceu uma influência sobre nós naquela parte obscura e importante de nossa mente em que o sentimento literário e a atitude política se encontram. Efeito tanto maior por ter sido experimentado tão cedo; e então, para muitos de nós rejeitá-lo foi a primeira decisão político-literária que tivemos de tomar.

Meu relacionamento com Kipling foi intenso e, creio, típico. Começou, adequadamente, com a leitura de O *Livro da Selva*. Foi meu primeiro livro escolhido independentemente e avidamente lido, minha primeira descoberta literária, e maravilhosa, porque eu dera com ele em uma "coleção" de livros para adultos, um dos dez volumes verdes da Century Edition que costumavam ser encontrados em muitas casas. (Essas "coleções" saíram de moda, o que foi um golpe contra a educação literária dos jovens, que, uma vez fisgados por um autor, permaneciam leais a ele até que tivessem lido suas obras quilometricamente.) Os prazeres proporcionados por *O Livro da Selva* eram numerosos e importantes. Acho que o totemismo animal residual de todo garoto era satisfeito; havia as maravilhosas mas plausíveis habilidades de Mogli; havia inimizades mortais e grandiosas vinganças, estranhas e tragicamente reais. E aquele era um mundo povoado por pais maravilhosos, não só o Pai e a Mãe Lobos, mas também – os pais eram muito mais numerosos do que as mães – Baguera, a pantera; Balu, o urso; Hathi, o elefante; e a terrível mas decente Kaa, a píton, todo um conselho de força e sabedoria que era tão benigno quanto perigoso. Sem dúvida, muito do deleite que sentíamos vinha da descoberta da benignidade desse mundo de feras. Depois, vinha a fascinação do Pack e de sua Lei. Não é exagero dizer que dessa maneira um menino tinha sua primeira introdução a uma noção generalizada de sociedade. Era uma noção carregada de sentimentos – a Lei era misteriosa, firme, certa, nobre, admirável em cada aspecto, superando qualquer regra dada pelo lar ou pela escola.

Misturado com esse sentimento a respeito do Fardo e da Lei, e expressando-o perfeitamente, estava o efeito da linguagem gnômica de Kipling, tanto em prosa quanto em verso, pois não se podia pular completamente os versos que apareciam com a prosa e que nos levavam a confiar nas *Barrack Room Ballads* [Baladas de Acampamento] em uma época em que não se confiava ainda em qualquer outro tipo de poesia. Essa qualidade gnômica de Kipling, aquele tipo de alusão que mais tarde passou a ser considerada meramente vulgar, era, quando experimentada pela primeira vez, uma coisa prazerosa. Entendendo as elipses e as alusões de Kipling, partilhávamos o que era o seu principal prazer, a alegria de estar "dentro", de "pertencer". Max Beerbohm satirizava o desejo de Kipling de ser admitido a qualquer núcleo profissional, sua admiração servil pelos homens uniformizados, homens que conheciam seus ofícios e o jargão técnico. Era a emoção de um menino – que anseia por frequentar os círculos exclusivos, pelo segredo que tem uma senha, e admira profundamente os adultos técnicos, repletos de segredos, que dominam o mundo, as pessoas superativas, majestosas em suas ocupações, soberbas em suas preocupações, o engenheiro rígido e o encanador cuidadoso.

Kipling permaneceria fiel durante toda a sua vida a essa emoção, desenvolvida muito além do alcance de um menino, o que às vezes o tornou tedioso e tolo. Mas um menino que lesse Kipling tenderia a achar muito adequado esse sentido do arcano – expresso, por exemplo, em *Plain Tales from the Hills* [Contos Simples das Montanhas] como a própria essência da vida adulta. O próprio Kipling não era muito mais que um rapaz quando escreveu essas notáveis histórias – notáveis porque, por mais que sejam julgadas, nunca se esquece nem a menor delas. E Kipling viu o mundo adulto repleto de rituais de iniciação, de portas fechadas e ouvintes atrás delas, concílios, conferências íntimas, conspirações, nuances, e um conhecimento todo especial. O livro teve um impacto grande e certamente, como uma introdução à literatura, foi contrário a todas as nossas presentes teorias educacionais, segundo as quais uma criança não deveria em absoluto ficar chocada, mas só deveria ler sobre o que já conhece pela experiência. Mas houve quem usasse o livro como uma espécie de código algébrico, quem descobrisse o sentido de coisas desconhecidas por meio das conhecidas, e exatamente como houve quem aprendesse adequadamente, sem uma definição, o que era um *sais*, ou um *dâk-bungalow*, e qual era o significado de *pukka*, houve também quem penetrasse no que se passou entre os Gadsbys e entendesse por que a senhora Hauksbee seria encantadora e a senhora Reiver não. O tom crítico superior de Kipling era na realidade um convite a se entender tudo isso – sugeria, em primeiro lugar, que o segredo devia ser guardado não em relação à própria pessoa, mas também a todos, para sugerir depois que, em vez de ser guardado, devia ser revelado, se alguém se dispusesse a decifrá-lo. E essa elaborada maneira era um convite a se estar "dentro" não só da vida mas também da literatura; seguir suas pistas com uma vontade de ter sucesso era se tornar um iniciado na literatura, um Past Master, um esnobe do esotérico Mistério da Palavra.

"Ofício" e "artesanato" eram palavras que Kipling amava (sem dúvida estavam conectadas com sua profunda ligação com a maçonaria), e quando ele as usava, abrangia simultaneamente todos os seus vários significados – esperteza, uma técnica especial, uma técnica especial *secreta*, transmitida só por um mestre, e a ligação que um usuário dessa técnica teria naturalmente com outro. Esse sentimento sobre o Ofício, o Mistério, foi desenvolvido por Kipling e coloriu suas ideias políticas e mesmo suas ideias cosmológicas, para o pior, mas a um menino poderia sugerir a virtude do comprometimento profissional desinteressado. Se acontecia de alguém se apaixonar pelo culto da arte, não era por ter sido doutrinado por algum francês inteligente, mas por ter absorvido os princípios de Kipling sobre as virtudes do ofício, e por ter lido *The Light that Failed* [A Luz que Falhou] literalmente.

Essas são coisas que certamente devemos fazer entrar no balanço do que devemos a Kipling – essas e umas poucas mais. Para garotos de classe média ele forneceu uma sanção literária para a admiração das partes iletradas e ineptas da humanidade. Ele foi o primeiro a sugerir o que pode ser chamado de visão antropológica, a percepção de que a ideia de virtude e de honra de um outro homem pode ser diferente da nossa, mas merecedora de todo respeito. Devemos lembrar disso quando condenamos seu imperialismo despreocupado. Os indianos, naturalmente, não têm paciência alguma com Kipling e condenam até seu melhor livro, *Kim*, dizendo que mesmo nele, onde sua devoção à vida indiana é mais expressa, ele representa falsamente o povo indiano. Talvez isso seja verdade, mas as emoções dominantes em *Kim* são o amor e o respeito pelos aspectos da vida indiana que o *éthos* do Ocidente em geral não vê sequer com leniência. *Kim* estabeleceu o valor de coisas que um menino provavelmente não veria aprovadas em qualquer outro lugar – as coisas rançosas, engorduradas, demasiado enfeitadas, a vida que era válida fora dos conceitos de ordem, sucesso e nobreza. O livro sugeria não só uma multidão de diferentes modos de vida mas até diferentes modos de pensar. Assim, fosse lá o que fosse que se sentisse pessoalmente sobre religião, uma leitura de *Kim* não poderia deixar de estabelecer a realidade factual da religião, não como um pietismo, que era a aparente extensão de sua existência no Ocidente, mas como a que estava nas próprias raízes da vida; em *Kim,* víamos o mito sendo formado diante de nossos próprios olhos e entendíamos como e por que fora feito, e assim, se mais tarde tivéssemos a boa sorte intelectual de lembrar dele, não teríamos mais nada a dizer sobre a história e a cultura, a não ser algo que fosse derivado de nossa própria experiência. *Kim,* como *O Livro da Selva,* está cheio de pais maravilhosos, todos homens dedicados, de suas diferentes maneiras, cada um representando uma possibilidade diferente de existência; e o encanto de cada um deles é sempre o maior de todos, já que o menino não precisa se comprometer com um único deles – como o próprio Kim, ele poderá seguir Mahbub Ali pela esperteza e pela sensualidade dos mercados, ser iniciado pelo coronel Creighton no frio encanto da Razão de Estado, e contudo também fazer de si próprio o filho do lama, o padre supremo da contemplação e da paz.

E então, um garoto de uma grande escola de Nova York podia descobrir um abençoado alívio do ofensivo espírito da escola a respeito do "serviço" e do "caráter", no zombador individualismo de *Stalky & Co.* Mas foi com esse livro que o encanto foi rompido por H. G. Wells e de maneira bastante significativa. Em seu *Uma Breve História do Mundo,* Wells ligou os feitos de Stalky, McTurk e Beetle com o imperialismo britânico, caracterizando ambos de uma forma que fez ver como estávamos querendo aceitar a grosseria, a arrogância e a brutalidade. Nosso desencantamento cresceu a partir disso. Justamente por Kipling ter sido tão envolvido com a nossa meninice, estávamos prontos a abandoná-lo na nossa adolescência. O liberalismo de Wells predominou, e Shaw apresentou um novo romance, espirituoso e inteligente. O novo movimento literário apareceu para fazer que Kipling parecesse inconsequente e pueril, para exigir que ele fosse descartado como autor oficial, e, como então se dizia, para que nossos objetivos fossem mais estéticos e emocionais que políticos, "burgueses". Ele deixou de ser o herói da vida e da literatura e tornou-se um vilão, embora uma gratidão natural mantivesse verdejante a lembrança do prazer que ele nos dera.

Mas o mundo mudou muito desde o tempo em que o antagonismo entre Kipling e o Iluminismo estava no auge, e muitas coisas intelectuais e políticas mudaram de seus antigos lugares. O liberalismo de Wells e Shaw há muito perdeu sua ascendência, e realmente em seus desenvolvimentos posteriores mostrou o que nunca poderia ter sido previsto antigamente, uma afinidade real com certos elementos da constelação de ideias do próprio Kipling. E agora, quando, no ensaio que serve de introdução à sua seleção da poesia de Kipling, T. S. Eliot fala da "fascinação de explorar uma mentalidade tão diferente da nossa", ficamos surpresos ao ver que as semelhanças entre as duas mentes não são menos chocantes do que suas diferenças. Certamente o tempo fez seu habitual mas sempre dramático trabalho de erodir nossas nítidas noções de antagonismo cultural, quando Kipling pode ser julgado como, de qualquer forma, semelhante a Eliot. Contudo, quando Eliot fala da intenção pública e da tradição de espetáculo musical que há nos versos de Kipling, quem quer que tenha ouvido alguma gravação de Eliot depois de ler seu poema *A Terra Desolada*, notará o quanto seu poema visa a aprovação do público, que tem uma forma que é mais adequada para o público ou para o púlpito do que para um estúdio, e ao ver o quanto a transcrição do dialeto *cockney* em algumas passagens sugere que foram criadas para o *music-hall*, e por tornar tão explícito o uso que o poeta faz de sua voz para transmitir a ideia de uma música que provavelmente pensaremos ser interna e secreta. É também significativo que entre os temas dominantes tanto em Kipling quanto em Eliot estejam o desespero e o medo de um horror psicológico inominável. Politicamente eles compartilham uma confiança excessiva na administração e na autoridade. Têm o mesmo senso de confusão e de traição, de parte da multidão ignóbil; Kipling inventou e elaborou a imagem do Pict, um homenzinho sombrio e odioso, "pequeno demais para amar ou odiar" e que, se deixado sozinho, "pode arrastar o Estado para baixo"; e essa figura desempenha um papel bem conhecido na poesia de Eliot, e é para ambos os poetas o estímulo para a xenofobia patológica.

A apologia literária feita por Kipling consiste em nos pedir para o julgarmos não como um poeta deficiente, mas como um admirável escritor de versos. Seguem-se a isso definições de certa engenhosidade, mas a distinção entre poesia e versos não vai além, realmente, da antiga e inadequada – creio que o próprio Eliot a rejeitou – que Matthew Arnold estabeleceu ao escrever sobre Dryden e Pope. Não posso ver a utilidade dessa distinção; não posso sequer ver algum perigo crítico nela; e quando Eliot diz que os versos de Kipling tornam-se às vezes poesia, parece-me que verso, no sentido presente dado por Eliot, é simplesmente uma palavra usada para denotar a poesia de uma espécie particular, na qual certas intensidades são bastante baixas. Atualmente, é verdade, não estamos conscientes o suficiente dos prazeres da poesia de baixa intensidade, pela qual, à nossa maneira moderna, provavelmente queremos definir a poesia em que os processos do pensamento não sejam divulgados como provenientes de alta pressão, pelos meios elípticos ou tangenciais da metáfora e da alta sintaxe. Crabbe, Cowper e Scott são rejeitados por não serem Donne ou Hopkins ou o próprio Eliot, nem mesmo poetas de importância muito menor do que a desses. E sem dúvida Chaucer seria depreciado pelos mesmos motivos, se hoje em dia estivéssemos conscientes de seu trabalho. Eu acolheria bem a opinião de Eliot se falasse de maneira genérica, defendendo a admirável, e na minha opinião necessária, tradição da poesia de baixa intensidade. Mas, definindo-a como de espécie diferente da poesia de alta intensidade, e dando-lhe um nome particular, que pode só expressar um sentimento de inveja, ele nos afastou mais nitidamente de suas virtudes.

Kipling, então, deve ser considerado um poeta. Visto assim, raramente poderia classificar-se muito alto, embora muito possa ser dito em seu favor. Em duas noites, ou mesmo em uma só noite muito longa, pode-se ler toda a volumosa parte de poesia de sua *Obra Completa*, na qual Eliot baseou sua seleção, sem ficar cansado, em parte porque não se consegue ficar envolvido nem desinteressado, pois Kipling era um homem muito bem dotado. Teremos momentos de admiração, às vezes mesmo de involuntária admiração, e até desejaremos que Eliot houvesse incluído em sua seleção certos poemas que preferiu descartar. Com frequência ficaremos irritados pela truculência, e, às vezes, nos divertiremos com sua inconsciência – quem, senão Kipling, poderia jactar-se da contenção estilística própria dos ingleses? Carlyle, apregoando as virtudes do Silêncio, é nada, comparado a ele – mas, quando terminamos de ler, nos sentimos mais inclinados a condená-lo do que a ter pena dele: a constante repetição do desafio teria sido iluminada por uns poucos poemas que atingem o medo e o horror, dos quais Wilson fala bastante e que também são referidos por Eliot; sentimos que os muros da ira e os bastiões do império estão sendo levantados contra a ameaça da mente a si própria. É uma coisa real, quer a consideremos má, quer boa, e sua força de realidade parece mais crescer do que diminuir na memória, parece ser maior depois de terminar a leitura; a qualidade dessa realidade é a que atribuímos às coisas elementares e primitivas, e, apesar de julgá-las segundo nossa vontade, não ousamos ser indiferentes ou superiores a elas.

Falando sobre as ideias políticas de Kipling, Eliot contentava-se em negar que ele fosse um fascista – era um *tory*, um conservador, dizia, o que era muito diferente, pois um *tory* considera o fascismo a última degradação da democracia. Mas isso, acho, não é muito inteligente da parte de T. S. Eliot. Um conservador não é certamente um fascista, e Kipling não devia ser chamado de fascista, mas nem poderia seu temperamento político ser descrito apenas em referência a uma tradição que é honrada pelo dr. Johnson, por Burke, por Walter Scott. Kipling não é parecido com eles; não é generoso, e, embora encha a boca falando de virilidade, não é viril: e não tem nada da *mente* dos poucos conservadores importantes. Seu conservadorismo com frequência continha um sinal da nobreza fracassada que é próprio da baixa classe média, e é isso, mais do que seu amor pela autoridade e pela força, que poderia sugerir uma afinidade sua com o fascismo. Seu imperialismo é repreensível não por ser imperialismo, mas por ser um imperialismo insignificante e leviano. Resumindo, Kipling é não amado e não amável, não por suas crenças, mas por seu temperamento, que deu às suas crenças uma expressão literária.

Tenho dito que o velho antagonismo entre o liberalismo e Kipling está desgastado pelo tempo e pelos eventos, contudo vale ainda dizer, sem ser extravagante, que Kipling foi uma das maiores desgraças do liberalismo. John Stuart Mill, quando convocou todos os liberais para estudarem o conservador Coleridge, disse que deveríamos rezar para ter inimigos que nos façam ser dignos de nós mesmos. Kipling era um inimigo que provocava o efeito oposto. Ele tentava os liberais a se contentarem com vitórias fáceis relativas a sentimentos certos e autocongratulações morais. Por exemplo, a força do conservadorismo da melhor espécie está no fato de descender de uma tradição administrativa sólida, ao passo que a fraqueza do liberalismo, surgindo de sua história de confiança na legislação, com muita probabilidade está na ideia nebulosa que tem sobre a administração (ou então, quando essa névoa se dissipa um pouco, uma ideia fantasiosa e absoluta de administração, como a criada por Wells e Shaw). A simpatia de Kipling estava sempre com o administrador, e suas suspeitas caíam logo sobre o legislador. Se isso é uma tolice, não é o erro mais repreensível do mundo, é um preconceito que, nas mãos de um homem inteligente, digamos como Walter Bagehot ou Fitzjames Stephen, poderia esclarecer para o homem que preza princípios teóricos, para o liberal, quais são as dificuldades não só de governar mas da *governança*. E foi isso o que Kipling se dispôs a fazer, mas sobrecarregou de tal forma sua demonstração com ódio e desprezo, com rancor e sentimento de classe, e esvaziou a honrosa tradição conservadora de seu conteúdo intelectual, que simplesmente não pôde ser ouvido, nem acreditado, só sofreu reações contrárias. Sua extravagância surgia de seu ódio do liberal intelectual –, ele era, devo lembrar, o agressor, no conflito –, e o liberal intelectual respondia odiando tudo quanto Kipling amava, mesmo quando havia nele um elemento de virtude e de iluminação.

Não devemos errar: Kipling era um homem honesto e amava as virtudes nacionais. Acho, porém, que nenhum outro homem tenha causado tanto mal às virtudes nacionais quanto Kipling. Ele as misturava com pretensão e jactância, com provocação, grosseria e autojustificação, e as definiu como necessariamente antagônicas ao intelecto. Ele fez que elas fedessem nas narinas da juventude. Lembro que em meu tempo de estudante de ensino médio tínhamos o hábito de excluir especificamente a coragem física das virtudes; exagerávamos o espírito de pilhéria de Shaw, reagindo contra Kipling. E até no tempo da guerra eu mantive uma luta de um ano com outros estudantes, a respeito do poema de Wordsworth "The Character of the Happy Warrior" [O Caráter do Guerreiro Feliz], que é o respeitável pai, creio, do pródigo "Se".[1] Os estudantes achavam que era demasiado moral e viril, e uma vez observei que John Wordsworth aparentemente tinha sido apenas um homem como seu irmão o descrevera, e falei sobre sua morte corajosa, cumprindo seu dever, no mar – eles me responderam prontamente que não estavam impressionados com isso. Não era o que a maioria deles realmente pensava, mas a ideia da coragem e do dever fora infundida neles diretamente do tonel de Kipling, e eles

---

[1] A guerra acabou, mas a luta prosseguiu.

a rejeitavam no seu todo. Na Inglaterra, parece que essa resposta teve alcance ainda maior.[2] E quando a guerra foi declarada, o fenômeno interessante e comovente do culto a Richard Hillary, descrito por Arthur Koestler, foi o esforço feito pelos jovens ingleses para descobrirem as virtudes nacionais sem a coloração que Kipling lhes dera, para conhecerem e resistirem aos seus inimigos sem autoglorificação.

Em nosso tempo, a ideia de nação tornou-se ambígua e debilitada em todo o mundo, ou pelo menos em todos os lugares onde não é reforçada por governos brutais, ou onde não é alimentada pelo perigo imediato ou pela tirania de outras nações. Os homens cada vez mais pensam que será melhor afirmar sua lealdade à sua classe, ou à ideia de uma organização social mais abrangente do que à de nação, ou a uma pátria ideal, cultural ou espiritual. Contudo, no ataque que foi feito à ideia nacional, há, segundo se supõe, certos motivos que não são expressos, e que têm menos a ver com a razão e a ordem do que com o moderno impulso de dizer que a política não é absolutamente uma atividade humana adequada. A relutância a ser leal a qualquer organização social, que por pouco não se torna uma espécie de organização social do futuro, pode demonstrar um desgosto que não é tanto com a simples vida nacional, mas sim com a própria vida cívica. De um ponto de vista mais otimista, há também algo que deve ser dito em relação às nações – o processo contra elas ainda não foi concluído. É claro que na literatura nada mais é dito; cada protesto de orgulho, amor ou fé nacional soa falso e serve apenas para reforçar a tendência à rejeição, como é o caso das respostas a Kipling. No entanto, ele próprio, uma vez, conseguiu tratar com sucesso do tema nacional, e fazendo isso desvendou o motivo de seu fracasso geral – o hino "Recessional"[3] é notável e talvez seja também um grande poema

---

[2] O ensaio de George Orwell sobre Kipling, em *Dickens, Dali and Others*, trata de maneira direta mas imparcial das implicações de um desprezo fácil, "liberal" e "estético" por *tudo* o que Kipling representava.

[3] Hino que costuma ser cantado depois do ofício religioso protestante. (N. T.)

nacional; o que contém de humildade e temor, em um momento de sucesso nacional, sugere que a ideia de nação, embora seja indubitavelmente limitada, ainda é bastante poderosa para exigir que seja tratada com certa seriedade e amor pela verdade. Mas é excepcional na obra de Kipling, o qual, pelas características expressões de suas ideias, colaborou mais do que qualquer outro escritor do nosso tempo para desacreditar a ideia de nação.

Capítulo 8 | A Ode à Imortalidade

I

A crítica, como sabemos, deve sempre se ocupar do poema em si. Mas não é sempre que um poema existe unicamente em si: às vezes ele tem uma existência muito viva em suas aparências, falsas ou parciais. Esses simulacros do poema real devem ser levados em consideração pela crítica; e, às vezes, em seus esforços para chegar ao poema como ele realmente é, a crítica faz bem em permitir que os simulacros ditem pelo menos seus movimentos de abertura. Para falar da "Ode: Vislumbres da Imortalidade Vindos da Primeira Infância", de Wordsworth, eu gostaria de começar pela consideração de uma interpretação do poema feita com frequência.[1] De acordo com essa interpretação – escolhi, pela sua brevidade, uma formulação de Dean Sperry da visão que é mantida por muitos outros admiráveis críticos –, a "Ode" é "o adeus consciente de Wordsworth à sua arte, um hino fúnebre cantado sobre a extinção do seu talento".

Como essa interpretação – a meu ver errônea – foi feita? A "Ode" realmente pode ser citada para substanciá-la, mas não acho que essa visão tenha sido extraída diretamente do próprio poema. É certo que

---

[1] Citado de acordo a edição brasileira: William Wordsworth, *O Olho Imóvel pela Força da Harmonia*. Trad. Alberto Marsicano e John Milton. São Paulo, Ateliê, 2007. (N. T.) [Os editores agradecem a John Milton por gentilmente autorizar-nos a reprodução de sua tradução aqui.]

a "Ode" não é inteiramente clara. O próprio Wordsworth parece tê-la considerado difícil, pois nas notas de Fenwick ele fala da necessidade de o leitor ser competente e atento em sua leitura. A dificuldade não está na dicção, que é simples, ou mesmo na sintaxe, que às vezes é obscura, mas antes em certas declarações contraditórias que o poema faz e na ambiguidade de algumas de suas palavras cruciais. No entanto, a interpretação errônea de que estou falando não surge de uma dificuldade intrínseca do próprio poema, mas antes de certos pressupostos externos e inexpressivos que alguns de seus leitores fazem sobre a natureza da mente.

Atualmente, não é difícil para nós entendermos que tais pressupostos tácitos sobre os processos mentais possivelmente se escondem por trás do que dizemos sobre a poesia. Em geral, apesar da consciência que temos de sua existência, necessitamos fazer grande esforço para trazer tais pressupostos explicitamente à nossa consciência. Mas, falando de Wordsworth, uma das ideias inexpressas mais comuns nos vem superficialmente à mente, necessitando apenas ser conhecida e nomeada. Refiro-me à crença de que a poesia é feita por meio de uma particular faculdade poética, que pode ser isolada e definida.

É essa crença, baseada inteiramente em uma hipótese, que subjaz a todas as especulações dos críticos que tentaram nos fornecer uma explicação sobre o declínio poético de Wordsworth, atribuindo-o a um ou outro evento qualquer de sua vida. Realmente, essa explicação é uma forma de se *definir* a faculdade poética de Wordsworth: o que seus biógrafos críticos nos dizem é que ele escreveu poesias importantes usando um talento que dependia de seu relacionamento com Annette Vallon, ou que agia só enquanto ele admirava a Revolução Francesa, ou que florescia em virtude de um particular acúmulo de sensibilidade juvenil, ou então de certa atitude relativa à crítica de Jeffrey, ou de certo relacionamento com Coleridge.

Ninguém pode fazer razoavelmente objeções à ideia da determinação mental, em geral, e eu certamente não tenho a intenção de dizer que a poesia é uma atividade incondicional. Ainda assim, essa ideia particular da determinação mental que implica que o gênio de Wordsworth falhou ao se ver privado de uma única circunstância emocional é simples demais, e demasiado mecânica para que eu ache que devemos inevitavelmente rejeitá-la. Decerto o que sabemos sobre poesia não nos permite atribuir sua realização a uma única faculdade. Sua origem não pode ser atribuída a nada menos do que à mente total, ou ao ser humano total. E esse era o ponto de vista de Wordsworth sobre o assunto.

Há outra suposição não substanciada que age na interpretação biográfica comum da "Ode". É a crença de que há uma guerra natural e inevitável entre a faculdade poética e a faculdade pela qual concebemos ou compreendemos ideias gerais; o próprio Wordsworth não acreditava nesse antagonismo – na verdade, seu ponto de vista era quase o contrário dele –, mas Coleridge pensava que a filosofia se encravara nele e destruía seus próprios dons, e os críticos que especulam sobre o destino artístico de Wordsworth parecem preferir a psicologia de Coleridge à de Wordsworth. Observando na "Ode' o contraste estabelecido entre algo chamado "o vislumbre visionário" e algo chamado "a mente filosófica", chegam à conclusão de que a "Ode" é o adeus consciente de Wordsworth à sua arte, um hino fúnebre entoado sobre seu talento em via de extinção.

Estou tão longe de concordar com essa conclusão que acredito que a "Ode" não é só esse hino fúnebre, mas realmente uma dedicatória feita a seus novos dons. Wordsworth não conseguiu, com certeza, realizar suas esperanças relativas a esses novos dons, mas esse é um assunto inteiramente distinto.

II

Como ocorre com muitos poemas, é difícil entender qualquer parte da "Ode" até que possamos entender seu todo. Portanto, direi, de imediato, o que constitui, na minha opinião, seu tema principal.

É um poema sobre o crescimento; há quem diga que é um poema sobre o envelhecimento, mas acho que é sobre o crescimento. Incidentalmente, é um poema sobre óptica e depois, inevitavelmente, sobre epistemologia; está relacionado com modos de ver as coisas, e depois, de conhecê-las. Em última análise, refere-se a modos de agir, pois, como acontece com frequência a Wordsworth, o conhecimento denota liberdade e poder. Só em um sentido muito limitado a "Ode" é um poema sobre a imortalidade.

Tanto formalmente quanto em relação à história de sua composição, o poema é dividido em duas partes principais. A primeira consiste em quatro estrofes, formula um fenômeno óptico e uma pergunta sobre ele. A segunda consiste em sete estrofes, responde a essa questão e divide-se em duas partes, das quais a primeira é desesperadora, e a segunda, esperançosa. Passou-se algum tempo entre a formulação da pergunta e a da resposta; a prova disso, recém-acrescentada pelo professor de Selincourt, parece indicar que esse intervalo foi de dois anos.

A pergunta feita pela primeira parte do poema é esta:

Para onde foi o brilho visionário?
Onde estão a glória e o sonho?

Toda a primeira parte leva a esse questionamento, mas embora ele se mova só em uma direção, abre seu caminho através de mais de um estado de espírito. Há pelo menos três desses estados antes que o clímax da questão seja alcançado.

A primeira estrofe faz uma afirmação relativamente simples. "Houve um tempo" em que todas as coisas comuns pareciam estar envoltas em "luz celestial", quando tinham "a glória e o frescor de um sonho". Em um poema ostensivamente centrado na imortalidade, talvez devêssemos nos demorar um pouco sobre a palavra "celestial", mas o atual título do poema não foi dado senão muito mais tarde, e pode-se supor que a ideia de imortalidade não estivesse na mente de

Wordsworth no tempo em que escreveu a primeira parte. A luz celestial provavelmente significa só algo distinto do ordinário, da luz terrena e científica; é uma luz da mente, que brilha mesmo no escuro – "dia e noite" – e que talvez seja semelhante à luz que é louvada na invocação ao terceiro livro do *Paraíso Perdido*.

A segunda estrofe chega a desenvolver esse primeiro estado de espírito, falando da espécie ordinária e física da visão e sugerindo o significado de "celestial". Devemos observar que nessa estrofe Wordsworth está tão longe de observar uma redução de seus sentidos físicos que explicitamente afirma suas forças. Esforça-se para nos falar de como vê nitidamente o arco-íris, a rosa, a lua, as estrelas, a água e a luz solar. Enfatizo isso porque alguns dos críticos que veem a "Ode" como um hino fúnebre sobre seu talento poético, afirmam que este falhou juntamente com a redução da capacidade sensorial do poeta. É verdade que Wordsworth, que viveu até oitenta anos, parece ter tido já no meio de sua vida uma aparência muito mais envelhecida da que seria natural para sua idade. Ainda assim, tinha 32 anos quando escreveu a primeira parte da "Ode" – idade extravagantemente precoce para uma dramática falha de seus sentidos. Devemos observar neste trabalho, como outros já fizeram em outros lugares, que o poeta nunca teve a sensibilidade especial, e talvez moderna, de sua irmã, ou de Coleridge, que estavam muito conscientes de suas particularidades refinadas. As mais belas passagens de Wordsworth são morais, emocionais e subjetivas; seja qual for a intensidade visual que apresentem, elas sempre vêm de sua resposta ao objeto, e não de sua atenta observação dele.

E em sua segunda estrofe, ele não só confirma seus sentidos mas também sua habilidade em perceber a beleza. Conta como responde à beleza da rosa e das estrelas refletidas na água. Por sua fantasia, pode sentir o encanto da lua quando não há estrelas competidoras no céu. Pode ver na Natureza certas propensões morais. Fala da luz do sol como um "glorioso nascimento". Mas então faz uma pausa para estabelecer distinções advindas daquela fascinante "glória": apesar de sua percepção do brilho do sol como um glorioso nascimento, sabe que "para lá passara uma glória vinda da terra".

Agora, com a terceira estrofe, o poema começa a se complicar. É *enquanto* Wordsworth está consciente da mudança "óptica" em si próprio, a perda da "glória", que lhe vem um "pensamento de tristeza". Enfatizo a palavra *enquanto* para sugerir que devemos entender que durante algum tempo ele estivera consciente dessa mudança "óptica" *sem* sentir tristeza. Esta, então, pareceria coincidir com a mudança mas não necessariamente ser causada por ela. E é uma tristeza que não dura muito, por aprendermos que...

> Um clamor devolveu-me a alegria
> E devolveu-me o vigor.

Seria não só interessante mas também útil saber o que a *"timely utterance"* era, e ousaria adivinhar. Mas, primeiro, gostaria de seguir um pouco mais o desenvolvimento da "Ode", parando só para observar que essa referência parece denotar que, embora a tristeza não seja de longa duração, ainda assim não estamos tratando com as experiências internas de um momento, ou de um passeio matinal, mas com um tempo suficiente para permitir o desenvolvimento e a mudança de estado de espírito; isto é, o tempo dramático do poema não é o equivalente exato do tempo emocional.

A estrofe IV continua a nos dizer que o poeta, depois de aliviar-se dessa *"timely utterance"*, fosse ela qual fosse, sentiu-se plenamente em harmonia com a alegria da Natureza na primavera. O tom dessa estrofe é estático, e de modo tal que alguns leitores o sentem forçado e desagradável, e mesmo de duvidosa sinceridade. Duas vezes há uma repetição de palavras para expressar uma espécie de intensidade dolorosa de resposta: "Eu sinto – eu sinto tudo" e "eu ouço, eu ouço, com alegria eu ouço!". Wordsworth vê, ouve e sente – e com aquela "alegria" que tanto ele quanto Coleridge sentiam ser tão necessária ao poeta. Mas, apesar da resposta, apesar da alegria, seu êxtase transforma-se em tristeza, em uma modulação maravilhosa que justifica totalmente o antecedente estridor da afirmação:

> Mas há uma árvore, entre tantas um achado,
> Um único Campo por mim contemplado,
> Ambos me trazem algo do passado:
> A meus pés um amor-perfeito
> Repete a história do mesmo jeito.

E o que repetem é a terrível questão:

> Para onde foi o brilho visionário?
> Onde estão a glória e o sonho?

III

A interpretação que faz da "Ode" um hino fúnebre sobre o talento desaparecido e um adeus consciente à arte, assume que o vislumbre visionário, a glória e o sonho são nomes de Wordsworth para o dom que fazia dele um poeta. Essa interpretação dá à "Ode" um lugar na sua vida exatamente análogo ao lugar que "Dejection: an Ode" tem na vida de Coleridge. É sabido o quão intimamente esses dois poemas estão ligados; as circunstâncias de sua composição torna-os simbióticos. Coleridge, em seu poema, certamente diz que os seus dons poéticos foram embora, ou estão indo embora; ele é muito explícito, e a linguagem que usa é muito parecida com a usada por Wordsworth. Ele nos diz que sobre "o frio mundo inanimado" deve surgir da alma "uma luz, uma glória, uma bela nuvem luminosa", e que essa glória *é* a Alegria que ele não mais tem. Mas o poema de Coleridge, embora responda à primeira parte do de Wordsworth, não é apenas uma recapitulação sua. Ao contrário, Coleridge estabelece precisamente o contraste de sua situação com a de Wordsworth. Como o Professor de Selincourt diz em seus comentários sobre a primeira versão de "Dejection", esse contraste "foi a ideia-raiz" da ode de Coleridge.² Em abril de 1802 Wordsworth estava a um mês de seu casamento com Mary Hutchison, prestes a estabelecer sua vida em uma felicidade e uma ordem que favoreceriam sua genialidade, ao passo que Coleridge estava no nadir do desespero sobre seu próprio infeliz casamento, e de seu desesperado amor por Sara, irmã da noiva de Wordsworth. E a diferença entre as situações dos dois amigos explicava, na mente de Coleridge, a diferença nas condições de saúde de seus respectivos dons poéticos.

Coleridge atribui explicitamente a decadência de seu dom poético à sua infelicidade, que o teria prejudicado de duas maneiras – forçando-o a fugir da vida emocional para descobrir um refúgio na abstração intelectual, e destruindo a Alegria que, surgindo como "uma luz, uma glória, uma bela nuvem luminosa", irradiava-se sobre o mundo, tornando-o um objeto adequado para o dom criativo da imaginação. Mas Wordsworth conta-nos algo inteiramente distinto sobre ele próprio – que tem a força, a Alegria, mas ainda não atingiu a glória. Resumindo, não temos motivo para crer que, ao perguntar, no fim de sua quarta estrofe, "Para onde foi meu dom criador?", ele pretenda nos demonstrar como fazia poesia; ele nos diz que a criava pela experiência de seus sentidos, tal como era operada por sua inteligência contemplativa, mas nunca nos diz que fazia poesia partindo de vislumbres visionários, glórias ou sonhos. Mas é claro que com frequência escreve sobre seus "vislumbres". Essa palavra é uma de suas favoritas, e basta dar uma espiada para a concordância de Lane Cooper para confirmar nossa impressão de que Wordsworth, sempre que tem um momento de intuição ou de felicidade, fala dele na linguagem da luz. Seus grandes poemas são sobre momentos de iluminação, em que o sentido metafórico e literal da palavra coincidem – ele usa "glória" no sentido moderno, abstrato, mas sempre consciente do antigo sentido iconográfico e concreto de uma nuvem

---

² *Wordsworthian and Other Studies.* Oxford, 1947.

nimbo visível.³ Mas essa luz momentânea e especial é o tema de sua poesia e não o seu dom de fazê-la. Os seus são momentos de entendimento, mas ele não diz que esses momentos facilitam a criação da poesia. Realmente, nos versos 59-131 do primeiro livro de *The Prelude*, ele diz expressamente que os momentos de iluminação não são de forma alguma sempre combinados com sua criatividade poética.

Quanto aos sonhos e à poesia, há alguma dúvida sobre o sentido que Wordsworth dava à palavra "sonho", usada como uma metáfora. Em "Expostulation and Reply", ele parece dizer que sonhar – "sonhar com o passar do tempo" – é uma boa coisa, mas está usando ironicamente a palavra depreciativa do seu interlocutor, e absolutamente não quer dizer "sonho". Nos versos "Peele Castle", que estão relacionados tão intimamente com a "Ode à Imortalidade", fala do "sonho do poeta" e o torna sinônimo de "vislumbre", com "a luz que nunca houve, no mar ou na terra", e com a "consagração". Mas a beleza desses versos famosos nos fazem esquecer de ligá-los ao que se segue, pois Wordsworth diz que as palavras vislumbre, luz, consagração e sonhos, teriam formado uma "ilusão", ou, na versão de 1807, uma "desilusão". O professor Beatty nos lembra que na versão de 1820 o poeta destruiu a beleza dos versos para tornar clara a sua intenção. Escreveu:

> e acrescentou um vislumbre
> De brilho desconhecido ao mar e à terra,
> Emprestado do jovem Sonho do Poeta.

Isto é: segundo os termos de sua concepção das três idades do homem, o jovem Poeta estava, como tinha direito, a serviço da Fantasia,

---

³ Lembramos que em *The Varieties of the Religious Experience* [Variedades da Experiência Religiosa], William James fala dos "fenômenos luminosos alucinatórios ou pseudoalucinatórios, *photisms,* para usar o termo dos psicólogos", os "fluxos de luz e glória" que caracterizam tantos momentos de revelação. James menciona uma pessoa que, ao experimentar essa luz, não tinha certeza de que era uma coisa externa.

e, portanto, via o mar como calmo. Mas ele mesmo não pode mais olhar segundo a Fantasia; como diz, ele está "submetido a um novo controle". O que parece ser ao mesmo tempo uma perda e um ganho. A perda: "Um dom foi perdido e não pode ser substituído por nada". O ganho: "Um profundo desespero havia humanizado a minha Alma"; este é um ganho porque a felicidade sem a "humanização" deve ser lamentada, pois "certamente é cega"; estar "abrigado em um sonhos" é "estar distante da espécie" (isto é, da espécie humana). Na "Carta a Mathetes" ele fala da Fantasia como "sonho"; e ela é, como sabemos, uma forma inferior de inteligência e peculiar à juventude, segundo a hierarquia de Wordsworth.

Mas, como vemos, embora Wordsworth use a palavra "sonho" com o significado de ilusão, devemos lembrar que achava que as ilusões podiam ser muito úteis. Elas com frequência o levavam a atitudes adequadas e permitiam que tratasse da realidade com muito sucesso. Em *The Prelude,* ele nos diz como sua leitura de obras de ficção o tornava capaz de olhar para o rosto desfigurado de um homem afogado sem se aterrorizar demais; como uma espécie de convicção supersticiosa de seus próprios dons lhe era útil; como, realmente, muitos dos mais críticos momentos da educação, na sua meninice, eram momentos de ilusão significativa; e em *The Excursion* [A Excursão], é totalmente explícito sobre os efeitos salutares da superstição. Mas estava interessado em sonhos, não por seu valor em si, mas em proveito da realidade. Sonhos *talvez* possam ser associados à poesia, mas a realidade *certamente* o é; e a realidade, para Wordsworth, é plenamente atingida pela Imaginação, a faculdade da maturidade. A perda do "sonho" pode ser penosa, mas não significa necessariamente o fim da poesia.

IV

E agora, por um momento eu gostaria de voltar à "oportuna expressão" enfatizada pelo poeta, porque acho que um entendimento dela me ajudará a afastar a ideia de que Wordsworth estava dizendo adeus à poesia. O professor Garrod acredita que essa "expressão" era o poema "Meu coração salta quando eu observo", escrito na véspera do dia em que a "Ode" foi iniciada. Decerto ele está intimamente relacionado com a "Ode" – o seu tema, o legado deixado pela criança ao homem, é um tema dominante da "Ode", e Wordsworth usou seus últimos versos como epígrafe para ela. Mas eu gostaria de sugerir que seria algo diferente. No verso 43 o poeta diz, "Oh! dia funesto! se eu estivesse mal-humorado", e esse termo nos parece uma palavra chocante e escolhida cuidadosamente. Mas há um poema em que ele diz que estava mal-humorado; é "Resolution and Independence" [Resolução e Independência].

Sabemos que ele estava trabalhando na primeira parte da "Ode" no dia 27 de março, um dia depois da composição do poema sobre o arco-íris. No dia 17 de junho, acrescentou um pouco à "Ode', mas não sabemos o que foi. Entre essas duas datas, Wordsworth e Dorothy haviam visitado Coleridge, que passava uma temporada em Keswick; durante essa visita, Coleridge, no dia 4 de abril, escrevera "Dejection: an Ode", muito provavelmente depois de ter lido o que já existia da "Ode à Imortalidade". Estava em um estado de espírito muito ruim – mas não tão ruim que o impedisse de escrever um grande poema –, e os Wordsworths ficaram muito penalizados. Um mês mais tarde, no dia 3 de maio, Wordsworth começou a compor "The Leech-Gatherer" [O Coletor de Sanguessugas], mais tarde conhecido como "Resolution and Independence" [Resolução e Independência]. Esse poema é, na minha opinião, a "oportuna expressão".[4]

---

[4] Sigo o professor Garrod, assumindo que essa "expressão adequada" seria um poema, mas naturalmente poderia ter sido uma carta ou uma palavra falada. E se realmente ela se refere a "Revolução e Independência", não se referirá ao próprio poema – como Jacques Barzun me sugeriu, pode referir-se ao que o "catador de sanguessugas" diria, no poema, ao poeta, pois certamente é o que o velho "diz" que dá "alívio" ao poeta.

"Resolution and Independence" é um poema sobre o destino dos poetas. É também um poema sobre tristeza, no sentido em que as pessoas no Quinto Círculo do *Inferno* de Dante eram tristes, sombrias: "Tristes estávamos no ar fresco, isto é, alegrado pelo sol, portando uma vaga fumaça em nossos corações; agora, jazemos aqui, sombrios, no pântano negro! Gargarejam este hino, pois não podem pronunciar todas as suas palavras"[5] – isto é, agora eles não podem encontrar alívio por meio de uma expressão adequada, como não haviam podido fazer quando estavam ainda na terra. E "tristeza" eu tomo como a criação de dificuldades onde elas não existem, o trabalho de uma imaginação autoinjuriante, tal como seria facilmente reconhecido como um sintoma neurótico, por um psiquiatra moderno. O poema de Wordsworth é sobre uma repentina e não motivada ansiedade, depois de um estado de grande exaltação. Ele fala dessa inversão de sentimentos como algo experimentado por ele próprio antes, e conhecido por todos. Com esse estado de espírito ele se torna presa de "temores e fantasias", ou de uma "tristeza morna" e de "pensamentos cegos". Tais sentimentos referem-se a duas catástrofes imaginadas. Uma delas – bastante natural em um homem sob o estresse do casamento próximo, pois estava para se casar em outubro – é a falta de recursos econômicos. Ele se censura por sua indiferença aos meios de ganhar a vida e pensa no que poderá acontecer com sua vida descuidada: "Solidão, dor no coração, desespero e pobreza". Seus pensamentos negros levam ao destino dos poetas "mortos na miséria", entre os quais estão Chatterton e Burns. O segundo medo específico é o do sofrimento mental:

Nós, poetas, na juventude começamos com alegria:
Mas depois virão, no final, o desânimo e a loucura.

---

[5] A tradução de Carlyle-Wicksteed. A palavra em Dante é "*triste*"; em "Resolução e Independência", Wordsworth fala de "tristeza vaga". Menciono os pecadores de Dante simplesmente para elucidar a emoção da qual Wordsworth fala, e não para sugerir uma influência.

Supomos que Coleridge estivesse pensativo, depois do deprimente encontro de Keswick, mas naturalmente pensava mais em si próprio. Lembrando como o poema termina, como, com alguma dificuldade de expressão, o poeta se esforça para falar com um coletor de sanguessugas incrivelmente velho, e, animando-se com a independência e a resolução do homem, torna-se novamente "forte".

Esse grande poema não deve assumir um significado crucial na vida de Wordsworth. Ele usa um estado de espírito do qual todo mundo, e certamente toda pessoa criadora, torna-se, vez ou outra, vítima. Parece-me mais possível que esse poema, mais do que o poema ao arco-íris, seja a "expressão adequada" do qual a "Ode" fala, porque nele ocorre um sentimento de depressão, mas é aliviado. Mas, seja como for, é um poema autobiográfico e profundamente sentido, escrito na época em que a "Ode" estava sendo escrita e parece realmente ter uma conexão emocional com a primeira parte dela. (O encontro com o velho acontecera dois anos antes e é de alguma significância que tenha voltar à mente do poeta como o assunto de outro poema justamente nessa época.) É uma narração muito precisa e insistente do sentimento de grande terror, lidando de modo muito explícito com os perigos que assediam a vida poética. Mas, embora Wordsworth se obrigue a pensar sobre todas as coisas ruins que podem acontecer a um poeta, e mencione a solidão, a dor no coração, o desespero e a pobreza, o frio, a dureza do trabalho, todas as doenças da carne, e depois até mesmo a loucura, ele nunca diz que um poeta está em perigo de perder seu talento. Parece razoável supor que se estivesse realmente dizendo adeus a seu talento na "Ode", haveria alguma indicação de um talento em perigo ou decadente em "Resolution and Independence". Mas não há nada disso – no fim do poema, Wordsworth continua resolutamente a escrever poesia.

Será que não devemos, então, olhar com considerável ceticismo essas interpretações da "Ode" que supõem, sem questionar, que o "brilho", a "glória" e o "sonho" constituem o dom de fazer poesia? – em especial quando lembramos que em *The Prelude*, três anos mais tarde, Wordsworth falaria de si próprio como uma "alma *criativa*", apesar do fato de "ver por vislumbres, agora", como diz.

V

A segunda metade da "Ode" é dividida em dois grandes movimentos, cada qual dando uma resposta à pergunta com a qual a primeira parte termina. Essas duas respostas parecem ser contraditórias. A primeira chega ao desespero, a segunda, à esperança. A primeira usa uma linguagem chocantemente sobrenatural, a segunda é inteiramente naturalista. As duas partes até diferem na enunciação do fato, pois a primeira diz que o brilho foi embora, ao passo que a segunda diz que ele não foi embora, mas que só foi transformado. É necessário entender essa contradição, mas não é necessário resolvê-la, pois do circuito estabelecido entre seus dois polos vem muito do dom do poema.

A primeira dessas duas respostas (estrofes V-VIII) nos conta para onde foi o brilho visionário, contando de onde ele veio. É o vestígio de uma preexistência em que apreciávamos uma forma de ver e de conhecer que agora já se afastou quase completamente de nós. Viemos para o mundo não com mentes que são apenas *tabulae rasae*, mas com uma espécie de luz assistente, o vestígio de uma existência que de outra forma seria obliterada de nossa memória. Na infância e na meninice a recordação dela ainda é relativamente forte, mas depois vai se desvanecendo à medida que avançamos pela vida. A maturidade, com seus hábitos e cuidados, e com o distanciamento de nossa origem celestial, gasta a luminosidade da lembrança. Nada poderia ser mais pungentemente triste do que a conclusão dessa parte, com a pesada sonoridade de seu último verso, quando Wordsworth dirige-se à criança em que a glória ainda vive:

> Logo tua alma suportará a carga do mundo,
> E os costumes lhes trarão um fardo amiúde,
> Pesado como a geada e quase quanto a vida profundo!

Entre esse movimento de desespero e o movimento seguinte, de esperança, não há nenhuma conexão nítida, exceto a da contradição. Mas entre a própria pergunta e o movimento da esperança, há uma ligação verbal explícita, pois a pergunta é esta:

"Para onde *fugiu* o brilho visionário?", e o movimento da esperança responde que "a natureza, porém, relembra / O que foi tão *fugidio*".

O segundo movimento da segunda parte da "Ode" nos conta ainda o que aconteceu com o brilho visionário: ele não fugiu totalmente, já que é lembrado. Essa posse da meninice foi passada como um legado ao herdeiro da criança, o adulto; pois a mente, como a epígrafe do arco-íris também diz, é uma só e contínua, e aquilo que era uma luz tão intensa na meninice torna-se "a fonte de luz de todo o nosso dia" e "uma luz-mestra de tudo o que vemos", isto é, de nossos dias de adulto e de nossa visão madura. A lembrança que a criança tem da nossa morada celestial existe na lembrança do adulto.

Mas o que exatamente é a fonte de luz, a luz-mestra? Estou certo de que, quando entendermos o que ela é, seremos capazes de ver que a glória referida por Wordsworth é muito diferente da glória de Coleridge, que é a Alegria. Wordsworth diz que o que conserva na sua memória como herança guiadora de sua meninice não é exatamente a Alegria dessa etapa da vida. Não é "deleite", nem "liberdade", nem mesmo "esperança" – não é para esses sentimentos, diz, que levanta "A canção de agradecimento e de louvação." A quem, ou a quê, então, dedica essa canção? A esta particular experiência de sua meninice:

>...estas questões obstinadas
> Do sentido e das coisas exteriores encontradas,
> Ausentes de nós, sendo esvaídas;
> Arrependimentos de uma Criatura
> Vagueando num irreal quadrante.

Ele menciona outros motivos de gratidão, mas eu gostaria de, neste momento, parar com essa enumeração.

O que nos diz, então, que a luz e a glória, pelo menos parcialmente, consistem em "questionamentos", "falhas", "desaparecimentos" e "vagos pressentimentos", em um mundo que ainda *não se tornou real*, pois certamente o poeta usa a palavra "realizado" em seu sentido mais literal. Em sua nota ao poema ele tem isto a dizer da experiência a que se refere:

> [...] Frequentemente eu me sentia incapaz de pensar sobre coisas externas como dotadas de existência externa, e me comunicava com tudo o que via como algo que não estava à parte, mas era inerente à minha própria natureza material. Muitas vezes, enquanto caminhava até a escola, tinha de me agarrar a um muro ou a uma árvore, para me arrancar do abismo do idealismo e voltar à realidade. Naquela época eu tinha medo desses processos.

Observa que essa experiência não lhe era peculiar, o que naturalmente é verdade, e diz que estava ligada, em seus pensamentos, com uma potência espiritual que o fazia acreditar que ele nunca morreria.

A forma precisa e naturalista que Wordsworth usa para falar dessa experiência de sua meninice deve provocar dúvida sobre a afirmação feita pelo professor Garrod, dizendo que o poeta acreditava literalmente na noção de uma preexistência, com a qual a experiência das coisas "que desapareciam" está conectada. Wordsworth tem muito cuidado em delimitar a extensão dessa sua crença; ele diz que "é um conceito muito nebuloso para ser recomendado como fé", como prova de imortalidade. Diz também que está usando a ideia para iluminar outra ideia – usando-a, como diz, "para um propósito meu", e "como um poeta". Tem tanta validade para ele como qualquer ideia religiosa "popular" teria, isto é uma espécie de validade sugestiva. Podemos considerar a ideia da preexistência, para Wordsworth, como um conceito muito sério, investida com uma crença relativa, e destinada a dar um alto valor à experiência natural das coisas "que desaparecem".[6]

---

[6] Em *Studies in the Poetry of Henry Vaughan* [Estudos sobre a Poética de Henry Vaughan], dissertação da Universidade de Cambridge, Andrew Chiappe

O tom naturalista de sua nota sugere que não faremos nenhuma violência em relação a essa experiência se a considerarmos cientificamente. Em um ensaio muito conhecido, "O Desenvolvimento do Senso de Realidade e seus Estágios", um psicanalista reputado, Ferenczi, fala da relutância da criança em distinguir entre si própria e o mundo, e do lento crescimento da objetividade que diferencia o *self* das coisas externas. E o próprio Freud, falando da sensação "oceânica" de "ser um só com o universo", que um seu amigo literato suporá ser a fonte de todas as emoções religiosas, conjectura que ela deve ser um vestígio da maneira de o bebê sentir-se antes que aprendesse a distinguir entre os estímulos de suas próprias sensações e as do mundo exterior. Em O *Mal-Estar na Civilização*, ele escreve:

> Originalmente, o ego inclui tudo, e mais tarde destaca disso o mundo exterior. O sentimento do ego do qual estamos agora conscientes é assim só um vestígio afundado de um sentimento mais extenso – um sentimento que abraçou o universo e expressou uma inseparável conexão do ego com o mundo exterior. Se pudermos supor que esse sentimento primário do ego tenha sido preservado na mente de muitas pessoas – em grau maior ou menor –, ele coexistiria como uma espécie de contrapartida ao sentimento do ego da maturidade, mais estrito e mais agudamente esboçado, e o conteúdo conceitual dele seria precisamente a noção de extensão ilimitada e de unificação com o universo – o mesmo sentimento que foi descrito pelo meu amigo como "oceânico".

Isto tem uma relação nítida com os "mundos não realizados" de Wordsworth. Como Freud, o poeta estava preocupado com a ideia da realidade e, mais uma vez como Freud, ele sabia que o meio de a criança aprender era apenas um estágio que, com o curso da natureza, cederia o lugar a outro. Se compreendermos que Wordsworth falava de um período comum ao desenvolvimento de cada pessoa, isso nos ajudará

---

faz um julgamento similar sobre a qualidade e o grau de crença na ideia da preexistência, na poesia de Vaughan e de Traherne.

a ver que não podemos identificar a visão daquele período com seu peculiar dom poético.

Mas, além da experiência das coisas que "desapareciam", há outra experiência pela qual Wordsworth se diz grato à sua infância e que, penso, combina com essas coisas "que desapareciam" para produzir a "luz-mestra", a "fonte de luz". Não estou me referindo aos

> Altos instintos ante os quais nossa mortal Estrutura
> Tremeu como um Culpado pego em flagrante;

mas sim ao que ele chama de "essas primeiras afeições".

Inclino-me a pensar que Wordsworth se refira, com essa frase, a um estágio mais tardio do desenvolvimento da criança, o qual, como no primeiro estágio em que o mundo exterior está incluído dentro do ego, deixa vestígios na mente em desenvolvimento. É o período descrito em uma passagem bem conhecida do Livro II do *The Prelude*, no qual a criança aprende sobre o mundo nos braços de sua mãe:

> Feliz o recém-nascido,
> (De acordo com as melhores conjecturas queria referir
> Como evoluiu no mundo a nossa Existência), abençoada a criança,
> Acariciada nos braços da Mãe, adormecendo
> Embalada no seio materno; ela, com a sua alma,
> Bebe as emoções no olhar materno!
> Para ela, na Presença única e amada, existe
> Uma virtude que irradia e exalta
> Os objetos através da mais vasta comunhão dos sentidos.
> Não é uma exilada, perplexa e abatida;
> Ao longo das suas veias de criança
> Misturam-se a gravitação e os laços filiais
> Da Natureza que a ligam ao Universo.
> Aponta para uma flor ainda com a mão
> Demasiado hesitante para a colher, mas para ela
> Já é o amor, que, vindo da sua mais pura fonte terrestre,
> Tornou bela esta flor; já as sombras
> Da piedade que chegam de uma ternura interior

> Ficam à sua volta sobre o que traz consigo
> As cicatrizes informes da violência e do mal.
> Forçosamente tal ser vivo existe,
> Por muito frágil que seja, ao mesmo tempo frágil e débil,
> Ele é um ser deste universo cheio de vida;
> O sentimento transmitiu-lhe uma força
> Que, através das faculdades crescentes do sentido,
> Como instrumento do único e supremo Espírito,
> Cria, sendo quem cria e quem recebe,
> Num trabalho que é a aliança com as obras
> Que contempla. Tal é, verdadeiramente, o inicial
> Espírito poético na nossa vida humana,
> Que, devido à uniforme disciplina dos anos,
> Em muitos se torna menor ou é destruído; em alguns,
> Mesmo que se altere, por se desenvolver ou não,
> Ele domina até à morte.[7]

A criança, como se diz nessa passagem, não percebe as coisas como objetos; ela as vê, no início, já que o amor maternal é a condição de sua percepção, como objetos-e-julgamentos, como objetos valorizados. Ela não aprende nada sobre uma flor, mas sobre a bela-flor, a flor que-eu-quero-e-que-mamãe-vai-pegar-para-mim. Ela não aprende sobre o pássaro e sobre uma asa quebrada, mas sobre o pobre-pássaro-cuja-asa-foi-quebrada. A segurança, o calor e os bons sentimentos de conscienciosa benevolência de sua mãe são as circunstâncias de seu primeiro aprendizado. Ela vê, em resumo, com "glória"; não só não está ela própria "em total nudez", como diz a "Ode", mas os objetos que vê também não estão inteiramente nus. A passagem do *The Prelude* diz, em linguagem naturalista, o que a

---

[7] O uso da palavra "poética" aqui é ou metafórico e geral ou inteiramente literal, isto é, referente à raiz semântica da palavra, que é *"to make"* – Wordsworth estava pensando na natureza criativa da percepção humana certa, e não meramente da poesia. [Citado aqui conforme a seguinte edição: William Wordsworth, *O Prelúdio*. Trad. e pref. Maria de Lourdes Guimarães. Lisboa, Relógio D'água, 2010.

estrofe V da "Ode" expressa por uma metáfora teísta. Tanto a passagem do poema quanto a "Ode" distinguem um estado de exílio de um estado de segurança e conforto, de estar-à-vontade. Há (como a passagem do *Prelude* estabelece) um "laço filial" ou (na estrofe X da "Ode") uma "simpatia primária" que impede o homem de ser um "proscrito... confuso e deprimido".

A "Ode' e o *Prelude* diferem a respeito da fonte dessa simpatia primária ou laço filial. A "Ode" estabelece uma preexistência celestial para a fonte, e o *Prelude* a encontra na afeição maternal. Mas os psicólogos nos dizem que conceitos de uma preexistência celestial figuram comumente como representações da prenatalidade física – o ventre da mãe é o ambiente perfeitamente adaptado ao que o ocupa e, comparadas com ele, todas as outras condições da vida podem bem parecer como "exílio" ao que é (muito literalmente) um "excluído".[8] Mesmo a segurança dos braços da mãe, embora represente um esforço de se recriar para o bebê o ambiente uterino, é apenas um conforto diminuído. E se pensarmos na experiência referida por Wordsworth – as "coisas que desapareciam" – como a lembrança da criança de uma condição na qual era quase verdadeira a sua fusão com o ambiente, não ficaremos surpresos pelo fato de o poeta unir as duas experiências e representá-las em uma única metáfora sobre a gloriosa preexistência celestial.[9]

---

[8] "*Before born babe bliss had. Within womb won he worship. Whatever in that one case done commodiously done was*" [Antes de nascer bebê estava feliz. Dentro do útero ganhou ele veneração. Seja como for, nesse caso o que foi feito foi feito comodamente]. – James Joyce, *Ulisses*. O mito do Éden também é interpretado figurando tanto a infância como o útero – ver a declaração de Wordsworth sobre a conexão da ideia da preexistência com a da queda de Adão. [Notar a aliteração no texto de Joyce, impossível de ser mantida em português. (N. T.).]

[9] Os leitores do notável estudo de Ferenczi, *Thalassa*, uma discussão declaradamente especulativa mas maravilhosamente fascinante das lembranças inconscientes raciais do oceano como fundamental fonte da vida, não poderão resistir a acrescentar outro significado aos versos de Wordsworth sobre "o mar imortal / Que nos trouxe para cá", e sobre as crianças não nascidas que

Tenho tentado ser tão naturalista quanto possível, ao falar das experiências infantis de Wordsworth e da ideia mais ou menos platônica que elas sugeriram. Acredito que o naturalismo cabe bem aqui, pois o que podemos ver agora é que Wordsworth fala sobre algo comum a todos nós, o desenvolvimento do senso de realidade. Ter tido antes o vislumbre visionário de uma perfeita união do *self* e do universo é essencial e definitivo de nossa natureza humana, e está, nesse sentido, conectado com a criação da poesia. Mas esse vislumbre visionário não é o dom de criar poesia em si, e sua diminuição é certa e inevitável.

É natural que tenha havido ambivalência na resposta de Wordsworth a essa diminuição, e as duas respostas, a das estrofes que vão de V a VIII e a das estrofes IX-XI, ambas compreendem a resistência e também a aceitação do crescimento. Inevitavelmente resistimos às mudanças e nos voltamos com uma nostalgia apaixonada para o estágio que estamos deixando. Ainda assim, nos enchemos escolhendo o que é doloroso, difícil e necessário, e o desenvolvemos, em nosso curso para a morte. Resumindo, o desenvolvimento orgânico é um duro paradoxo que Wordsworth define nas discrepantes respostas da segunda parte da "Ode". E, na minha opinião, os críticos que fizeram a "Ode" referir-se a alguma experiência particular e única do poeta e a relacionaram só a seus dons poéticos, esqueceram suas próprias experiências de vida e, por conseguinte, dão à "Ode" um valor menor do que ela realmente tem, pois ela não é sobre poesia, mas sim sobre a vida. Tendo cometido esse erro, inevitavelmente são levados a uma interpretação errônea do sentido da "mente filosófica", e também a negar que a ambivalência de Wordsworth fosse sincera. Sem dúvida ela não seria sincera se o poeta estivesse realmente dizendo adeus à poesia, seria apenas uma tentativa de se consolar. Mas ele não

---

"brincam na praia". A lembrança da deliciosa fantasia de Samuel Butler sobre o não nascido e sua teoria da memória inconsciente servirão também para enriquecer nossa leitura da Ode, sugerindo a força contínua do mito platônico.

está dizendo adeus à poesia, mas, sim, ao Éden, e sua ambivalência é muito parecida com a de Adão, e de Milton, e pelas mesmas razões.¹⁰

Falar de uma forma naturalista das experiências quase místicas da infância não coloca absolutamente em questão o valor que Wordsworth lhes dava, pois, apesar de sua dominadora metáfora teísta, a "Ode" tem uma intenção amplamente naturalista.

Podemos começar a ver o que é essa intenção entendendo a força da palavra "imperial", na estrofe VI. Essa é a segunda das quatro estrofes em que o poeta declara e desenvolve o tema da reminiscência da luz do céu e de seu gradual desaparecimento ao longo dos anos de sua maturação. Na estrofe V ele nos diz que o bebê habita nessa luz; que o Menino a preserva, vendo-a "em sua alegria"; o Jovem ainda é assistido por ela: "o Homem percebe que ela agoniza/ E desaparece à luz comum do dia". A estrofe VI fala brevemente dos esforços feitos pela vida terrena, para provocar uma amnésia natural e inevitável:

> A terra preenche seu regaço com prazeres;
> E tem seu próprio desejo natural,
> E, até algo da mente maternal,
>   Sem interesse ou desdém,
>   A Enfermeira não hesita
> Para que seu filho de criação, o Homem que nela habita,
>   Esqueça as glórias conhecidas, os afazeres
> E o palácio imperial de onde provém.

---

[10] Milton fornece uma interpretação possível para vários pontos difíceis do poema. Na estrofe VIII, a Criança é definida como "teu Olho entre os cegos", e a esse Olho são aplicados os epítetos "surdo e silencioso". Coleridge fez uma objeção a esses epítetos, classificando-os de irracionais, mas sua objeção pode ser refutada citando-se o brilhante precedente de "bocas cegas", em "Lycidas". E o questionamento, ainda de Coleridge, sobre a adequação de se fazer um senhor *preocupar-se* com um escravo pode ser respondido em parte pelo soneto "On His Being Arrived at the Age of Twenty-three" [De ele ter chegado à idade de 23 anos], no qual Milton expressa a certeza do seu desenvolvimento, tal como será realizado em seu "olho de grande capataz". Entre esse soneto e a "Ode" há outras correspondências significantes de pensamento e de frase, como também há no soneto "On His Blindness" [Sobre a sua Cegueira].

A palavra "imperial" sugere grandeza, dignidade e esplendor, tudo que se opõe ao que, em *The Excursion* [A Excursão], Wordsworth resolveu designar como "mesquinharia". Esse é o resultado de se ter uma ideia errada sobre a natureza humana e sua conexão com o universo – o resultado é a "mortalidade". A melancolia e o desespero do Solitário em *The Excursion* são os sinais da mortalidade que resultava de sua concepção do homem como algo menos do que imperial. A ideia de Wordsworth sobre o esplêndido poder é o seu protesto contra todas as visões da mente que o limitariam e degradariam. Idealizando, como faz, uma íntima conexão entre a mente e o universo, vendo ambos se entrosarem, ele confere ao homem uma dignidade que não pode ser derivada da observação das realidades da vida comum, de vê-lo engajado em negócios, moralidade e política.

No entanto, neste ponto devemos dar um crédito a Wordsworth por sua dupla visão. O homem deve ser concebido como "imperial", mas deve também ser visto tal como realmente é no campo da vida. O planeta Terra não é um ambiente no qual as qualidades celestiais ou imperiais possam existir com facilidade. Wordsworth, que falava da noção da preexistência imperial como obscurecida pela queda de Adão, usa as palavras "terra" e "terreno" em um sentido comum quase religioso para se referir às coisas deste mundo. Faz da Terra um sinônimo de Natureza, pois, embora o Homem possa ser o verdadeiro filho da Natureza, é o "filho adotivo" da Terra. Mas deve-se observar que a mãe adotiva é bondosa, que sua disposição pelo menos é quase maternal, que seus objetivos pelo menos não são indignos; ela é, resumindo, a mãe adotiva que tão frequentemente figura na lenda do Herói, cujos pais verdadeiros, mas desconhecidos, são nobres ou divinos.[11]

---

[11] Carlyle brinca muito com essa ideia no seu relato de Teufelsdröckh (ver o ensaio *A Princesa Casamassima*, neste volume). A fantasia de que seus pais sejam realmente pais adotivos é comum nas crianças, e deve ser associada com as várias formas da crença de que o mundo não é real.

Wordsworth, em suma, olha para o homem de dupla maneira, vendo-o em sua natureza ideal e em sua atividade terrena.

As duas visões não se contradizem muito, antes se complementam. Se, nas estrofes V-VIII, ele nos diz que vivemos em constante degradação, nas estrofes IX-XI fala da duradoura conexão da pessoa em declínio com sua personalidade ideal. A criança entrega ao adulto prejudicado a natureza imperial, a "simpatia primária/ Que, tendo sido, deve continuar para sempre", a mente adequada ao universo, e o universo adequado à mente. A simpatia não é tão pura e intensa na maturidade como é na infância, mas só porque outra relação se desenvolve ao lado da relação do homem com a natureza – a relação com seus companheiros, no mundo moral das dificuldades e dos sofrimentos. Pela epistemologia de Wordsworth, a nova relação deve mudar o próprio aspecto da Natureza: as nuvens assumirão um colorido sóbrio para o olho atento à mortalidade do homem, mas uma cor sóbria ainda é uma cor.

Há pesar na "Ode", o inevitável sentimento de ter de desistir de um velho hábito de visão, em prol de um novo. Mudando seu interesse da Natureza pelo do homem, no campo da moralidade, Wordsworth realiza sua própria concepção das três idades do homem que o professor Beatty expôs tão bem. Essa mudança de interesse foi definida como o aparecimento da "mente filosófica", mas o adjetivo não tem aqui nenhum dos dois significados comuns – não significa nada abstrato, nem indiferente. Wordsworth não está dizendo, e seria sentimental e sem imaginação de nossa parte dizê-lo, que se tornou um homem menos sensível e um poeta menor. Está só dizendo que se sente menos jovem. Realmente, a "Ode" é tão pouco um adeus à arte, tão pouco um hino fúnebre a um talento em declínio, que realmente é o oposto disso – é um hino de acolhida de novos dons e uma dedicatória a um novo tema poético. Pois, se a sensibilidade e a prontidão em responder estão entre os dons poéticos, o que mais está o poeta dizendo no fim do poema, exceto que ele tem uma sensibilidade e uma capacidade de resposta maiores do que nunca? A "mente filosófica" não declinou, pelo contrário, cresceu, aumentando seu dom de sentir.

> As Nuvens que envolvem o poente
> Tomam o matiz sombrio do olhar
> Que vê a mortalidade do homem presente:
> Finda a carreira, outros louros irão chegar.
> Graças ao coração, razão de nosso viver
> À sua ternura, temores e encanto,
> As mais singelas flores vêm me oferecer
> Pensares profundos demais para o pranto.

A mais insignificante florzinha que desabrocha se torna significativa, não só porque, como a pequena celidônia, fala sobre idade, sofrimento e morte mas porque para um homem consciente da mortalidade humana o mundo se torna significativo e precioso. O conhecimento da mortalidade do homem – o que deve ser cuidadosamente notado em um poema que se supõe ser sobre a imortalidade – substitui agora a "glória" como agente que torna as coisas significativas e preciosas. Voltamos mais uma vez à óptica que nunca realmente deixamos, e a "Ode" acaba de compor um círculo perfeito, de uma forma muito honesta.

Os dons poéticos mencionados são novos não tanto em grau mas em espécie; pareceriam, por conseguinte, exigir um novo tema poético para se exercitarem. E a própria definição desses novos dons parece sugerir qual deva ser esse tema: pensamentos que jazem em uma profundidade tão grande que não provocam lágrimas, mas são idealmente os pensamentos que nos são provocados pela tragédia. Uma leitura extravagante mas não absurda da "Ode" acharia que ela foi o adeus de Wordswoth à maneira característica de sua poesia, a que Keats designava como "sublime egotista", e uma dedicatória à forma da tragédia. Mas esse tom trágico não podia ser o de Wordsworth. Ele não sentia a "aptidão negativa" que Keats acreditava estar na raiz dos dons de Shakespeare, o dom de ser capaz de "se contentar com meio-conhecimento", ou de abandonar "a procura irritante do fato e dos motivos", de permanecer "nas incertezas, nos mistérios e nas dúvidas". Nisto, ele se une a todos os poetas do Movimento Romântico e aos posteriores – a tendência para a negatividade e para a tragédia era impossível para eles. Mas, embora Wordsworth não produzisse essa nova espécie de arte que parece estar em sua consciência de novos dons, sua ousada declaração de que adquirira uma nova maneira de sentir torna impossível para nós continuar a dizer que a "Ode" foi seu "consciente adeus à arte, um hino fúnebre entoado sobre seu talento decadente".

Ainda assim, será que não houve, depois da composição da "Ode", um grande declínio de sua genialidade, que somos levados a atribuir às mudanças cruciais registradas no poema? Que houve um declínio, não há dúvida, embora devamos observar que não foi tão agudo quanto geralmente se pensa e que não ocorreu de imediato, ou mesmo logo depois da composição das primeiras quatro estrofes, com sua declaração de que o brilho visionário desaparecera. Pelo contrário, alguns de seus mais notáveis versos foram escritos nessa época. Devemos lembrar também que outra declaração sobre a perda do vislumbre visionário, feita em "Tintern Abbey" [Abadia de Tintern], fora seguida por toda a produção da "grande década" – uma objeção que é refutada às vezes pela afirmação de que Wordsworth teria escrito sua melhor obra inspirado pela lembrança recente desse vislumbre, e que, quando ficou mais velho e afastado dele, suas lembranças foram se apagando, e foi assim que perdeu seu dom: essa explicação sugere que os conceitos mecânicos e simples da mente e do processo poético são demasiado tentadores para os que especulam sobre a decadência desse poeta. Reconhecido o fato de seu grande talento, o desejo de explicar sua relativa deterioração será, sem dúvida, sempre irresistível. Mas devemos estar conscientes, em qualquer tentativa de fornecer uma explicação, de que qualquer consideração dos motivos que levaram Wordsworth a deixar de escrever poesia deverá simultaneamente considerar os motivos que o levaram, antes, a escrever uma grande obra poética. E, dado o que até hoje sabemos, não podemos começar a elaborar esse trabalho de crítica.

"ODE: VISLUMBRES DA IMORTALIDADE
VINDOS DA PRIMEIRA INFÂNCIA"

I
Houve tempo em que o bosque, o rio e o matagal,
A terra e qualquer cena irrisória,
    Pareciam-me na memória
 Envoltos em luz celestial,
Qual sonho, frescor e glória.
Nada é como outrora –
  Tudo que minha visão percebia,
    Seja de noite, seja de dia,
As coisas que via, já não as vejo agora.

II
    O Arco-Íris vai e vem,
    Formosa é a Rosa também,
    A Lua toda encantada
Contempla ao céu descoberto;
 As águas em noite estrelada
 São lindas e belas decerto;
 É glorioso o romper da aurora;
 Mas, onde quer que eu vá,
O encanto da terra foi embora.

III
Agora, enquanto os pássaros cantam em esplendor,
 E salta o pequeno carneiro
   Como ao som do tambor ligeiro,
Veio-me um sentimento de melancolia:
Um clamor devolveu-me a alegria

E restaurou-me o vigor:
Cataratas entoam as trombetas do abismo sem fim;
Jamais esta perda irritar-me-á o bastante;
Escuto o eco pelos montes incessante,
Os ventos dos campos do sonho vêm a mim,
        A terra está contente;
          Terra e mar
Rendem-se à felicidade ímpar,
          Junto ao coração de maio exultante
Toda fera repousa por um instante –
          Tu, criança do resplendor
Grita a meu redor, deixe-me ouvir teu gritar Tu, alegre menino pastor!

IV
Benditas criaturas, eu ouvi a chamada
    Que fazeis uns aos outros, vejo eu
O céu sorrindo convosco em seu jubileu;
      Meu coração está nessa festa abençoada,
        Minha cabeça é coroada,
Em sua alegria sinto a totalidade revelada.
          Oh, dia terrível! Estar de mau humor
         Enquanto a terra adorna
          A manhã de maio terna,
        E a criança colhe a flor;
       Por todo lugar,
      Em mil vales posso encontrar
        Flores frescas; enquanto o sol brilha a pino,
E pula nos braços da Mãe o menino
        Escuto, escuto, com alegria escuto!
          Mas há uma árvore, entre tantas um achado,
Um único Campo por mim contemplado,
Ambos me trazem algo do passado:
         A meus pés um amor-perfeito
         Repete a história do mesmo jeito:
Para onde foi o brilho visionário
Onde estão a glória e o sonho?

V
Nosso nascimento não é senão sono e esquecimento:
A alma que conosco se ergue, Estrela de nossa vida,
    Teve poente noutro recanto
     E vem de longe imbuída:
    Não de vez esquecida,
    Nem totalmente despida,
Arrastando nuvens de glória, viemos a nos originar
    De Deus, que é nosso lar:
O céu nos envolve na infância!
As trevas do cárcere começam a encerrar
    O menino que cresce;
Mas Ele contempla a luz de onde ela vem brilhar,
    A vê em sua alegria que resplandece;
O Jovem, ao se afastar deste nascente com certeza,
    Trafega, ainda sendo o Sacerdote da Natureza,
    É acompanhado em sua jornada
    Pela visão encantada;
Por fim, o Homem percebe que sua vida perece,
E na luz de um dia comum desvanece.

VI
A terra preenche seu regaço com prazeres;
E tem seu próprio desejo natural,
E até algo da mente maternal,
    Sem interesse ou desdém,
    A Enfermeira não hesita
Para que seu filho de criação, o Homem que nela habita,
    Esqueça as glórias conhecidas, os afazeres
E o palácio imperial de onde provém.

VII
Observa a Criança em seus alegres ensejos,
O Querido de seis anos pequeno nesta feita!
Vê, onde em seu afã ele deita,
Cansado de ser coberto pela mãe de beijos,

À luz do olhar do pai que espreita!
Vê, a seus pés há um pequeno plano de vida,
Um fragmento de sonho, do humano labor,
Criado por ele com arte recém-aprendida;
   Um casamento ou festival,
   Um lamento ou funeral;
    Isto atém seu coração agora,
   E modula sua canção;
    Sua língua e fala se ajustarão
Aos diálogos dos negócios, disputa ou amor;
   Mas ele não se detém, então,
   Para deixar tudo de lado,
   Com alegria e orgulho recobrado
O pequeno Ator outro papel decora;
Dispondo, em seu "palco burlesco", com sapiência
Todas as Pessoas, até o fim de sua Existência,
Que a Vida traz em sua equipagem e ciência;
   Como se sua vocação
   Fosse a infinita imitação.

VIII
Tu, cujo semblante desmente
  E oculta de tua Alma a imensidade;
Tu, Filósofo supremo que ainda tens pertinente
A tua herança, Olho entre os cegos encontrado,
Surdo e silente, lês o abismo contundente,
Para sempre pela mente eterna assombrado –
  Bendito Vidente! Poderoso Profeta!
  Sobre o qual toda verdade se projeta
Verdade que pela vida tentamos ter achado,
Perdidos na escuridão, na cripta escura e fria;
Tu, sobre quem a Imortalidade
Um Amo sobre o Escravo, paira como o dia
Uma Presença que não se deixa de lado facilmente,
Tu, pequena Criança, gloriosa no poder fenomenal
De ter o corpo imerso na liberdade celestial,

Porque provocas com tal dor insuportável
O tempo para trazer o jogo inevitável,
Lutando cegamente com tua beatitude?
Logo tua alma suportará a carga do mundo,
E os costumes lhes trarão um fardo amiúde,
Pesado como a geada e quase quanto a vida profundo!

IX
        Ó alegria! Que em nossa cinza
        É algo que irradia
        Que ainda se lembra da Natureza
        Que era tão fugidia!
Pensando no passado sinto em mim se espargir
A perpétua bênção: não posso admitir
Como dignas de bênção –
A alegria e a liberdade, a simples crença
Da Infância, imóvel ou na moção,
Palpitando no peito uma nova esperança –
        Não é para elas que canto
        A melodia de louvor e agradecimento;
    Canto para estas questões obstinadas
    Do sentido e das coisas exteriores encontradas,
    Ausentes de nós, sendo esvaídas;
    Arrependimentos de uma Criatura
Vagueando num irreal quadrante,
Altos instintos ante os quais nossa mortal Estrutura
Tremeu como um Culpado pego em flagrante;
        Mas esses primeiros sentimentos
          Lembranças fugazes daqueles momentos
    Que sejam o que forem, todavia,
São a fonte de luz de nosso dia,
A luz-guia de todo o nosso ver,
    Sustentam-nos, cuidam-nos e podem levar
Nossos anos turbulentos a parecer instantes no ser
Do eterno Silêncio: verdades prestes a despertar
        Para jamais perecer;

E que nem a indiferença ou o louco empreender,
　　　　　Nem Homem, nem Criança,
Nem tudo que contra a alegria se lança,
Pode destruir de forma intensa!
　　　　　Assim, em tempo de bonança
　　　　　Mesmo que longe do litoral,
Nossa Almas vislumbram o mar imortal
　　　　　Que nos trouxe a este lugar,
　　　　　E num segundo lá podem chegar,
E ver as Crianças na praia brincando,
E ouvir as poderosas águas eternamente ondeando.

X
Cantai, Pássaros, cantai a feliz melodia!
　　　　　E que salte o carneiro
　　　　　Como ao som do tambor ligeiro!
No pensamento seguiremos em vossa companhia,
　　　　　Vós que tocais a flauta e brincais com alegria
　　　　　Vós que nos corações sentis, neste dia,
　　　　　O júbilo que maio irradia!
Embora o fulgor outrora brilhante
Desvaneceu frente a meu semblante,
　　　　　E não haja nada que me devolva
A glória da flor e o esplendor da relva;
　　　　　Não vamos nos magoar
　　　　　Mas no que restou encontrar;
　　　　　Força na empatia primordial
　　　　　Que uma vez tendo sido é eternal;
　　　　　Nos suaves pensamentos
　　　　　De nossos sofrimentos;
　　　　　Na fé que enxerga além da morte
Nos anos que nos trazem o filosófico pensar.

XI
Ó campos, montes, bosques e mananciais,
Não deixeis romper nosso amor jamais!

Mas no fundo do peito sinto vosso poder;
Só uma alegria renunciei a ter:
Viver sob vossa influência diária.
Amo o Riacho encrespado em sua correnteza,
Ainda mais do que, feito ele, ágil corria;
O brilho inocente de um novo Dia
          Ainda é belo com certeza;
As Nuvens que envolvem o poente
Tomam o matiz sombrio do olhar
Que vê a mortalidade do homem presente:
Finda a carreira, outros louros irão chegar.
    Graças ao coração, razão de nosso viver
    À sua ternura, temores e encanto,
    As mais singelas flores vêm me oferecer
    Pensares profundos demais para o pranto.[12]

---

[12] William Wordsworth, *O Olho Imóvel pela Força da Harmonia*. Trad. Alberto Marsicano e John Milton. São Paulo, Ateliê, 2007.

Capítulo 9 | Arte e Neurose

A questão da saúde mental do artista chamou a atenção da nossa cultura desde o início do Movimento Romântico. Antes dele, dizia-se habitualmente que o poeta era "louco", mas era só um modo de falar, de dizer que a mente do poeta operava de forma diferente da mente do filósofo – não havia uma referência real à higiene mental do homem que era um poeta. Mas no início do século XIX, com o desenvolvimento de uma psicologia mais elaborada e uma visão mais estrita e mais literal da normalidade mental e emocional, essa afirmação passou a ter uma intenção mais rigorosa e literal. Tanto que Charles Lamb, que conhecia intimamente algo sobre loucura, e muito sobre arte, empreendeu a refutação em um brilhante ensaio, "On the Sanity of True Genius" [Sobre a Sanidade Mental de um Verdadeiro Gênio], da ideia de que o exercício da imaginação constituía uma espécie de insanidade. E uns oitenta anos mais tarde, quando essa ideia já se tornara mais forte, Bernard Shaw sentiu-se chamado a arguir sobre a sanidade da arte, mas sua convicção não foi mais útil do que a de Lamb. Recentemente, a conexão entre arte e doença mental tem sido formulada não só pelos que são aberta ou indiretamente hostis à arte mas também e mais significativamente pelos que são entusiasmados por ela. Esses últimos voluntária e mesmo ansiosamente aceitam a ideia de que o artista é mentalmente doente e chegam até a transformar sua doença em condição de seu poder de falar a verdade.

Esse conceito do gênio artístico é realmente característico de nossa cultura. É isso que eu gostaria de questionar. Fazer isso é questionar também certas ideias antigas de Freud e certas conclusões que os que não são especialistas em literatura tiraram do conjunto de tendências da psicologia freudiana. Desde o início, a psicanálise parecia ter importantes coisas a dizer sobre arte e artistas. O próprio Freud pensava assim; no entanto, quando abordou pela primeira vez o tema, ele disse muitas coisas desajeitadas e capazes de induzir a erro. Já tentei em outro lugar, e extensivamente, separar as proposições úteis das inúteis, e até as perigosas, que Freud fez, sobre arte.[1] Em suma: Freud teve algumas intuições esclarecedoras e até belas sobre certas obras de arte que usaram de forma complexa o elemento do mito. Depois, sem se propor a isso especificamente, escreveu *Além do Princípio do Prazer*, no qual oferece uma brilhante e abrangente explicação do nosso interesse pela tragédia. E o que, naturalmente, é mais importante de tudo – é um ponto ao qual quero voltar –, Freud, por toda a tendência de sua psicologia estabelece a naturalidade do pensamento artístico. Realmente, é possível dizer que ele, em última análise, fez mais para o nosso entendimento da arte do que qualquer outro escritor desde Aristóteles; e com isso pode só nos surpreender o fato de que em seu trabalho mais antigo ele cometesse o erro de tratar o artista como um neurótico que foge da realidade por meio de "gratificações substitutivas".

À medida que avançava em seu trabalho, Freud insistia menos nessa formulação simplista. Decerto ele não dispunha de sua força original quando, celebrando seu septuagésimo aniversário, desistiu do direito de ser chamado o descobridor do inconsciente, dizendo que fosse o que fosse o que tivesse feito pelo entendimento sistemático do inconsciente, o crédito por sua descoberta pertencia, justificadamente, aos grandes mestres da literatura. E a psicanálise herdou dele uma

---

[1] Ver o capítulo "Freud e a Literatura".

ternura pela arte que é real, embora meio desajeitada às vezes, e hoje em dia a maioria dos psicanalistas dotados de qualquer sensibilidade pessoal sente-se embaraçada em ocasiões que parecem levá-los a reduzir a arte a uma forma de doença mental. No entanto, a crença antiga de Freud na neurotização essencial do artista descobriu um campo totalmente fértil – descobriu, poderíamos dizer, o próprio solo de onde a arte surgiu, pois, ao falar do artista como um neurótico, estava adotando uma das crenças populares de seu tempo. A maioria dos leitores verá que essa crença é a expressão da racionalização industrial e do filistinismo burguês do século XIX. Nisso, eles têm razão em parte. O século XIX estabeleceu a virtude básica de "levantar às oito, barbear-se bem às oito e quinze, fazer o desjejum às nove, ir para a City às dez, voltar para casa às cinco e meia e jantar às sete". Os senhores Podsnap[2] que instituíram essa programação moral inevitavelmente decretaram que as artes deviam celebrar essa virtude, e nada mais. "Nada mais será permitido a esses... vagabundos da Arte, sob pena de excomunhão. Nada mais Deve Existir – em qualquer lugar!" Observamos que o virtuoso dia descrito termina com o jantar – a cama e o sono naturalmente não fazem parte da Realidade que Existe, e nada deve ser dito sobre o que, como diz mister Podsnap, faria Corar as Bochechas de um Jovem.

A excomunhão das artes, quando julgada necessária, assumia a forma de se definir o artista como um degenerado mental, recurso esse que eventualmente achou um teórico como Max Nordau. Na história das artes isso é novo. O poeta sempre foi conhecido como pertencente a uma tribo estranha – *genus irritabile* [gênio irritável] era um apodo que todos conheciam –, e desde Platão o processo da imaginação inspirada, como dissemos, foi tido como especial, digno

---

[2] John Podsnap é um personagem criado por Charles Dickens em seu livro *Our Mutual Friend* para satirizar a classe média, com sua confortável rotina e sua satisfação com a sociedade. (N. T.)

de algum interesse e que era transformado em algo inteligível pela sua semelhança com a loucura. Mas isso não era exatamente dizer que o poeta era a vítima de uma aberração mental verdadeira. O século XVIII não via o poeta como diferente dos outros homens, e certamente a Renascença também não o via assim. Se fosse um profissional, haveria condescendência para com o seu *status* social, mas, em um tempo que deplorava todo tipo de profissionalismo, esse era simplesmente um meio de se afirmar o alto valor da poesia, que não deveria ser comprometida pelo comércio. E havia mesmo certa predisposição a se esnobar o profissionalismo. De qualquer forma, ninguém parecia querer identificar o poeta com um doente. Realmente, o ideal da Renascença sustentava que a poesia era, como a carreira das armas ou a música, um dos signos da competência masculina.

A mudança relativa desse ponto de vista não pode ser atribuída totalmente ao público burguês ou filistino. Uma parte da "culpa" deve estar nos próprios poetas. Os poetas românticos mostravam-se tão orgulhosos de sua arte quanto os poetas autoglorificadores do século XVI, mas um deles falava com um anjo em uma árvore e insistia que o Inferno era melhor que o Céu, e a sexualidade mais santa que a castidade; outro, dizia ao mundo que queria deitar-se como uma criança cansada e chorar pela sua vida de preocupações; outro fazia uma pergunta tão tola como "Por que eu ri, esta noite?"; e ainda outro explicava que escrevera um de seus melhores poemas em um sono de bêbado. O público entendia todos literalmente – eles não eram como os outros homens. Zola, no interesse da ciência, submeteu-se ao exame de quinze psiquiatras e concordou com o diagnóstico de que seu gênio originava-se dos elementos neuróticos de seu temperamento. Baudelaire, Rimbaud, Verlaine descobriam virtude e força em suas doenças físicas e mentais e no sofrimento. W. H. Auden dirige-se à sua "ferida" no rosto em linguagem de amante, agradecendo-a pelo dom da intuição que ela lhe dera. "Conhecer você", dizia, "me fez entender." E Edmund Wilson, em sua impactante expressão sobre "o ferimento e o arco" formulou, para o nosso tempo, a ideia da doença característica do artista, que representa na figura de Filoctetes, o guerreiro grego forçado a viver isolado devido ao odor repelente de uma ferida supurada, e que, no entanto, acabou por ser procurado por seus compatriotas devido à necessidade que tinham do arco incapaz de errar que ele tinha.

O mito do artista doente, acreditamos, foi criado por constituir uma vantagem para os vários grupos que tinham uma ou outra relação com a arte. Para o próprio artista o mito dá alguns dos antigos poderes e privilégios do idiota e do tolo, criaturas meio proféticas, ou do sacerdote mutilado. Que a neurose do artista possa ser apenas uma máscara foi sugerido pelo prazer que Thomas Mann tinha na representação de sua juventude inexperiente como "doente", e a sua bem-sucedida maturidade como senatorialmente robusta. Acreditando em sua doença, o artista pode com mais facilidade atingir a função, escolhida e atribuída, de se conectar com as forças da espiritualidade e da moralidade: o artista vê como insanos os meios "normais" e "saudáveis" da sociedade estabelecida, ao passo que a aberração e a doença são tidas por saúde espiritual e moral, mesmo que apenas contradigam as maneiras da sociedade respeitável.

O mito também tem suas vantagens para o filistino – uma vantagem dupla. De um lado, a crença na neurose do artista permite ao filistino tapar os ouvidos para o que ele diz. Mas, de outro, permite que ele o ouça. Pois não devemos incorrer no erro comum – isto é, que o contemporâneo filistino não queira ouvir, ao mesmo tempo que quer tapar seus ouvidos. Supondo que o artista tem uma relação interessante, mas nem sempre confiável, com a realidade, ele é capaz de conter (no sentido militar) o que o artista está dizendo. Se ele não quisesse mesmo ouvir, diria que é "insano", mas, usando "neurótico", termo fronteiriço, poderá ouvir quando quiser.

Acrescentando mais uma vantagem para o artista e para o filistino, devemos levar em conta a utilidade do mito para um terceiro grupo, o das pessoas "sensíveis" que, embora não sejam artistas, também não são filistinas. Elas formam um grupo pela sua passiva impaciência para com o filistinismo, e também pela conscientização de seus próprios sofrimentos e incertezas emocionais. Para essas pessoas o mito do artista doente é a sanção institucional de sua situação; elas procuram se aproximar do artista ou adquirir seu caráter, às vezes planejando trabalhar ou mesmo tentando trabalhar como faz o artista, sempre estabelecendo uma conexão entre os próprios poderes da mente e a consciência de sua "diferença" e de sua doença neurótica.

As tentativas mais antigas da psicanálise de lidar com a arte se basearam na hipótese de que, por ser o artista neurótico, o conteúdo de seu trabalho também o seria, o que quer dizer que ele não mantinha uma relação correta com a realidade. Um bom exemplo do desenvolvimento psicanalítico a esse respeito é o conhecido ensaio do doutor Saul Rosenzweig, "The Ghost of Henry James"[3] ["O Fantasma de Henry James"]. É um admirável trabalho, marcado pela precisão em descrever o fato literário e pelo respeito ao valor do objeto literário. Embora explore o elemento da neurose na vida e na obra de James, em nenhum lugar sugere que esse elemento de qualquer forma prejudique o valor do escritor como artista ou como moralista. Na verdade, o autor diz que a neurose é uma forma de lidar com a realidade que, na vida real, é desconfortável e não econômica, mas que esse julgamento da neurose na vida não pode mecanicamente ser transferido às obras de arte sobre as quais houve influência da neurose. Ele nunca insinua que uma obra de arte em cuja gênese seja descoberto um elemento neurótico deva por esse motivo ser considerada irrelevante ou ter seu valor diminuído. Realmente, o tratamento que dá ao tema sugere, com razão, que cada neurose envolve uma situação emocional real da espécie mais intensamente significativa.

---

[3] Publicado pela primeira vez em *Character and Personality*, dezembro de 1943, e publicado também em *Partisan Review*, outono de 1944.

No entanto, no fim de seu ensaio, Rosenzweig usa a definição corrente sobre a conexão causal entre a doença mental do artista e seu poder. Sua pesquisa sobre James, diz, "revela a aptidão do padrão de Filoctetes". Ele aceita a ideia das "raízes sacrificiais do poder literário" e fala das "infelizes fontes do gênio de James". "A aplicação mais extensa do padrão inerente", diz,

> é familiar aos leitores do recente volume de Edmund Wilson, *The Wound and the Bow* [A Ferida e o Arco]. [...] Relembrando a experiência e o trabalho de vários mestres literários bem conhecidos, Wilson revela as raízes sacrificiais de seu poder no modelo da lenda grega. No caso de Henry James, a presente relação [...] fornece uma intuição similar das infelizes fontes do seu gênio [...]

O que é uma surpresa para nós. Nada, na teoria de Rosenzweig, exige essa explicação. Pois sua teoria baseia-se só no fato de Henry James, predisposto pelo temperamento e pela situação familiar a certas qualidades mentais e emocionais, ter sido ferido em sua juventude de um modo que acreditava ser sexual; e que ele inconscientemente provocara esse ferimento pelo desejo de identificação com seu pai, que fora também ferido de maneira chocantemente semelhante – "castrado", quando uma perna lhe fora amputada. O que resultou, para o mais jovem dos James, em certo padrão de vida e em uma preocupação com seu trabalho sobre certos temas que mais ou menos simbolizavam obscuramente sua situação sexual. No entanto, na minha opinião isso não equivale a revelar as raízes do talento de James ou as fontes de sua genialidade. O ensaio que dá o título e o princípio coerente ao livro de Edmund Wilson não diz explicitamente que as raízes do talento estão no sacrifício e que a fonte da genialidade é a infelicidade. Quando é explícito, ele só diz que "gênio e doença, como força e mutilação, podem estar inextricavelmente ligados", o que, naturalmente, parece não dizer senão que a personalidade é integral e não pode ser separada em partes; e disso se deduz, sem dúvida, uma implicação importante, prática e moral, a de que não podemos julgar ou negar o gênio e a força de uma pessoa por conhecermos sua doença ou mutilação. A lenda de Filoctetes em si não sugere nada além disso. Não sugere que a ferida seja o preço a ser pago pelo arco, ou que sem a ferida o arco não poderia ser tido ou armado. Contudo, Rosenzweig resumiu perfeitamente a força e, creio, a intenção de todo o livro de Edmund Wilson: seus vários estudos parecem dizer que a eficiência na arte não depende da doença.

Um exame dessa ideia prevalente bem poderia ser iniciado com a observação do quão abrangente e profundamente enraizado é o conceito de que se pode obter força por meio do sofrimento. Mesmo em estágios relativamente altos da cultura, a mente parece aderir com facilidade à primitiva crença de que o sofrimento e o sacrifício estão ligados à força. Crenças primitivas devem ser tratadas com uma respeitosa precaução à sua possível veracidade, e também com a suspeita de serem mágicas e irracionais, sendo ambos os lados da questão dignos de nota, à luz do que já dissemos sobre toda a economia da neurose ser baseada exatamente nessa ideia ambígua do sofrimento sacrificial: o sujeito neurótico inconscientemente pertence a um sistema em que renuncia a algum prazer ou poder, ou inflige sofrimento a si próprio, visando a obter algum outro poder ou algum outro prazer.

Na arraigada convicção popular da relação entre sofrimento e poder, há realmente duas ideias distintas, embora relacionadas. Uma delas é a da existência no indivíduo de um fundo de poder que tem saída através de vários órgãos ou faculdades, saída essa que se for impedida o fará fluir no sentido de aumentar a força ou a sensibilidade de algum outro órgão. Assim, é crença popular que o sentido do tato é intensificado no cego, não tanto pela vontade que a pessoa tem de se adaptar às necessidades de sua situação, mas por uma espécie de redistribuição mecânica do poder. E essa ideia pareceria explicar, se não a origem da antiga mutilação dos sacerdotes, pelo menos um entendimento comum de seu sacrifício sexual.

A outra ideia é a de que uma pessoa pode aprender, ou ser provada, suportando a dor. Facilmente viria à nossa mente o sofrimento ritual infligido na iniciação tribal dos jovens, visando a sua entrada em plena idade adulta, ou na admissão do aprendiz na corporação à qual pertence. Essa ideia é encontrada, de forma sofisticada, nas altas práticas religiosas, pelo menos desde Ésquilo, que afirmava que o homem atinge o conhecimento de Deus pelo sofrimento, e desde o início foi um elemento importante do pensamento cristão. No século XIX, o conceito cristianizado do sofrimento didático do artista aparece com a ideia de sua degeneração mental e servia mesmo como uma espécie de contramito a ela. Sua doutrina era que o artista, sendo um homem forte e saudável, deveria experimentar sofrer e assim aprender tanto os fatos da vida como seu ofício. "Eu sou o homem, eu sofri, eu estive lá", assim devia vangloriar-se, e assim ele derivava sua autoridade do conhecimento obtido pelo sofrimento.

Indubitavelmente essas ideias representam em parte uma verdade sobre o poder mental e emocional. A ideia do sofrimento didático expressa uma avaliação da experiência e da estabilidade. A ideia de uma compensação natural pelo sacrifício de alguma faculdade também diz algo que pode ser racionalmente defendido: não se pode ser e fazer tudo, e a absorção total em qualquer empreendimento, arte, por exemplo, significa que devemos desistir de outras possibilidades, e até de partes de nós próprios. E há mesmo certa validade na crença de que o indivíduo tem um fundo de energia indiferenciada que pressiona com mais força as saídas disponíveis, se for privada das saídas normais.

Então, ainda defendendo a crença de que o poder artístico está conectado com a neurose, podemos dizer que não há duvida de que a chamada "doença mental" possa ser a fonte do conhecimento psíquico. Alguns neuróticos, por serem mais apreensivos do que as pessoas normais, são capazes de ver mais certas partes da realidade, e com mais intensidade. E muitos pacientes neuróticos ou psicóticos estão, em certos aspectos, mais próximos das realidades do inconsciente do que as pessoas normais. Além disso, a expressão de um conceito neurótico ou psicótico da realidade provavelmente será mais intensa do que a expressão normal.

No entanto, depois de termos dito tudo isso, ainda é errado, creio, descobrir a raiz do poder do artista e a fonte da sua genialidade na neurose. Há duas importantes objeções a essa ideia: a primeira refere-se à assumida singularidade do artista na qualidade de sujeito da interpretação psicanalítica. A segunda, refere-se ao verdadeiro significado de poder e de gênio.

Um dos motivos pelos quais os escritores são considerados mais disponíveis do que outras pessoas à interpretação psicanalítica é porque nos contam o que se passa em seu íntimo. Mesmo quando não fazem um diagnóstico real de suas doenças, ou descrevem "sintomas", temos de ter em mente que é sua profissão tratar com a fantasia, de uma forma ou de outra. Exibir seu inconsciente faz parte da natureza de sua profissão. Podem até disfarçá-lo de várias formas, mas disfarce não é ocultamento. Pode-se dizer, realmente, que quanto mais um escritor se esforça para afastar sua obra do que é pessoal e subjetivo, mais – e não menos – ele expressará seu verdadeiro inconsciente, embora não seja o que passa por inconsciente na maioria das pessoas.

Além disso, o escritor provavelmente escreverá muito bem suas cartas, diários, autobiografia: na verdade, quase todas as boas autobiografias são as de escritores. O escritor está mais consciente do que acontece com ele e com frequência descobre ser necessário ou útil articular seus estados íntimos, orgulhando-se de dizer a verdade. Assim, só um homem tão devotado à verdade das emoções como Henry James poderia informar o mundo, apesar de sua característica reserva, sobre um acidente tão íntimo como o seu. Não podemos, naturalmente, supor que as declarações feitas por um escritor sobre sua vida íntima sejam equivalentes a verdadeiras afirmações sobre seu inconsciente, o qual, por definição, ele não pode conhecer conscientemente. Mas podem ser chaves úteis para conhecer a natureza de uma entidade sobre a qual podemos fazer proposições de maior ou menor convicção, mas nunca absolutas. Ou, pelo menos, para nos dar o que decerto está relacionado ao conhecimento de seu inconsciente – isto é, uma intuição da sua personalidade.[4]

Mas enquanto a validade de lidar com a vida intelectual do escritor em termos psicanalíticos é aceita, a interpretação psicanalítica da vida intelectual dos cientistas não é, em termos gerais, reconhecida. O velho mito do cientista louco não mais existe, a não ser por algum ocasional psiquiatra louco. A posição social da ciência exige que esse mito desapareça, o que nos faz observar que os simpatizantes da arte que insistem em explicar o gênio artístico pelo desequilíbrio psíquico estão, na realidade, capitulando aos costumes dominantes que afirmam que os membros da respeitável profissão estão, por mais tediosos que sejam, livres de neurose. Os cientistas, para continuar com eles como o melhor exemplo das profissões respeitáveis, habitualmente não nos dão pistas para suas personalidades, o que em geral os escritores fazem. Mas ninguém que tenha vivido entre cientistas, observando-os, dirá que são desprovidos de inconsciente, ou mesmo livres de neuroses. Realmente, muitas vezes é aparente que o devotamento à ciência, se não pode ser chamado de manifestação neurótica, pelo menos pode ser entendido como

---

[4] Não concordo absolutamente com as declarações do doutor Edmund Bergler sobre "a" psicologia do escritor, mas acho que ele prestou um bom serviço ao nos advertir a não aceitar literalmente as declarações de um escritor sobre si próprio, mais ainda se forem "francas". Assim, segundo o notável exemplo do dr. Bergler, é habitual que os biógrafos aceitem as declarações de Stendhal sobre seus sentimentos abertamente sexuais por sua mãe, quando ele era pequeno, sentimentos esses que eram acompanhados por um intenso ódio de seu pai. Mas o dr. Bergler acredita que Stendhal inconscientemente usou a consciência do amor de sua mãe e do ódio pelo seu pai para mascarar um amor inconsciente e assustador pelo pai. ("Psychoanalysis of Writers and of Literary Productivity". In: *Psychoanalysis and the Social Sciences*, vol. 1.)

capaz de combinar muito intimamente com os elementos neuróticos do temperamento, como uma compulsividade patente. Dos cientistas como grupo podemos dizer que são menos preocupados com as manifestações da personalidade, suas ou dos outros, do que os escritores. Mas essa relativa indiferença raramente é um sinal de normalidade – na verdade, se escolhermos examiná-la com a mesma espécie de olhar com o qual observamos as características dos escritores, poderemos dizer que a indiferença em assuntos de personalidade é, em si, uma evasão suspeita.

A proposição básica da psicanálise é de que os atos de cada pessoa são influenciados pelas forças do inconsciente. Cientistas, banqueiros, advogados ou cirurgiões, em razão das tradições de sua profissão, praticam o ocultamento e a conformidade; mas é difícil acreditar que uma pesquisa feita segundo os princípios psicanalíticos falharia em mostrar que o estresse e os desequilíbrios da psique deles não são da mesma frequência que os dos escritores, ou semelhantes a eles. Não digo que todos têm os mesmos problemas e psique idêntica, mas que não há uma categoria especial para escritores.[5]

Em vista disso, se ainda quisermos atribuir o talento do escritor a uma neurose, devemos fazer a mesma coisa em relação a todos os dons intelectuais. Devemos procurar as raízes do poder de Newton em suas extravagâncias emocionais, e as de Darwin em seu sensível temperamento neurótico, e as do gênio matemático de Pascal nos impulsos que o levaram a um extremo masoquismo religioso – escolho só exemplos clássicos. Se optarmos pela equivalência entre poder e neurose, devemos fazer que isso valha para qualquer campo de empreendimentos. Lógico, economista, botânico, físico, teólogo – nenhuma

---

[5] O dr. Bergler acredita que há uma neurose peculiar aos escritores, baseada num masoquismo oral que os torna inimigos do mundo respeitável, cortejando a pobreza e a perseguição. Mas um desenvolvimento posterior da teoria do masoquismo oral do dr. Bergler transforma-a na neurose básica, não paenas dos escritores, mas de todas as pessoas neuróticas.

profissão pode ser tão respeitável ou tão distante ou tão racional que esteja isenta de uma interpretação psicológica.⁶

Além disso, não só o poder mas também o fracasso ou a limitação devem ser levados em conta pela teoria da neurose, e não só o fracasso ou a limitação na vida e mesmo na arte. Com frequência

---

⁶ Em seu interessante ensaio "Writers and Madness" ["Escritores e Loucura"], (*Partisan Review*, jan.-fev. de 1947), William Barrett examinou essa questão, insistindo que uma distinção nítida deve ser feita entre a relação existente entre um cientista e seu trabalho e a que existe entre o artista e seu trabalho. A diferença, tal como a entendo, está nas exigências feitas pelo ego. A exigência feita pelo artista é pessoal de um modo que a do cientista não é, pois este, embora realmente queira ganhar prestígio e assim "responda a uma das mais profundas necessidades do seu ego, é só para que o prestígio venha a satisfazer a sua pessoa no mundo público dos outros homens; e, no final das contas, não é o seu próprio ser que é exibido, ou sua própria voz que é ouvida, no sábio relatório que faz à Academia". No entanto, na verdade, tal como é sugerido pelo senso que os matemáticos têm do *estilo* do seu próprio pensamento, a criação do pensador abstrato é tão profundamente envolvida quanto a do artista – ver Jacques Hadamard, *An Essay on the Psychology of Invention in the Mathematical Field*. Princeton, Princeton University Press, 1945. O cientista, quase tanto como o artista, procura se impor *a si próprio*, a *expressar* a si próprio. É claro que não afirmo que os processos do pensamento científico sejam os mesmos dos do pensamento artísticos, ou mesmo que a criação do cientista esteja envolvida com sua personalidade total da mesma forma que a do artista – mantenho, apenas, que a criação do cientista está tão profundamente envolvida com a sua personalidade total como a do artista.
Este ponto de vista parece ser sustentado pela monografia de Freud sobre Leonardo. Um dos problemas que Freud se propõe é o de descobrir por que um artista tão bem dotado teria de se dedicar cada vez mais às suas investigações científicas, com o resultado de se tornar completamente incapaz de terminar seus projetos artísticos. Os motivos particulares para essa atitude, expressos por Freud, não precisam ser citados aqui; tudo o que quero sugerir é que Freud entende que esses motivos sejam a elaboração de um conflito íntimo, a tentativa de lidar com as dificuldades que têm raízes nas situações mais primitivas. As investigações científicas feitas por Leonardo eram tão necessárias e "compulsivas", e constituíam uma exigência de toda a sua personalidade, como qualquer coisa que, como artista, ele empreendia; e, em vez de elas o arrastarem em vista do prestígio público, eram em grande parte privadas e pessoais, e tidas pelo público do seu tempo como algo muito louco.

diz-se que o problema mental de Dostoiévski explica o brilho de suas intuições psicológicas. O que nunca se diz é que esse mesmo problema mental também explicava sua deficiência no mesmo campo. Freud, que admirava muitíssimo Dostoiévski, embora não gostasse dele, observava que "sua intuição era inteiramente restrita à ação da psique anormal", e que seria preciso "considerar seu surpreendente desamparo diante do fenômeno do amor; ele realmente só entende ou o desejo rude e instintivo ou a submissão masoquista, ou ainda o amor derivado da piedade".[7] Devemos notar que esse não é só um comentário feito por Freud no campo que Dostoiévski escolheu para ser seu, mas sobre seu fracasso em entender o que, em vista do campo especial que escolheu, ele poderia esperar entender.

E uma vez que a neurose pode ser responsável não só pelo sucesso, pelo fracasso ou pela limitação mas também pela mediocridade, toda a sociedade é envolvida por ela. Não faço objeções a isso – acho que de fato toda a sociedade está envolvida com a neurose. Mas, uma vez que é responsável por tanta coisa, não se pode dizer que seja exclusivamente responsável pelo talento literário de alguma pessoa.

Agora temos de considerar qual o significado do gênio, quando sua fonte é identificada como o sacrifício e o sofrimento da neurose.

No caso de Henry James, a referência à neurose de sua vida pessoal realmente nos conta algo sobre a intenção latente de sua obra e também, em grande parte, sobre o motivo de seu interesse para nós. Mas, se estamos falando de genialidade e de suas fontes, devemos observar que a referência à neurose não nos diz nada sobre a paixão, a energia e o devotamento de James, e nada sobre sua habilidade arquitetônica, nada sobre os outros temas que foram importantes para ele e não estão ligados à sua preocupação inconsciente com a castração. Não podemos tornar a vida íntima do escritor exatamente

---

[7] De uma carta citada em *From Thirty Years With Freud* [De Trinta Anos com Freud], de Theodor Reik.

equivalente a seu poder de expressá-la. Só para argumentar, vamos assumir que seu gênio literário, diferentemente do de outros, é vítima de uma "mutilação", e que suas fantasias sejam neuróticas.[8] Não se segue daí como inevitável passo adiante que sua habilidade em expressar essas fantasias e a nos fazer ficar impressionados com elas seja neurótica, pois essa habilidade precisamente é o que queremos dizer com "sua genialidade". Qualquer um pode ter uma ferida íntima igual à de Henry James, e mesmo responder em seu íntimo a esse sofrimento como ele diz ter feito, e não ter, porém, seu talento literário.

A referência à neurose do artista nos diz algo sobre o material sobre o qual ele exerce os seus poderes, e mesmo algo sobre seus motivos para desencadear esses poderes, mas não nos diz nada sobre a fonte deles, não estabelece a conexão causal entre eles e a neurose. E examinando bem esse tema, vemos que realmente não há uma relação causal entre eles. Pois, ainda assumindo que o poeta seja unicamente um neurótico, o que não é neurótico, o que sugere apenas saúde, é seu poder de usar essa sua neurose. Ele formula suas fantasias, dá-lhes forma social e referência. Não se pode melhorar a maneira como Charles Lamb expressou isso. Ele nega que o gênio esteja aliado à insanidade, já que o leitor moderno pode substituir "insanidade" por "neurose". Diz ele:

> Esse erro está baseado no fato de que os homens, descobrindo no enlevo da mais elevada poesia uma condição de exaltação, para a qual não encontram paralelo em suas próprias experiências, além da espúria semelhança encontrada nos sonhos e nos estados febris, imputam um estado de devaneio e febre ao poeta. Mas o verdadeiro poeta sonha enquanto está acordado. Ele não está possuído pelo seu

---

[8] Estou usando a palavra *fantasia* em sentido neutro. Neste sentido, a fantasia pode ser distinguida da representação de algo que realmente existe, mas não é oposta à "realidade" e uma "fuga" da realidade. Assim, são fantasias a ideia de uma sociedade racional, ou a imagem de uma casa boa para ser construída, bem como a história de algo que nunca poderia ter acontecido. Podem existir fantasias neuróticas ou não neuróticas.

tema, mas tem domínio sobre ele... Onde ele mais parece se afastar da humanidade, será descoberto como mais fiel a ela. Se, por acaso, invoca possíveis existências que vão muito além do objetivo da natureza, ele as subjuga à lei de sua consistência. Ele é esplendidamente leal a essa soberana diretora, quando mais parece traí-la e abandoná-la... É nisso que se diferenciam os grandes artistas dos pequenos; se os últimos se afastarem mesmo pouco da natureza ou da existência natural, eles se perderão, e a seus leitores... Eles não criam, o que implica formatação e consistência. Sua imaginação não é ativa – pois ser ativo é invocar algo e elaborá-lo em ato e forma –, mas sim passiva como a daqueles que estão sonhando.

Devemos lembrar que os muitos que não são artistas podem se aproximar das atividades artísticas. É assim que as expressões de muitos esquizofrênicos têm a intensa aparência de criatividade e um imperioso interesse e significado, mas não são obras de arte. E, embora Van Gogh possa ter sido esquizofrênico, era, antes de mais nada, um artista. Repetindo, como já sugeri, não é incomum na nossa sociedade que certas espécies de neuróticos imitem o artista em sua vida e mesmo em seus ideais e ambições. Eles seguem o artista em tudo, exceto em seu desempenho pleno de sucesso. Foi Otto Rank, acho, que chamou essas pessoas de "meio artistas" e confirmou o diagnóstico de sua neurose, ao mesmo tempo que os diferenciou dos verdadeiros artistas.

Nada é tão característico do artista como o poder de dar forma a seu trabalho, ou de dominar o material bruto, por mais desviante que ele seja do que chamamos normalidade, até lhe dar a consistência da natureza. Seria impossível negar que, seja qual for a doença ou a mutilação que o artista possa sofrer, ela é um elemento de sua produção que tem efeito em cada parte desta, mas doença e mutilação estão também disponíveis para nós todos – a vida fornece esses elementos com pródiga generosidade. O que marca o artista é seu poder de dar forma ao material de sofrimento que nós todos temos.

Neste ponto, ao reconhecermos a abundante provisão de sofrimento que nos é dada pela vida, estaremos bem no núcleo das coisas, isto é, o significado que podemos atribuir à neurose e a relação que supostamente temos com a normalidade. O próprio Freud pode nos ajudar nisso, embora devamos admitir que o que ele nos diz pode, à primeira vista, nos parecer de alguma forma contraditório e confuso.

O estudo de Leonardo da Vinci, feito por Freud, é uma tentativa de entender por que o artista era incapaz de levar adiante seus projetos artísticos, sentindo-se impelido a adiantar mais suas pesquisas científicas. A causa dessa sua atitude é descoberta por Freud em certas experiências infantis, não diferentes em espécie das que o doutor Rosenzweig considera em certos elementos da obra de Henry James. E ao completar seus estudos, Freud diz:

> Vamos enfatizar expressamente que nunca consideramos Leonardo um neurótico... Não acreditamos mais que saúde e doença, normalidade e neurose, sejam nitidamente diferentes uma da outra. Sabemos hoje que os sintomas neuróticos são formações substitutivas para certos atos repressivos que devem resultar no nosso desenvolvimento cultural de crianças a adultos, que nós todos produzimos tais formações substitutivas, e que só a quantidade, a intensidade e a distribuição delas justificam o conceito prático de doença...

Declaração essa que se torna mais chocante quando lembramos que durante seu estudo Freud teve ocasião de observar que Leonardo era ao mesmo tempo homossexual e sexualmente inoperante. Não tenho certeza de que teria feito essa declaração vendo Leonardo como um neurótico, em cada etapa do posterior desenvolvimento da psicanálise, mas ela está de acordo com sua contínua conceituação da gênese da cultura. E com o conceito prático, quantitativo ou econômico, de doença, que faz em uma passagem das suas *Leituras Introdutórias*:

> Os sintomas neuróticos são atividades prejudiciais, ou pelo menos inúteis, para a vida como um todo; a pessoa em questão frequentemente se queixa deles como nocivos ou capazes de infligir sofrimento ou desespero. O principal dano que causam é o desperdício de energia, e, além disso, a necessidade provocada de energias que combatam esses

sintomas. Onde eles são extensivamente desenvolvidos, essas duas espécies de esforço podem ter tal custo que a pessoa sofra um empobrecimento muito sério na energia mental disponível, e por conseguinte eles terminam por inutilizá-la para todas as tarefas importantes da vida. Esse resultado depende principalmente da quantidade de energia gasta dessa forma; portanto, podemos ver que a "doença" é essencialmente uma conceituação prática. Mas se olharmos esse tema de um ponto de vista teórico e ignorarmos essa questão de grau, poderemos ver bem que todos nós somos doentes, isto é, neuróticos, pois as condições exigidas pela formação dos sintomas são demonstráveis também nas pessoas comuns.

Somos todos doentes: é uma declaração grandiosa, e suas implicações – isto é, o entendimento da totalidade da natureza humana em termos de doença – são vastas. Essas implicações nunca foram adequadamente examinadas (embora eu acredite que alguns poucos teólogos tenham respondido a elas), mas não é este o lugar de se tentar discuti-las. Enfatizo essa afirmação de Freud sobre a doença essencial da psique só porque representa a refutação do que está implícito no uso literário da teoria da neurose, para explicar a genialidade. Pois, se somos todos doentes, e se, como já disse, a neurose pode ser responsável por tudo, pelo fracasso e pela mediocridade – "um empobrecimento muito sério da energia mental disponível" –, bem como pelo gênio, não podemos nos referir unicamente a este último.

No entanto, não se deve dizer que não há conexão entre neurose e gênio, o que seria equivalente a dizer que não há conexão entre a natureza humana e o gênio. Mas essa conexão encontra-se totalmente em uma relação particular e especial que o artista tem com a neurose.

Para entender essa conexão, devemos ter em mente nitidamente o que é neurose. O conceito literário corrente da neurose como *ferimento* é totalmente errôneo. Inevitavelmente ele sugere passividade, ao passo que, se seguirmos Freud, devemos entender a neurose como uma atividade com um propósito e uma espécie particular de atividade, o conflito. Isso não equivale a dizer que não existem estados mentais anormais que não são conflitos. Existem: a luta entre elementos do inconsciente pode não ter sido nunca instituída, em primeiro lugar, ou pode ter sido extinta. Como diz Freud em uma passagem que segue de perto a já citada: "Se as regressões não provocarem uma proibição por parte do ego, nenhuma neurose resultará; a libido é bem-sucedida na obtenção de uma satisfação real, embora não seja normal. Mas se o ego [...] não concorda com essas regressões, surge o conflito". E em seu ensaio sobre Dostoiévski, Freud diz que "não há masoquistas completamente neuróticos", querendo dizer que o ego que cede completamente ao masoquismo (ou a qualquer outro excesso patológico) passou além da neurose; o conflito acabou, mas ao custo da derrota do ego, e então algum outro nome, diferente do de neurose, deve ser dado à condição da pessoa que ultrapassa assim o sofrimento do conflito neurótico. Entender isso é tornar-se consciente da curiosa complacência com a qual os homens de letras consideram a doença mental. A psique do neurótico não tem a mesma complacência; ela mostra o maior temor das forças caóticas e destrutivas que ele contém, e luta ferozmente para controlá-las.[9]

---

[9] No artigo ao qual me referi anteriormente, William Barrett diz que ele prefere o antiquado termo "loucura" a "neurose". Mas não tem o direito de escolher – as palavras não diferem segundo a moda, mas pelo seu significado. A maioria dos literatos, quando fala de doença mental, refere-se à neurose. Talvez uma razão para isso é a de que a neurose é a mais benigna das doenças mentais. Outro motivo certamente é o de que a literatura psicanalítica trata principalmente da neurose, e que a sua sintomatologia e terapia tornaram-se familiares; a psicanálise tem muito menos o que dizer sobre a psicose, para a qual só pode oferecer uma esperança terapêutica muito menor. Além disso, a neurose facilmente pode ser colocada em uma conexão causal com os desajustes sociais de nossa época. Outras formas de doença mental, mais severas e degenerativas, não são amplamente reconhecidas pelos literatos e frequentemente são assimiladas à neurose, com a confusão que disso resulta. No presente ensaio trato só do conceito de neurose, mas isso não deve significar que acredito que outras condições mentais patológicas, incluindo a própria loucura, não tenham relevância para o tema geral que estamos discutindo.

Chegamos assim a um notável paradoxo: todos nós somos doentes, mas somos doentes a serviço da saúde, ou doentes a serviço da vida, ou, pelo menos, no serviço da vida na cultura. A forma das dinâmicas da mente é a da neurose, o que deve ser entendido como a luta do ego para não ser dominado pelas forças com as quais ele coexiste, e a estratégia desse conflito requer que o ego incorra em sofrimento e tenha de se sacrificar, ao mesmo tempo cuidando para que seu sofrimento e seu sacrifício sejam os menores possíveis.

Mas essa é a característica de todas as mentes: nenhuma está isenta, exceto as que recusam o conflito ou se retiram dele; donde perguntarmos em quê consiste a singularidade da mente do artista. Se ele não for singular em sua neurose, será então no significado e na intensidade dela? Não creio que nos falte muito para chegar a uma definição do gênio artístico, ao respondermos afirmativamente a essa pergunta. Um conflito neurótico não pode nunca ser desprovido de sentido, ou considerado meramente pessoal; pode ser entendido como exemplo das forças culturais de um grande momento, e isso para qualquer conflito existente. É certo que algumas neuroses podem ser mais interessantes que outras, talvez por serem mais fortes ou mais abrangentes; e sem dúvida o escritor que desperta nosso interesse é uma pessoa que, pela energia e pelo significado das forças em luta dentro dele, nos fornece a mais ampla representação da cultura na qual nós, com ele, estamos envolvidos; sua neurose pode assim ser definida como capaz de estabelecer com seus poderes literários uma conexão de concomitância. Como diz Freud em seu ensaio sobre Dostoiévski, "a neurose [...] é tanto mais pronunciada quanto mais rica é a complexidade que tem de ser controlada pelo seu ego". Contudo, até mesmo a rica complexidade que seu ego tem de controlar não é a definição do gênio do artista, pois não podemos de modo algum dizer que o artista seja proeminente na rica complexidade de elementos que estão em conflito em seu íntimo. Um conhecimento superficial da literatura clínica da psicanálise sugere que uma rica complexidade de elementos em luta não é incomum. E essa mesma literatura também diz muito claramente que os artifícios da arte – os recursos mais extremos da poesia, por exemplo – não constituem particularidade da mente do artista, mas da própria mente humana.

Mas o artista é realmente único em um aspecto, na relação com sua neurose. Ele é o que é pela bem-sucedida objetivação de sua neurose, pelo seu poder de dar-lhe forma e torná-la disponível aos outros, de maneira que tenha efeito sobre seu próprio ego em conflito. Seu gênio pode ser definido em termos de suas faculdades de percepção, representação e realização, e só nesses termos. Não pode ser definido em termos de neurose, da mesma forma que não poderia ser definido por sua capacidade de andar ou falar, ou por sua sexualidade. A maneira de ele usar esse seu poder, ou a maneira ou o estilo de seu poder, podem ser discutidos com referência à sua neurose particular, bem como tantos outros pontos, como a inoportuna diminuição ou cessação de seu exercício. Mas sua essência é irredutível. É, como dizemos, um dom.

Somos todos doentes: mas até mesmo uma doença universal contém uma ideia de saúde. Do artista devemos dizer que, sejam quais forem os elementos de neurose que ele tem em comum com seus companheiros mortais, a parte saudável dele, por qualquer definição concebível de saúde, é a que lhe dá o poder de conceber, planejar, trabalhar e levar seu trabalho a uma conclusão. E se somos todos doentes, será por um acidente universal e não por uma necessidade universal, por uma falha na economia de nossos poderes, e não pela própria natureza desses poderes. O mito de Filoctetes, quando é usado para demonstrar uma conexão causal entre a fantasia da castração e o poder artístico, não nos diz mais sobre a fonte do poder artístico do que o que aprendemos sobre a fonte da sexualidade, quando a fantasia da castração é acrescentada, pelo medo de que a castração possa explicar por que um homem é impelido a explorações extravagantes da sexualidade, mas não dizemos que seu próprio poder sexual deriva do temor da castração; e mais, a mesma fantasia também pode explicar a impotência ou a homossexualidade. A história de Filoctetes, que assim se estabeleceu entre nós para explicar a fonte do poder do artista, não é realmente um mito explicativo; é um mito moral que se refere a nosso comportamento adequado, nas circunstâncias do acidente universal. Na sua justaposição entre a ferida e o arco, ele nos conta que devemos estar conscientes de que a fraqueza não exclui a força, nem o contrário acontece. Portanto, não é irrelevante para o artista, mas quando o usamos faremos bem em ter em mente os outros mitos da arte, lembrando o que Pan e Dionísio sugerem do relacionamento da arte com a fisiologia e a superabundância, lembrando que o arco e a lira foram atribuídos a Apolo – duas forças associadas – e que a lira lhe foi dada pelo seu inventor, o bebê Hermes – aquela criança miraculosa que, no dia em que nasceu, deixou seu berço para fazer travessuras: e a primeira coisa que encontrou foi uma tartaruga, e, já que pensar e agir eram para ela uma só coisa, inventou o instrumento com o qual cantou "a gloriosa lenda de sua própria geração". Todos esses eram deuses, e muito primitivos, mas seus mitos nos contam algo sobre a natureza e a fonte da arte, mesmo em nosso tardo e sombrio presente humano.

Capítulo 10 | O Senso do Passado

Nos últimos anos, o estudo da literatura em nossas universidades foi várias vezes questionado, sobretudo porque o que se tem estudado não é tanto literatura em si, mas história da literatura. John Jay Chapman foi talvez o primeiro a colocar-se contra os especialistas literários, quando, em 1927, denunciou o "arqueológico, quase científico e documental estudo das belas-artes", porque, como dizia, ele permitia "expressar o universo fluido de várias emoções em termos extraídos do estudo das ciências físicas". E desde que Chapman escreveu isso, essa questão tem sido levantada sob a forma de uma oposição da "crítica" à "especialização". A crítica tem sido a agressora, e seu ataque contra os especialistas tem tido sucesso quase na proporção da falta de espírito com que tem sido feita; neste momento, embora o estudo arqueológico, quase científico e documental da literatura ainda predomine em uma ou outra de nossas universidades, está claro que os especialistas estão na defensiva e prontos a partilhar a regra com seus antagonistas.

Essa revisão da orientação acadêmica pode ser vista só com satisfação. O mundo parece estar se tornando cada vez menos capaz de responder à literatura; podemos mesmo observar que a literatura está se tornando algo como um objeto de suspeita, e é possível dizer, do estudo histórico da literatura, que sua própria existência é uma prova dessa desconfiança. As categorias de *conhecimento* e de *poder*, estabelecidas por De Quincey, são as mais pertinentes, aqui; o estudo tradicional, que toma a literatura sobretudo como um objeto de conhecimento, nega ou obscurece o poder ativo pelo qual a literatura é verdadeiramente definida. Todas as espécies de estudos são devidamente subservientes ao estudo da literatura. Por exemplo, o estudo das condições intelectuais em que uma obra de literatura foi feita não é só legítimo mas, às vezes, mesmo necessário à nossa percepção de seu poder. No entanto, quando o professor Lovejoy, em seu influente livro *The Great Chain of Being* [A Grande Cadeia do Ser], nos diz que para o estudo da história das ideias um escritor morto é melhor do que um cujas obras ainda sejam apreciadas, naturalmente estranhamos, pensando se não estamos correndo o risco de nos tornar iguais aos ladrões de cadáveres de Edimburgo, que se esforçavam para que houvesse sempre cadáveres para estudo na escola de medicina.

Os críticos atacaram os historiadores da literatura em nome do poder da arte. Foi o ataque mais feroz, devido à história literária ter seguido fielmente a liderança da história social e política que, tendo abandonado sua conexão tradicional com a literatura, aliara-se às ciências físicas do século XIX e adotara o pressuposto destas, que o mundo era refletido com uma perfeita literalidade na mente desprovida de vontade do observador. A nova história teve muitos sucessos e ensinou aos estudos literários o que ela própria aprendera, que em uma era científica ganha-se prestígio com a aproximação dos métodos da ciência. O mais notável e adaptável desses métodos era a investigação da gênese, de como a obra de arte havia sido feita. Não estou preocupado em demonstrar que o estudo da gênese é prejudicial à experiência certa da obra de arte: não acredito nisso. Realmente, estou inclinado a supor que sempre que o método genético é atacado devemos suspeitar de que interesses especiais estejam sendo defendidos. Que o método genético seja inimigo da obra de arte está tão longe de ser verdadeiro que o mesmo acontece com seu extremo oposto. Uma obra de arte, ou qualquer produto humano, estudado em sua gênese, pode ser acrescido de determinado valor. Ainda assim, o método genético pode ser facilmente vulgarizado, e, quando isso acontece, pode realmente reduzir o valor de uma coisa: em muitos estudos genéticos fica claro que para o especialista a obra de arte não é senão suas condições.

Um dos atrativos do estudo genético da arte é que ele parece oferecer um alto grau de certeza. Aristóteles nos diz que cada estudo tem seu próprio grau de certeza e que o homem bem treinado aceita esse grau e não procura um maior. Podemos acrescentar que há diferentes espécies, bem como diferentes graus de certeza, e podemos também dizer que o maior erro do especialista científico-histórico é que ele procura um grau e uma certeza que a literatura não necessita e não pode permitir.

O erro dos especialistas literários, quando procuram uma certeza análoga à da ciência, tem sido notado com tanta frequência que até esta data há muito pouco a dizer sobre isso. Até certo ponto, o estudo científico da arte é legítimo e útil; o importante é que reconheçamos seu ponto final sem tentar estendê-lo mais e sem esperar mais que ele necessariamente nos assegure da experiência da literatura. E se queremos, como professores, ajudar as outras pessoas a experimentar a literatura, não podemos fazer isso divulgando os frutos de nosso estudo científico. Os partidários da assim chamada Nova Crítica revoltaram-se contra a noção científica do fato, quando transferida literalmente para o estudo da literatura. Eles queriam restaurar a autonomia da obra de arte para vê-la como agente do poder, mais do que como objeto de conhecimento.

Conhecemos bem os erros desses críticos. Talvez seu maior erro seja dividir suas falhas com os próprios especialistas científico-históricos – eles tentam isso pressionando-os muito. Os críticos, como os especialistas, incorrem em um erro que Chapman denunciou, a grande ilusão moderna "de seja lá o que for [...] pode ser descoberto mediante um árduo trabalho intelectual e de concentração". Com frequência temos a impressão de que eles transformam o esclarecimento da ambiguidade poética ou da ironia em uma espécie de ritual intelectual calistênico. Ainda assim, podemos perdoá-los por sua atividade, lembrando que algo aconteceu na nossa relação com a linguagem que parece exigir que tornemos metódico e explícito o que era antigamente imediato e não formulado.

Mas devemos prestar atenção em outro erro dos Novos Críticos. Em sua reação derivada do método histórico, eles esquecem que a obra literária é obrigatoriamente um fato histórico, e, o que é mais importante, que sua historicidade é um fato em nossa experiência estética. A literatura, podemos dizer, deve de algum modo ser sempre um estudo histórico, pois é uma arte histórica – em três diferentes acepções.

Antigamente, o poeta devia ser também um historiador, um confiável cronista de eventos. Tucídides dizia que provavelmente o poeta seria um historiador incorreto, mas Aristóteles dizia que ele seria mais correto, por ser mais capaz de generalizar, do que qualquer simples analista. E nós, seguindo Aristóteles, supomos que grande parte da literatura é propriamente histórica, o registro e a interpretação dos eventos pessoais, nacionais e cosmológicos.

Então, a literatura é histórica no sentido de que necessariamente tem consciência de seu próprio passado. Não está sempre conscientemente certa de seu passado, mas está sempre praticamente consciente dele. A obra de qualquer poeta existe pela sua conexão com as obras passadas, tanto em sua concordância quanto em sua divergência, e o que chamamos de sua originalidade é apenas sua relação especial com a tradição. Esse ponto foi completamente desenvolvido por T. S. Eliot em seu bem conhecido ensaio "Tradição e Talento Individual". Ele nos lembra como a relação de cada poeta com a tradição muda esta, de modo que a história da literatura nunca está parada durante muito tempo e nunca é uma espécie de acréscimo tumoral. Cada nova época refaz novamente o padrão, esquecendo o que antes era dominante, descobrindo novas afinidades; lemos qualquer obra inserindo-a em um caleidoscópio de elementos históricos.

Em mais um sentido a literatura é histórica, e neste artigo é com esse sentido que estou mais envolvido. Na existência de cada obra de literatura do passado, sua historicidade, seu *passadismo,* é um fator de grande importância. Em certas culturas o passadismo de uma obra de arte lhe confere uma autoridade extraestética que é incorporada a seu poder estético. Mas mesmo em nossa própria cultura, com seu sentimento ambivalente sobre a tradição, há em uma obra de arte do passado certa qualidade, um elemento de sua existência estética que podemos identificar com seu passadismo. Lado a lado com os elementos formais da obra, e modificando-os, há o elemento da história que, em qualquer análise estética completa, deve ser levado em consideração.

Os Novos Críticos exerceram seu antigo método característico exclusivamente sobre a poesia lírica, gênero em que o elemento histórico, embora esteja naturalmente presente, é menos obstrutivo do que no poema longo, no romance e no drama. Mas mesmo no poema lírico o fator da historicidade faz parte da experiência estética; não é apenas uma condição negativa dos outros elementos, como prosódia ou dicção, que, se forem antigos o bastante, provavelmente serão compreendidos de modo insuficiente – ele é, em si, um fator estético positivo, com relações positivas e agradáveis com os outros fatores estéticos. É uma parte do que é *dado* pela obra, e à qual não podemos deixar de responder. Os Novos Críticos insistem que essa situação não *deveria* existir, mas não pode deixar de existir, e nós devemos levá-la em consideração.

Somos criaturas do tempo, do sentido histórico, não só como as pessoas sempre foram, mas de um jeito bem diferente do que eram no tempo de Walter Scott. Talvez essa mudança tenha sido para pior, seríamos talvez mais fortes se acreditássemos que o Agora continha todas as coisas, e nós, em nosso momento bárbaro, éramos tudo aquilo que sempre fôramos. Sem o sentido do passado podemos ser mais seguros, menos pressionados e apreensivos. Podemos também ser menos generosos, e certamente teríamos sido menos conscientes. De qualquer jeito, temos o senso do passado e devemos viver com ele e por ele.

E devemos ler nossa literatura à sua luz. Por mais que tentemos não poderemos ser iguais a Partridge na peça, totalmente desprovido de senso histórico. O salto de imaginação feito pelo público quando ele responde a *Hamlet* é enorme, e exige um senso abrangente do passado, embora não seja necessariamente um público muito instruído. Esse senso, para propósitos artísticos, não precisa corresponder a um alto grau de instrução. Pode consistir, em grande parte, na firme crença de que realmente existe uma coisa como o passado.

Na recusa de assumir uma visão crítica da historicidade de uma obra, há na Nova Crítica um impulso compreensível a tornar a obra do passado mais imediata e mais real, a negar que entre Agora e Então haja uma diferença essencial, já que o espírito humano é um só e contínuo. Mas só se estivermos conscientes da realidade do passado como tal é que poderemos senti-lo vivo e presente. Se, por exemplo, tentarmos ver Shakespeare literalmente como um autor contemporâneo, o transformaremos em um monstro. Ele só é contemporâneo se soubermos como foi realmente um homem de sua época; ele é relevante para nós só se estabelecermos a distância que há entre nós e ele. Ou, para analisar um poeta mais próximo da nossa época, a "Ode à Imortalidade" de Wordsworth só é aceitável para nós quando entendemos que foi escrita em determinado momento do passado; se ela aparecesse muito mais tarde, se nos fosse oferecida como uma obra contemporânea, não a admiraríamos; e isso também é verdadeiro para *The Prelude,* que, de todas as obras do Romantismo, é a que está mais próxima dos nosso atuais interesses. No passadismo dessas obras está a certeza de sua validade e de sua importância.

Surge sempre uma pergunta: qual é o verdadeiro poema? É o que lemos hoje? É o que o autor conscientemente criou? É ele o poema que o autor pretendia fazer e que seus primeiros leitores conheceram? Bem, ele é todas essas coisas, dependendo do estágio do nosso conhecimento. Mas, além disso, o poema é o poema tal como tem existido na história, tal como viveu sua vida a partir de Então até Agora, tal como é uma coisa que se submete a uma espécie de percepção em uma época e a outra espécie em outra época, tal como exerce, em cada época, uma espécie diferente de poder. Isso torna o poema uma coisa que não pode nunca ser totalmente entendida – outras coisas também, é claro, ajudam a torná-lo tal coisa –, e o mistério, a parte inatingível do poema, é um de seus elementos estéticos.

Achar que podemos pensar como homens de outra época é tão ilusório como achar que podemos pensar de modo inteiramente distinto. Mas a primeira ilusão é exemplificada na atitude dos críticos anti-históricos. No admirável livro-texto de poesias de Cleanth Brooks e Robert Penn Warren, os autores renegam todas as intenções históricas. Sendo o objetivo deles o que é, eles têm razão em fazer isso, mas fico pensando se estão certos por nunca perguntarem, em sua análise estética, isto: Que efeito é criado pelo nosso conhecimento de que a linguagem de um poema particular não é a que seria usada por um poeta que estivesse escrevendo agora? Ler um poema que tenha uns cem anos exige tanto trabalho de tradução de suas circunstâncias históricas quanto de suas metáforas. É isso o que um crítico treinado e bem dotado possivelmente esquecerá; seu próprio senso histórico com frequência está tão profundamente arraigado que ele não consegue estar completamente consciente dele e, às vezes, por razões próprias, prefere mantê-lo apenas implícito. No entanto, seja ou não tornado consciente e explícito, o senso histórico é uma das faculdades estéticas e críticas.

O que podemos usar de mais apropriado para nos lembrar disso do que o primeiro impulso dos próprios Novos Críticos em descobrirem todas as virtudes poéticas na poesia do século XVII, o impulso, mais tarde modificado, de se descobrir a essência dos erros poéticos na poesia do Romantismo? É certamente legítimo o fato de eles terem cedido a esse impulso. Estavam fazendo o que nós todos fazemos, o que nós todos deveríamos fazer: estavam envolvendo sua estética com certas preferências culturais, estavam incluindo escolhas na religião, na metafísica, na política, nos costumes. E enquanto faziam isso mostrando preferência por determinado período do passado, que comparavam com o presente, estavam exercitando seu senso histórico. Não podemos questionar sua preferência; podemos só questionar a mera inclusão de seu senso histórico, sua atitude de tornar seu senso histórico irrelevante para a estética.

Mas se o senso histórico está sempre conosco, ele deve, por esse motivo, ser refinado e mais exato. Isto é, temos de abrir nossa mente a toda a questão do que queremos dizer quando falamos de causalidade em cultura. Hume, que tanto abalou nossas noções de causalidade nas ciências físicas, levanta algumas interessantes questões de causalidade na cultura. Ele diz: "Não há nenhum assunto em que tenhamos de proceder com mais cautela do que quando examinamos a história das artes e das ciências, para que não atribuamos causas que nunca existiram, reduzindo o que é meramente contingente a princípios estáveis e universais". E continua dizendo que os que cultivam as artes são sempre pouco numerosos, e a mente deles é delicada e "facilmente pervertida. Donde a possibilidade de que causas secretas e desconhecidas devam ter grande influência no surgimento e no desenvolvimento de todas as artes refinadas". Mas diz também que há um fato que nos dá permissão para especular – é o fato de que os espíritos escolhidos surgem e são relacionados com a massa do povo de seu tempo. "A questão, portanto, não é inteiramente relativa ao gosto, ao gênio e ao espírito de uns poucos, mas relativa a todo um povo. E pode, portanto, ser levada em conta, em alguma medida, por causas e princípios gerais." O que dá permissão para nos engajarmos na história e na crítica históricas, mas devemos lembrar que é uma permissão para lidar com um mistério.

O refinamento do nosso senso histórico significa sobretudo que o conservamos adequadamente complicado. A história, como a ciência e a arte, envolve abstração: abstraímos certos eventos de outros e fazemos essa abstração especial com um objetivo, para servir a algum propósito de nossa vontade. Por mais que tentemos, não podemos, ao escrever história, escapar a nossos propósitos. Nem, realmente, deveríamos tentar escapar, pois propósito e significado são a mesma coisa. Mas, ao procurar alcançar nosso objetivo, ao fazer nossas abstrações, devemos estar conscientes do que fazemos; devemos ter isso totalmente em mente, que nossa abstração não é de todo equivalente à infinita complicação de eventos dos quais fizemos nossa abstração. Gostaria de sugerir alguns meios aos especialistas literários, para que forneçam ao nosso conceito de história uma complexificação apropriada.

Deveria ser para nós uma questão real saber se, de alguma forma, a natureza humana é sempre a mesma. Não quero dizer que devemos resolver essa questão antes de começar a trabalhar, mas só que devemos insistir conosco para que a questão seja real. O que certamente sabemos que mudou é a *expressão* da natureza humana, e devemos ter diante de nossa mente o problema da relação que a expressão tem com o sentimento. E. E. Stoll, o renomado crítico shakespeariano, resolveu o assunto anunciando a diferença essencial entre o que chama de "convenção" e o que chama de "vida", insistindo que as duas coisas podem não ter nada a ver uma com a outra, que não podemos dizer de Shakespeare que ele é psicológica ou filosoficamente sagaz, porque esses são termos que usamos para "vida", ao passo que ele tratava só de "convenções". O que tem a virtude de sugerir o quanto é importante a relação entre "convenção" e "vida", mas errava ao dizer que a "vida" é sempre expressa pela "convenção" e que esta tem sentido só devido às intenções da vida. O professor Stoll parece ter a ideia de que as plateias de Shakespeare estavam conscientes da convenção; elas estavam cientes delas, mas certamente não conscientes delas; as plateias estavam conscientes da vida, para a qual transferiam imediatamente tudo o que se passava no palco. O problema do inter-relacionamento entre a emoção e a convenção disponível para ela, e a recíproca influência que exercem uma sobre a outra, é muito difícil e mal posso estabelecer as suas complexidades, não pretendendo jamais resolvê-las. Mas o problema deveria ser admitido com suas dificuldades, e a simplicidade de solução deveria ser sempre vista como sinal de fracasso.

Um passo à frente, muito importante, na complexificação de nosso senso do passado foi dado por Whitehead, e depois por Lovejoy, quando nos ensinaram a procurar não pelas ideias expressas de uma época, mas por aquelas "tão obviamente assumidas que as pessoas não sabem que as estão assumindo, por nunca ter ocorrido a elas qualquer outra forma de colocá-las".

Mas houve uma regressão quando o professor Lovejoy, em seu livro tão influente, nos garantiu que "na literatura séria e reflexiva as ideias são, naturalmente, em grande parte ideias filosóficas diluídas". Para explicar completamente esse erro muito comum, seria preciso muito mais tempo do que o que temos disponível agora. Faz parte da nossa desconfiança em relação à literatura o fato que, dessa maneira, a estejamos tornando uma arte dependente. Devemos decerto questionar a ideia que dá prioridade ao filósofo, no campo das ideias, e ver o movimento do pensamento como proveniente sempre do pensador sistemático, o qual elabora ideias, provavelmente, em um vácuo cultural, até que cheguem ao poeta, que as "usa em diluição". Devemos questionar isso, mesmo que signifique uma reconstrução do que queremos dizer com "ideias".

Isso nos leva a outro problema que não pode ser resolvido facilmente, o da relação do poeta com seu ambiente. É verdade que o poeta é um efeito do ambiente, mas devemos lembrar que é também uma causa. Ele pode ser usado como um barômetro, mas é preciso não esquecer que também faz parte do tempo. Facilmente nos satisfazemos com um significado apenas elementar do que seja o ambiente; basta-nos um sentido simples, quantitativo, do termo, e assumimos que o ambiente mais amplo contém sempre um ambiente menor. Em uma sala de concertos, o público e sua atitude constituem, naturalmente, o ambiente do artista que se apresenta, mas também ele e sua música constituem o ambiente do público. Em uma família, não há dúvida de que no ambiente da criança os principais fatores são os pais; mas a criança também é um fator no ambiente dos pais, e ela própria condiciona as ações deles.

A questão da influência que um escritor pode ter em relação a outro é um corolário da questão do ambiente. Em seu significado histórico, do qual extraímos nosso atual uso, *influência* era uma palavra destinada a expressar um mistério. Tem o sentido de fluxo, mas não do jeito que um rio tributário flui para a corrente principal, a determinado ponto de observação; historicamente, a imagem é astrológica, e o significado que lhe é dado pelo *Dicionário Oxford* sugere que "produz efeitos por meios *insensíveis* ou *invisíveis*" – "a infusão de qualquer espécie de poder ou princípio divino, espiritual, moral, imaterial ou *secreto*". Diante da ideia de influência deveríamos ficar muito mais intrigados do que já estamos; e se acharmos isso difícil, poderemos fingir que estamos induzindo o estado adequado de incerteza, virando a palavra sobre nós mesmos e perguntando: "Quais foram as influências que fizeram de mim o que sou, e a quem eu confiaria a tarefa de descobrir verdadeiramente o que elas foram?".

No entanto, outra coisa que não entendemos com a complexificação devida é a natureza das ideias em sua relação com as condições de seu desenvolvimento e com a sua transmissão. Com demasiada frequência concebemos "ideia" como se fosse aquele bastão que é passado de corredor para corredor em uma prova de equipes. Mas uma ideia, como coisa transmissível, é mais como uma sentença que passa em cochicho de um para outro, em um círculo de pessoas; o objetivo do jogo é o divertimento geral quando a versão do último participante é comparada à versão original. Quanto à origem das ideias, devemos lembrar que uma ideia é a formulação de uma resposta a uma situação; assim, também, é a modificação de uma ideia já existente. Uma vez que as situações em que povos ou culturas se encontram são numericamente limitadas, e uma vez que as respostas possíveis também são limitadas, por certo as ideias tendem a recorrer, porque as pessoas que têm ideias têm também a tendência a persistir nelas quando a situação que as provocou não está mais presente. É por esse motivo que as ideias realmente têm uma certa autonomia limitada, e às vezes aparentam ser de todo autônomas. Foi assim que surgiu a crença na perfeita autonomia das ideias. Supõe-se que as ideias pensem a si próprias, criem a si próprias e a seus descendentes, e tenham uma vida independente do pensador e da situação. E disso com frequência somos levados a concluir que as ideias, e os sistemas de ideias, são diretamente responsáveis pelos eventos.

Um sentimento semelhante prevalece em nossas classes intelectuais em relação às palavras. A semântica não é mais, atualmente, a preocupação viva que era há alguns anos, mas a mitologia do que poderíamos chamar de semântica política estabeleceu-se em nossa vida intelectual, a crença de que somos traídos pelas palavras, que estas nos empurram para determinadas direções, contra a nossa vontade. "A tirania das palavras" tornou-se uma frase popular e ainda é usada, e os especialistas em semântica nos oferecem um mundo mais fácil e liberto de guerras, se conseguirmos nos tornar ao menos independentes das palavras. Mas há cerca de um século Dickens dizia que estava cansado de ouvir falar da "tirania das palavras" (usava esta frase). Diz que se importava menos com o modo usado pelas palavras para nos maltratar do que com o modo como as maltratamos. Não são as palavras que causam nossos problemas, mas nossa própria vontade. As palavras não podem nos controlar, a não ser que desejemos ser controlados por elas. E a mesma coisa vale também para o controle das ideias sistemáticas. Fomos levados a crer que algumas ideias nos traem, e que outras nos salvam. As classes instruídas estão aprendendo a culpabilizar as ideias pelos nossos problemas, em vez de censurarem uma coisa completamente diferente – isto é, nossos maus pensamentos. Esse é o grande vício do academicismo, preocupar-se com ideias mais do que com o pensamento, e hoje os erros do academicismo não permanecem na academia; eles abrem caminho no mundo, e o que começa como uma falha da percepção entre os especialistas intelectuais revela-se totalmente na política e na ação.

Em tempo de guerra, quando duas culturas diferentes, ou duas modificações extremas da mesma cultura, confrontam-se com força, essa crença na autonomia das ideias torna-se especialmente forte e, por conseguinte, especialmente nítida. Em qualquer guerra moderna provavelmente estará envolvido um conflito de ideias, que em parte é artificial, mas que em sua maior parte é genuíno. Esse conflito de ideias, porém, por mais genuíno que seja, sugere a ambos os lados a necessidade de acreditar na natureza fixa e imutável de ideias às quais devem fidelidade. O papel que os deuses representavam outrora nas guerras é representado hoje para nós pelas ideias. Na última guerra, um eminente professor americano de filosofia foi muito elogiado por sua demonstração de que o nazismo devia ser entendido como o resultado inevitável das ideias de Schopenhauer e de Nietzsche, ao passo que as virtudes da democracia americana deviam ser explicadas como provenientes em linha direta de Platão e da política ateniense. Ou então devemos considerar algumas sentenças extraídas da biografia de Byron, escritas quando, há não muito tempo, a cultura do nazismo estava no auge. O autor, um biógrafo inglês verdadeiramente admirável, está fazendo uma avaliação das influências do Romantismo sobre o nosso tempo e conclui que esse movimento falhou. Bem, todos já ouvimos isso antes, e talvez seja verdade, embora pessoalmente eu entenda cada vez menos o que isso quer dizer. Realmente, também entendo cada vez menos o que a designação de "falha, fracasso" significa em relação a qualquer movimento literário. Todos os movimentos fracassam, e talvez o Romantismo tenha falhado mais do que a maioria deles porque tentou fazer mais do que todos – possivelmente exagerou em suas tentativas. Dizer que um movimento literário falhou parece sugerir uma visão peculiar tanto da literatura quanto da história; tem a conotação de que a literatura deveria resolver de uma vez as coisas, e de que a vida deveria ser completada progressivamente. Mas, de acordo com nosso autor, não só o Romantismo falhou – ele nos deixou um terrível legado:

> O nacionalismo foi essencialmente um movimento romântico, e do nacionalismo nasce o teórico racial inexperiente, com sua crença romântica na superioridade do sangue "ariano" e sua romântica desconfiança no uso da razão. Os propósitos da Renovação Romântica eram tão ambiciosos que ainda persistem sob formas que não são mais reconhecidas... Pois a literatura romântica apela para aquele tipo de anarquismo que mora em um canto escuro de cada mente humana, contra as exigências da vida – a beleza de tudo isso é fragmentária e juvenil, e esboçada como oposta à compacta realização do gênio adulto.

É claro que é demasiado fácil reduzir o argumento ao absurdo – temos apenas de perguntar por que a Alemanha, e não nós mesmos, respondeu tão altivamente às ideias românticas que, se fossem de fato ideias românticas, decerto estariam disponíveis a todo mundo. O fracasso da lógica não está, contudo, no que nos diz respeito, mas antes no que a lógica intenciona servir: a crença de que as ideias geram os eventos, que têm uma existência autônoma, e que podem apossar-se da mente de alguns homens e controlar suas ações, independentemente das circunstâncias e da vontade.

É desnecessário dizer que essas violações do princípio histórico exigem uma violação do fato histórico. O Schopenhauer e o Nietzsche que apareceram na primeira explicação não se referem realmente aos dois filósofos do século XIX que têm o mesmo nome; o citado Platão é imaginário, o nome da cidade de Atenas foi tirado de um livro de histórias, e nenhuma tentativa foi feita para se reconciliar essa Atenas de fantasia com a opinião da Atenas real, mencionada pelo Platão real. Quanto à segunda explicação, como poderemos conectar o anarquismo com a hostilidade às exigências da vida, e o fragmentário, e o imaturo, e o malformado com Kant, ou Goethe, ou Wordsworth, ou Beethoven, ou Berlioz, ou Delacroix? E como, desses homens que *são* românticos, ousaremos derivar a rigidez férrea e a desesperada centralização que a Nova Ordem dos nazistas incluía, ou a sistemática crueldade ou o cientificismo com o qual a doutrina racial estava envolvida?

Os dois livros aos quais me refiro são, naturalmente, inofensivos em si, e não quero colocar sobre eles um peso que não poderiam suportar adequadamente. Mas eles sugerem algo sobre a baixa consideração em que a história caiu entre nossas classes instruídas, e nisso combinam com a depreciação que muitos literatos de hoje fazem das reivindicações da história. Depreciação que teve o efeito de levar jovens estudantes de literatura, sobretudo os mais bem dotados, a resistir cada vez mais às considerações históricas, justificando-se, como é natural que fizessem, com o tédio, com a falta de vitalidade e com as falsificações que podem resultar do estudo histórico da literatura. Sem dúvida alguma nossa resistência à história deve ser atribuída a nada menos do que a toda a natureza de nossa vida de hoje. Nietzsche dizia – o verdadeiro Nietzsche e não a figura que aparece em nossa propaganda cultural – que o senso histórico era uma faculdade real da mente, "um sexto sentido", e que o crédito pelo reconhecimento de seu *status* deveria ir para o século XIX. O que era considerado extraordinário pelo século XIX certamente não será muito valorizado por nós; a nossa frieza em relação ao pensamento histórico pode ser em parte explicada pelo nosso sentimento de que foi precisamente o passado que causou todos os nossos problemas, sendo o século XIX o mais passível de crítica e de culpa de todos os séculos. Karl Marx, para quem realmente a história era um verdadeiro sexto sentido, expressou o que se tornou a secreta esperança de nosso tempo, que a vida política de um homem, o que quer dizer a vida do homem na história, deverá atingir um fim. A história, tal como a entendemos hoje, prevê sua própria extinção – isto é, o que atualmente entendemos como "progresso" – e, com toda a paixão de um desejo mantido secreto mesmo de nós próprios, ansiamos por eleger um modo de vida que seja definitivamente satisfatório, o tempo sem fim, e não queremos ser lembrados pelo passado da considerável possibilidade de que o nosso presente não seja mais do que uma perpetuação de erros e fracassos e uma elaboração de novos problemas.

E no entanto, quando chegamos a pensar nisso, as chances são todas em favor da nossa necessidade de continuar a fazer nossas escolhas, e assim de continuar com nossos erros. A história, em seu significado de um *continuum* de eventos, não parece realmente estar chegando a um fim. Poderá, portanto, haver algum valor em se trazer explicitamente à mente qual parte na cultura é representada pela história em seu outro significado, o de uma ordenação e de um entendimento do *continuum* de eventos. Ninguém melhor do que Nietzsche para nos informar sobre essa questão. Poderemos, talvez, ouvi-lo com paciência, porque ele próprio teria uma simpatia considerável pela nossa impaciência para com a história. Pois, embora pensasse que o senso histórico propiciava algumas virtudes, tornando os homens "despretensiosos, generosos, modestos, corajosos, habituados ao autocontrole e à autorrenúncia", também pensava que ele impedia que os homens tivessem a habilidade de responder aos mais elevados e nobres desenvolvimentos da cultura, tornando-os desconfiados do que é totalmente completo e plenamente amadurecido. Essa visão ambivalente do senso histórico lhe dá certa autoridade quando define o que esse senso é, e o que faz. Ele é, diz, "a capacidade de adivinhar rapidamente a ordem da avaliação classificatória, de acordo com o que foi vivido por um povo, por uma comunidade ou por um indivíduo". No caso de um povo ou de uma comunidade, as avaliações são constituídas não só pelos grandes fatos institucionais de sua vida –

chamadas por Nietzsche de "forças operantes" – mas também, e de forma mais significativa, por sua moral e por seus costumes, por sua filosofia e por sua arte. E o senso histórico – ainda segundo o mesmo filósofo – é o "instinto divinatório para os relacionamentos dessas avaliações, para a relação delas com as forças operantes". Isto é, o senso histórico deve ser entendido como o senso crítico que a vida usa para testar a si mesma. E, como nunca houve nenhuma época em que esse instinto para adivinhar – e "rapidamente!" – a ordem classificatória das expressões culturais fosse tão necessário, o nosso crescente estranhamento da história deve ser entendido como sinal do nosso desespero.

A capacidade do próprio Nietzsche de adivinhar rapidamente essa ordem foi, quando ele estava no apogeu, mais aguda do que a de qualquer outra pessoa de seu tempo, ou dele em diante. Se procurarmos uma explicação para sua acuidade, poderemos descobri-la no fato de que nunca lhe ocorreu separar seu senso histórico de seu senso artístico. Não eram dois sensos, mas um só. O mérito de sua definição do senso histórico, em especial quando é tomado com seu próprio exemplo, é que ele fala com o historiador e com o estudante de arte como se fossem uma única pessoa, para a qual prescreve que a cultura seja estudada e julgada como a contínua avaliação da vida por si própria. E que a avaliação seja entendida como incapaz de descobrir a expressão completa nas "forças operantes" de uma cultura, mas também como incapaz de encontrar alguma expressão sem se referir a esses fatos importantes e institucionais.

Capítulo 11 | Tácito, Agora

As histórias contadas por Tácito têm sido usadas de forma muito estranha. Os principelhos do Renascimento italiano consultavam os *Anais* para saber como deviam se comportar com a duplicidade de Tibério. Os racistas alemães desconsideraram todas as coisas desagradáveis que Tácito observara sobre seus ancestrais, lembrando apenas o seu elogio à antiga castidade e à independência, transformando assim a *Germania* em seu modelo antropológico. Mas essas foram suas aberrações; a influência de Tácito sobre a Europa tem sido exercida sobretudo a serviço da liberdade, como ele próprio desejava. Talvez essa influência tenha sido experimentada mais completamente na França, onde, sob as ditaduras dos jacobinos e de Napoleão, Tácito era considerado um escritor perigosamente subversivo. Nos Estados Unidos, no entanto, ele nunca teve grande significação. James Fenimore Cooper é uma exceção impressionante à nossa indiferença geral, mas Cooper era por temperamento atraído pela própria qualidade, entre todas que Tácito tinha, que provavelmente estaria mais afastada da maioria dos liberais americanos, a coloração aristocrática de suas ideias libertárias. Outro motivo para nossa frieza em relação a Tácito é que, até recentemente, nossa experiência política não nos fornecia uma base para entender o que ele estava dizendo. Ditadura e repressão, espiões e informantes políticos, limpeza de sangue e dissensão traiçoeira, não faziam parte de nossa tradição política, como acontecera na Europa. Mas atualmente a Europa se aproximou muito de nós, e nossa educação política das últimas décadas nos permite entender o historiador da Roma imperial.

É característica de uma grande história que mais cedo ou mais tarde nos tornemos conscientes tanto do historiador quanto dos eventos que relata. Lendo Tácito, nos familiarizamos com ele desde a primeira página: podemos vê-lo como um dos poucos grandes escritores que são inteiramente desprovidos de esperança. Está sempre consciente de seu próprio desespero, o que é quase um defeito, pois sua atitude às vezes chega a ser quase propositada. Contudo, o grande mérito de Tácito é o de não impor ou desejar impor seu desespero ao leitor. Ele diz que deve sempre falar das "impiedosas imposições de um tirano, da perseguição incessante, das amizades infiéis, da ruína da inocência, as mesmas causas com seus resultados habituais", e queixa-se da "monotonia cansativa" de seu assunto. Mas o leitor não sente nunca essa monotonia; apesar das declarações que parecem afirmar o contrário, Tácito nunca se torna a vítima daquilo que descreve – ele tinha uma mente poderosa demais para que isso acontecesse.

O poder de sua mente não era igual ao da de Tucídides – não é realmente um poder político e decerto não é um poder militar. É, em grande escala, psicológico. Somos irresistivelmente levados a pensar em Proust quando Tácito decide criar a maravilhosa figura de Tibério e quando, por meio de uma centena de incertezas e contradições, tenta resolver o enigma que era esse homem, evitando sempre, porém, a solução, porque o enigma era seu caráter. Ao escrever sobre eventos políticos, seu interesse real não está no sentido político mas no que hoje chamaríamos de significado cultural, no que hoje nos contam da moralidade da nação; esse é um interesse que pode ser proveitosamente comparado ao de Flaubert em *A Educação Sentimental* – talvez tenha sido já notado que esse romance, bem como *Salambô*, têm elementos de estilo e de emoção que reforçam nossa ideia de que o escritor francês teria uma personalidade parecida com a de Tácito.

O conceito de história de Tácito era confessadamente pessoal e moral. Como ele afirmou: "Considero a mais elevada função da história não deixar que uma ação meritória não seja comemorada, e conter a reprovação da posteridade a palavras e feitos maus". Essa preocupação moral se expressa com uma sensibilidade moral que não é nossa e, em muitos aspectos, que achamos difícil de entender. Já se observou com bastante frequência que escravos, cristãos, judeus e bárbaros estão fora do círculo de suas simpatias; ele quase desprezava o humanitarismo estoico de Sêneca. No entanto, como ele próprio diz, metade de seu interesse pela história estava na descoberta de boas ações, e talvez nada na literatura nos cause maior espanto, um súbito senso de iluminação, do que a ocorrência de uma boa ação em seus textos. Ele apresenta o tecido da sociedade com uma trama tão solta que dificilmente podemos dar crédito ao relato de um simples relacionamento humano, quanto mais de uma ação nobre. No entanto, esse simples relacionamento humano existe – um soldado chora por ter matado seu irmão na guerra civil, os aristocratas abrem suas casas para os milhares de feridos quando o grande anfiteatro desaba, e ações nobres acontecem –, a liberta Epícaris, quando a enorme conspiração de Piso contra Nero foi descoberta, suportou a tortura e morreu para não denunciar ninguém, "acobertando estrangeiros e os que ela mal conhecia". Mas o relacionamento humano e os nobres feitos existem no meio da tanta depravação e deslealdade que ficamos sempre surpresos pelo bem, antes de nos sentirmos aliviados com ele. O que torna a fortaleza de Epícaris tão notável e tão intrigante é que a antiga escrava encobriu estrangeiros e pessoas que ela mal conhecia, "quando homens livres, cavalheiros e senadores romanos, sem sofrerem tortura, traíram todo mundo, seus mais queridos parentes". Aprendemos com essas páginas a realmente entender as linhas bem tecidas de Portia ao redor da chama da vela, pois descobrimos o que ela queria dizer por "mundo malvado": literalmente um mundo do mal, uma ausência tão grande e tão negra de moral, que fazia a chama da vela parecer um clarão de relâmpago.

Os interesses morais e psicológicos de Tácito são desenvolvidos ao custo do que hoje em dia se acredita ser uma verdadeira intuição histórica. O especialista francês Boissier nota que é impossível ler a *História* e os *Anais* sem perguntar como o Império Romano se manteve durante oitenta anos de motins, infâmia, intriga, rebeliões, gastos exagerados e irresponsabilidade, como nos contam os dois livros. Em nossa opinião, a qualquer momento a estrutura política deveria desabar sob seu peso incomum. No entanto, quase qualquer relato moderno do império pós-Augusto sugere que estamos errados ao supor isso, e parece estar implícita a crítica radical dos métodos de Tácito. Breasted, por exemplo, inclui o período que vai de Tibério a Vespasiano em um capítulo que intitula "Os primeiros dois séculos de paz". E Rostovtzeff, em sua competente obra, nos dá a entender que Roma, apesar de seus habituais problemas menores, era uma sociedade saudável e em desenvolvimento. Tácito, contudo, acha digno de comentário que nessa época um homem morresse de causas naturais – "um incidente raro em uma categoria tão alta", diz.

Não que falte veracidade a Tácito, acho. O que falta é o que na década de 1930 costumava ser chamado de "visão ampla" da história. Mas para as pessoas que têm certa sensibilidade, a "visão ampla" é a visão histórica mais falsa de todas, e realmente a insistência na extensão da perspectiva mostra justamente a intenção de superar a sensibilidade – dizem que, vistos de uma distância suficiente, o cadáver e os membros mutilados não parecem muito terríveis e às vezes até começam a se dispor em um "padrão significativo". Tácito não tinha nenhum conceito de desenvolvimento histórico para confortá-lo; nem sentia que era seu dever olhar para o perigo e para o sofrimento presentes com os olhos remotos e objetivos da posteridade. Não podia ser consolado pelo que via como a degradação de sua classe e de sua nação pelo conhecimento – se é que o tinha – de que o comércio com o Oriente estava crescendo, ou que uma burocracia mais eficiente estava se formando para que os homens livres pudessem administrar com tranquilidade seus negócios, em Roma e nas províncias. Ele escrevia de acordo com o que sentia em relação ao presente e não podia imaginar as consolações que viriam da história e do futuro.

Muitos historiadores modernos consideram um vício da história o que, para Tácito, seria sua virtude – ele achava que a história devia ser escrita como literatura e que deveria influir na mente das pessoas por meio de seus sentimentos. E assim elaborou sua narrativa enfatizando os efeitos dramáticos. No entanto, algo mais do que uma escrupulosa preocupação com a forma literária torna Tácito tão importante literariamente: um posicionamento essencial de sua mente permitia que visse os eventos tanto com paixão como objetivamente, e não se pode deixar de perguntar se a amarga divisão que tinha de suportar não teria, justamente, reforçado essa sua qualidade. Pois ele odiava a Roma dos imperadores, e todos os seus sentimentos alinhavam-se com a desaparecida república. Mas não tinha a mínima esperança de uma volta do regime republicano. Dizia: "Recomendar é fácil, mas não é fácil produzir; ou, se for produzido, não poderá ser duradouro". Adotava o ideal republicano como historiador, mas na realidade do regime imperial serviu como pretor, cônsul e procônsul, e satisfazia as vontades do odiado Domiciano. Quanto mais via o que se passava em sua época, mais desesperava de seu ideal – e mais o amava. Essa tensão secreta entre o amor e o ódio talvez explique o posicionamento e a energia de seu intelecto.

Podemos encontrar esse posicionamento e energia em quase todos os seus julgamentos. Por exemplo, desprezava os judeus, mas não reprimia uma estranha apreciação de sua teimosa coragem, e sua intensa admiração pela concepção judaica de Deus. Sua única frase conhecida de todo mundo é: "Eles constroem uma solidão e a chamam de paz". Ele a coloca na boca de um bárbaro britânico, o líder de uma revolta contra a dominação de Roma; essa frase será sempre a sua hostil caracterização do domínio imperialista, e no entanto ele próprio medeia a virtude romana pelo sucesso imperialista. Faz quatro julgamentos sucessivos de Oto: zomba dele como cortesão de Nero e corno, admira-o como governador de província, despreza-o como imperador e louva-o por escolher morrer e terminar a guerra civil. Por mais que gostasse do caráter republicano, sabia que os dias da república haviam passado e atribuía a decadência de Galba à sua antiquada inflexibilidade em relação às virtudes republicanas.

A estabilidade e a energia de Tácito manifestam-se na sua linguagem, e o professor Hadas, em sua admirável introdução à útil edição da Modern Library, nos fala do muito que perdemos lendo as traduções. No entanto, mesmo um leitor que o leia em tradução não poderá deixar de notar o poder de sua escrita. Quando Tácito observa que Tibério era um imperador "que temia a liberdade e odiava a bajulação", ou que o nome de Lucius Volusius era considerado glorioso por causa de seus 93 anos, por sua notável riqueza, ou por sua "maneira de evitar a malignidade de tantos imperadores", ou que "talvez uma impressão de cansaço apodere-se dos príncipes quando eles já doaram tudo, ou dos favoritos quando já não têm mais nada a desejar", temos um vislumbre da força de sua linguagem no original, porque seu próprio pensamento é inerentemente demasiado dramático. Às vezes questionamos, sem dúvida tolamente, se de fato precisamos do texto original, tão grande é o impacto causado pela tradução – como no momento em que Sabino é conduzido à morte pelas ruas e o povo foge de seu olhar, temendo que ele os denunciasse: "Sempre que ele se voltava, onde quer que seu olhar caísse, havia fuga e solidão". Ou quando os soldados resolvem se "absolver" de um motim pela ferocidade com que assassinam seus chefes. Ou ainda, na maior das cenas de rua, quando os libertinos espiam com um interesse casual, das portas de seu bordel, os exércitos lutando pela posse de Roma.

Tácito não é um escritor trágico em um senso estrito do termo, como com frequência diz-se de Tucídides. Deste, já se considerou se seu *Guerra do Peloponeso* não teria sido concebido segundo o modelo do drama trágico, sendo Atenas o seu herói; e certamente a queda dessa cidade, presenciada por ele, constitui uma fábula, com o típico significado de uma tragédia. Mas Tácito não tinha material assim para suas histórias. A república se extinguira antes de seu avô ter nascido, e ele a descrevia mediante um halo de idealização – a tragédia terminara havia muito tempo. O que ele observava eram suas infindas consequências, que não apresentavam a coerência da tragédia. Seu assunto não é absolutamente Roma como entidade política, mas antes a grotesca carreira do espírito humano em uma sociedade que, se pudermos resumir toda a tendência de seu pensamento, parecia a ele manter-se apenas para uma longa e agitada existência de anarquia. Com base nisso, é fácil, fácil até demais, descobrir sua importância para nós, atualmente, mas essa importância não explica o estranho vigor de suas páginas, que pode antes ser explicado pelo poder de sua mente e pelo seu teimoso amor pela virtude, mantido em circunstâncias desesperadas.

Capítulo 12 | Costumes, Moral e Romance[1]

O convite que me fizeram para proferir esta palestra foi formulado em termos um tanto incertos. O tempo, o local e a cordialidade estavam perfeitamente claros, mas no que se relaciona ao tema, quem me convidou não especificou sobre o que queriam que eu falasse. Queriam que considerasse a literatura em seu relacionamento com os costumes – com o que, pelo que pude entender, não queriam realmente dizer *costumes*. Isto é, não estavam pensando nas regras do inter-relacionamento pessoal na nossa cultura; e no entanto, essas regras não eram absolutamente irrelevantes para o que queriam dizer. Nem tinham a intenção de que se falasse em costumes no sentido do latino *mores*, muito embora também esse significado influísse no que tinham em mente.

Eu os entendi perfeitamente, da mesma forma como não os teria entendido se tivessem sido mais definidos. Porque estavam falando de um tema quase indefinível.

Em algum lugar que fica sob os conceitos definidos que um povo faz sobre arte, religião, arquitetura, legislação, há uma obscura região mental de intenções, e é muito difícil nos tornarmos às vezes conscientes delas. De vez em quando temos uma ideia clara de sua existência quando lidamos com o passado, não pela sua presença

---

[1] Este ensaio foi lido na Conference of the Heritage of the English-speaking Peoples and Their Responsibilities, no Kenyon College, em setembro de 1947.

nele, mas pela sua ausência. Ao lermos as grandes obras do passado, notamos que as estamos lendo sem o acompanhamento de algo que acompanha sempre as obras elaboradas no presente. A voz ativa e repleta de intenções várias se acalma, e toda a agitação de conotações que sempre nos circunda no presente, vinda até nós do que nunca é totalmente definido, vinda no tom de saudações e de altercações, em gíria, em humor e em canções populares, na maneira como as crianças brincam, na natureza do próprio alimento que preferimos.

Uma parte do encanto vindo do passado consiste na quietude – quando o grande zumbido da distração cessa e somos deixados só com o que foi totalmente desenvolvido em frases e concebido precisamente. E parte da melancolia do passado vem do nosso conhecimento de que um pesado e não registrado murmúrio esteve outrora ali e sumiu sem deixar vestígios – sentimos que por ser evanescente, essa melancolia é especialmente humana. Sentimos também que a verdade das grandes obras do passado não aparece totalmente sem ele. Por meio de cartas e diários, pelos remotos e inconscientes recantos das próprias grandes obras, tentamos adivinhar o som repleto de implicações variadas e o que ele significava.

Ou quando lemos as conclusões tiradas sobre a nossa cultura por algum renomado crítico estrangeiro – ou por algum estúpido nativo – equipado só com o conhecimento de nossos livros, quando em vão tentamos mostrar o que está errado, quando desesperados dizemos que ele leu os livros "fora do contexto", então estamos conscientes do tema do qual me pediram para falar esta noite.

O que entendo sobre costumes, então, é o murmúrio de uma cultura e o zumbido de suas implicações. Isto é, todo o evanescente contexto no qual seus conceitos explícitos foram feitos. Essa parte da cultura é feita de meio elaboradas ou não elaboradas expressões de valor. São mencionadas por pequenas ações, às vezes por artes do vestuário e da decoração, às vezes por tons, gestos, ênfases ou ritmos, às vezes pelas palavras que são usadas com uma frequência especial ou por um significado especial. Essas são coisas que, para o bem ou para o mal, unem as pessoas de uma cultura, separando-as do povo de outra cultura. Fazem parte de uma cultura que não é arte, ou religião, ou moral, ou política, e contudo se relacionam com todos esses altamente formulados departamentos da cultura. Ela é modificada por esses elementos, e também os modifica; é gerada por eles e os gera. Nesta parte da cultura, reinam as hipóteses, que muitas vezes são muito mais fortes do que a razão.

A maneira certa de começar a tratar de tal assunto é reunir tantos detalhes quantos nos sejam possíveis. Só fazendo isso nos tornaremos inteiramente conscientes daquilo que o bem dotado crítico estrangeiro ou o estúpido crítico nativo não entenderam, que em qualquer cultura complexa não há um único sistema de costumes, mas uma variedade conflituosa de costumes, e que uma das tarefas culturais é a resolução desse conflito.

Mas a atual situação não nos permite esse acúmulo de detalhes, e assim tentarei apresentar só uma generalização e uma hipótese que, por mais que errem, poderão pelo menos permitir circunscrever o assunto. Tentarei generalizar o tema dos costumes americanos, falando sobre a atitude que temos em relação a esse próprio elemento. E, uma vez que em uma cultura complexa há, como já disse, muitos sistemas diferentes de costumes, e que não posso falar sobre todos eles, vou selecionar os costumes e a atitude dos literatos em relação a eles – isto é, da classe média responsável e que lê, e que somos nós próprios. Especifico que falo para leitores, pois as conclusões que apresento são extraídas de romances. A hipótese que proponho é a de que nossa atitude em relação aos costumes é a expressão de uma conceituação particular da realidade.

Toda literatura tende a tratar da questão da realidade – isto é, bem simplesmente, a velha oposição entre realidade e aparência, entre o que ela realmente é e o que apenas aparenta ser. "Você não *vê*?" é a pergunta que queremos gritar para Édipo quando ele está diante de nós e diante do destino, em todo o orgulho de seu racionalismo. E no fim de *Édipo Rei* ele demonstra de forma particularmente direta que vê o que antes não via. "Você não *vê*?" é o que queremos gritar de novo para Lear e Gloucester, os dois pais enganados, autoenganados: novamente cegueira, resistência às nítidas exigências da realidade, a sedução pela mera aparência. O mesmo acontece com Otelo – a realidade está bem diante de seu estúpido nariz, como *ousa* ser tão tolo? Também com o Orgon, de Molière – meu bom homem, meu cidadão honesto, basta *olhar* para Tartufo e você saberá o que é o quê. E com a Eva, de Milton – "Mulher, cuidado! Não está vendo –, qualquer um vê – que isso é uma *cobra*!".

O problema da realidade é central, e de um modo todo especial para o grande precursor do romance moderno, o grande livro de Cervantes, cujo aniversário de quatrocentos anos foi celebrado em 1947. Há dois movimentos de pensamento em *Dom Quixote*, duas diferentes e opostas noções de realidade. Uma delas é o movimento que leva a dizer que o mundo da ordinária praticabilidade é a realidade em sua plenitude. É a realidade do momento presente em todo seu poderoso imediatismo de fome, frio, dor, tornando o passado e o futuro, e todas as ideias, desprovidas de importância. Quando o conceitual, o ideal e o fantasioso entram em conflito com isso, trazendo à tona suas noções de passado e futuro, o resultado é um desastre. Em primeiro lugar, as formas comuns e adequadas de vida são perturbadas – os prisioneiros encadeados são entendidos como bons homens e são libertados, a prostituta é tomada por uma senhora nobre. A confusão é generalizada. Quanto ao ideal, o conceitual, o fantasioso e o romântico – qualquer que seja seu nome – é ainda pior: é mostrado como ridículo.

Esse é um dos movimentos do romance. Mas Cervantes mudou de cavalo no meio da sua caminhada e descobriu que estava cavalgando Rocinante. Talvez isso não fosse totalmente consciente, no início – embora essa nova visão esteja latente na forma antiga, desde o começo da obra. Cervantes começa então a mostrar que o mundo da realidade tangível não é a realidade real, no fim das contas. A realidade real é antes a mente selvagemente conceitual, loucamente fantasiosa de Dom Quixote: as pessoas mudam, a realidade prática muda, quando comparecem diante dele.

Em qualquer gênero pode acontecer que o primeiro grande exemplo contenha toda a potencialidade do gênero. Como se diz, toda a filosofia é só uma nota de rodapé ao texto de Platão. Também já se disse que toda prosa de ficção é só uma variação sobre o tema de *Dom Quixote*. Cervantes estabelece para o romance o problema da aparência e da realidade: a mudança e o conflito das classes sociais torna-se o campo do problema do conhecimento, daquilo que sabemos, e do quão confiável é o nosso conhecimento do problema que naquele ponto exato da história está preocupando filósofos e cientistas. E a pobreza do Dom Quixote sugere que o romance nasceu com o aparecimento do dinheiro como elemento social – dinheiro, o grande solvente usado na pesada trama do tecido da antiga sociedade, o grande gerador de ilusões. Ou, o que equivale a dizer a mesma coisa, o romance nasceu como resposta ao esnobismo.

Esnobismo não é a mesma coisa que orgulho de classe. Podemos não gostar deste, mas pelo menos reconhecemos que ele reflete uma função social. Uma pessoa que exibia orgulho de sua classe – no tempo em que era possível fazer isso – poderia estar inflada pelo que *era*, mas isso, em última análise, dependia do que ela *fazia*. Assim, o orgulho aristocrático era baseado na habilidade em lutar e em administrar. Nenhum orgulho é perfeito, mas o de classe pode ser tido, hoje, como orgulho de uma profissão, e ser assim passível de nossa leniência.

O esnobismo é o orgulho do *status*, sem orgulho da função. E é uma forma difícil de orgulho de *status*. O esnobe sempre pergunta: "Será que eu pertenço – será que eu realmente pertenço? E ele, pertence? E se me observarem falando com ele, serei visto como pertencendo ou não pertencendo?". Esse é o vício peculiar não das sociedades aristocráticas que têm seus próprios e apropriados vícios, mas das sociedades burguesas democráticas. Para nós, os legendários bastiões do esnobismo são os estúdios de Hollywood, onde um "2 mil dólares por semana" não ousa falar com um "300 dólares por semana", com medo de que seja tomado por nada mais do que um "15 dólares por semana". As emoções dominantes no esnobismo são o desconforto, a autoconsciência, a autodefesa, o senso de que não se é bem real mas que se pode de alguma forma adquirir realidade.

O dinheiro é o meio que, para o bem ou para o mal, estrutura uma sociedade fluente. Não constitui uma sociedade igualitária, a não ser no que se refere à constante alteração das classes, uma mudança frequente nos quadros das classes dominantes. Em uma sociedade em mudança, grande ênfase é dada à aparência – uso essa palavra agora no seu sentido comum, como o povo diz que "uma boa aparência é muito importante para se arranjar emprego". Parecer estar bem estabelecido na vida é um dos meios de conseguir tal coisa. O velho conceito do mercador próspero que tem mais do que mostra é gradativamente substituído pelo ideal de se demonstrar o *status* pela aparência, mostrando mais do que se tem: em uma sociedade democrática o *status* de uma pessoa, acredita-se, não vem com o poder, mas com os sinais do poder. Donde o desenvolvimento do que Tocqueville via como uma marca da cultura democrática e que chamava de "hipocrisia da luxúria" – em vez dos objetos bem-feitos dos camponeses ou da classe média, temos de nos esforçar hoje para que todos os objetos se pareçam com os usados pelos muito ricos.

E uma sociedade em mutação tende a gerar um interesse pela aparência, no sentido filosófico. Quando Shakespeare abordou ligeiramente esse tema que tanto preocupa o romancista – isto é, a movimentação entre classes – e criou Malvólio, imediatamente envolveu a questão da posição social com o problema de aparência *versus* realidade. Os sonhos acordados de Malvólio sobre a melhoria de sua situação apresentam-se a ele como realidade, e, querendo vingar-se, seus inimigos conspiram para convencê-lo de que ele está literalmente louco e de que o mundo não é como ele o vê. A situação dos personagens de *Sonho de uma Noite de Verão* e de Christopher Sly parece dizer que o encontro de extremos sociais e a obtenção dos privilégios de uma alta classe por uma pessoa de classe baixa sempre sugerem à mente de Shakespeare alguma instabilidade radical dos sentidos e da razão.

A função característica do romance é registrar a ilusão gerada pelo esnobismo e tentar penetrar na verdade que, como o romance supõe, jaz escondida sob todas as falsas aparências. Dinheiro, esnobismo, o ideal do *status* tornam-se eles próprios os objetos da fantasia, o suporte das fantasias de amor, liberdade, encanto, poder, como acontece em *Madame Bovary*, cuja heroína é a irmã, a três séculos de distância, de *Dom Quixote*. A grandeza de *Grandes Expectativas* começa em seu título: a sociedade moderna baseia-se em grandes expectativas, que, se algum dia forem realizadas, revelarão que existem só devido a uma realidade sórdida e oculta. A coisa real não é a gentileza da vida de Pip, mas os brutos, o assassinato, os ratos e a decadência do submundo do romance.

Um escritor inglês, reconhecendo a preocupação central dos romances com o esnobismo, recentemente reclamou, meio ironicamente:

> Quem se importa se Pamela no fim exaspera Mister B. até o casamento, se Mister Elton é mais ou menos moderadamente gentil, se é pecado para Pendennis quase chegar a beijar a filha do porteiro, se jovens de Boston poderão algum dia ser tão verdadeiramente refinados como as senhoras de meia-idade de Paris, se a noiva do Promotor deveria estar tanto com o doutor Aziz, ou se Lady Chatterley deveria ter sido seduzida pelo guarda florestal, mesmo tendo sido ele um oficial durante a guerra? Quem se importa com isso?

É claro que o romance nos diz muito mais a respeito da vida do que isso. Ele nos fala do olhar e do sentimento das coisas, de como são feitas, de quais valem a pena e o que custam e de quais são suas probabilidades. Se o romance inglês, com sua preocupação especial com as classes sociais, não explora, como o mesmo escritor diz, as camadas mais profundas da personalidade, então o romance francês, ao explorar essas camadas, deve começar e terminar nas classes sociais, e o russo, explorando as supremas possibilidades do espírito, faz a mesma coisa – cada situação, em Dostoiévski, por mais espiritual que seja, começa com um ponto de orgulho social e certo número de rublos. Os grandes romancistas sabiam que os costumes indicam as maiores intenções da alma humana, bem como as menores, e esforçavam-se perpetuamente para descobrir o significado de cada indício obscuro delas.

O romance, então, é uma busca perpétua da realidade, o campo de sua pesquisa é sempre o mundo social, o material de sua análise são sempre os costumes, indicativos da direção da alma humana. Quando entendemos isso, podemos também entender o orgulho de profissão que levava D. H. Lawrence a dizer: "Sendo um romancista, eu me considero superior ao santo, ao cientista, ao filósofo e ao poeta. O romance é o único brilhante livro da vida".

Mas o romance que descrevi nunca se estabeleceu realmente nos Estados Unidos. Não quero dizer que não tivemos romances de fato muito importantes, mas que nesse país o gênero diverge de sua clássica intenção, a qual, como já disse, é a investigação do problema da realidade, a começar pelo campo social. A verdade é que os escritores americanos geniais não voltaram sua atenção para a sociedade. Poe e Melville estavam muito afastados dela; a realidade que procuravam era só tangencial à sociedade. Hawthorne estava certo ao dizer que não escrevia "*novels*", mas "*romances*"[2] – expressava assim sua consciência da falta de textura social em sua obra. Howells nunca se

---

[2] "*Novel*" em inglês equivale ao gênero "romance", em português; e "romance", para os autores de língua inglesa, designa obra em que predomina a fantasia do autor, a trama fictícia. (N. T.)

satisfazia, porque, embora visse nitidamente a temática social, nunca podia assumi-la com toda a seriedade. No século XIX, nos Estados Unidos, Henry James foi o único escritor que sabia que para alcançar as alturas morais e estéticas no romance tornava-se necessário usar a escada da observação social.

Há uma passagem famosa na vida de Hawthorne escrita por James, em que ele enumera as coisas que faltam para dar ao romance americano a espessa textura social do romance inglês – um estado; quase não há um nome nacional específico; um soberano; uma corte; uma aristocracia; uma igreja; um clero; um exército; um serviço diplomático; gentis homens fazendeiros; palácios; castelos; mansões; velhas casas de campo; presbitérios; cabanas cobertas por colmo; ruínas revestidas de hera; catedrais; grandes universidades; escolas públicas; sociedades políticas; classe esportiva – não temos Epsom, não temos Ascot! Isto é, não temos meios suficientes para mostrar uma variedade de costumes, não há oportunidade para o romancista fazer seu trabalho procurando a realidade, não há complexificações suficientes de aparência para tornar esse trabalho interessante. Outro grande romancista americano, de temperamento muito diferente, dissera a mesma coisa, algumas décadas antes: James Fenimore Cooper achava que os costumes americanos eram demasiado simples e tediosos para alimentarem a fantasia do romancista.

Isso é convincente mas não explica a condição do romance americano, no momento atual. Pois a vida nos Estados Unidos foi gradativamente se complicando, desde o século XIX. Mas decerto não se complicou tanto a ponto de permitir que nossos estudantes de graduação entendam os personagens de Balzac, isto é, entendam a vida em um país superpovoado em que as pressões competitivas são grandes, forçando as paixões intensas que se expressam altivamente e, contudo, sempre dentro dos limites impostos por uma forte e complicada tradição de costumes. Ainda assim, a vida aqui tornou-se mais complexa e exigente. E mesmo assim não temos o tipo de romance que trate de maneira significativa a sociedade ou os costumes. Sejam quais forem as virtudes de Dreiser, ele não conseguiu relatar os fatos sociais com a precisão necessária. Sinclair Lewis é inteligente, mas ninguém, por mais que se encante com ele como escritor satírico, pode acreditar que faça mais do que uma limitada tarefa de entendimento do social. John Dos Passos tem uma visão acurada, com frequência parecida com a de Flaubert, mas não pode nunca usar os fatos sociais como mais do que um pano de fundo ou uma "condição". Dos romancistas de hoje, talvez só William Faulkner veja a sociedade como o campo da realidade trágica, mas tem a desvantagem de se limitar a uma cena provinciana.

Parece que os americanos têm uma espécie de resistência a olhar de perto sua sociedade. Parecem acreditar que atingir com acuidade o tema das classes, falar do esnobismo, seria de alguma forma diminuir a si próprios. É como se sentíssemos que não se pode atingir o fundo poço sem ficar poluído – o que, é claro, pode ser verdade. Os americanos não negam que haja classes e esnobismo, mas parece que pensam ser mal-educado reconhecer com precisão esses fenômenos. Devemos lembrar que Henry James, para grande parte de nosso público leitor, ainda é culpabilizado por ter observado a nossa sociedade como o fez. E lembrar também o tipo de conversa que, por algum motivo interessante, tornou-se parte integrante de nosso folclore literário. Scott Fitzgerald dizia a Ernest Hemingway: "Os muito ricos são diferentes de nós". Hemingway replicou: "Sim, eles têm mais dinheiro". Já vi esse exemplo ser citado muitas vezes e sempre com a intenção de sugerir que Fitzgerald estava fascinado pela riqueza e acabou recebendo uma crítica salutar de seu amigo democrata. Mas a verdade é que, a certo ponto, a quantidade de dinheiro que se tem realmente se transforma em uma qualidade da personalidade: em um sentido importante, os muitos ricos realmente *são* diferentes de nós. O mesmo acontece com os muito poderosos, muito dotados e muito pobres. Fitzgerald tinha razão, e quase só por essa observação ele certamente seria recebido como amigo do peito de Balzac no céu dos romancistas.

Não é absolutamente verdade que o público leitor americano não tenha interesse pela sociedade. Esse sentimento só desaparece em relação à sociedade tal como é habitualmente representada pelo romance. E se examinarmos os romances sérios e bem-sucedidos comercialmente da última década, veremos que quase todos foram escritos partindo de uma intensa conscientização do social – poderíamos dizer que nossa definição atual de um livro sério é a do que nos apresenta alguma imagem da sociedade para se considerar e condenar. Qual é a situação do agricultor pobre de Oklahoma e de quem é a culpa dessa situação, qual a situação em que se encontra o judeu, o que significa ser um negro, como será possível arranjar um sino para Adano, o que é realmente o negócio publicitário, o que é ser insano e como a sociedade toma conta de nós, ou não toma – todos esses são assuntos tidos como os mais férteis para o romancista, e certamente são os que mais agradam aos nossos leitores.

O público provavelmente não se engana quanto à qualidade da maioria desses livros. Se essa questão for levantada, provavelmente a resposta será: não, eles não são grandes obras, não são imaginativos, não são "literatura". Mas para essa resposta há um inesperado adendo: e talvez esses livros sejam até melhores por não serem produtos da imaginação, por não serem literatura – são realidade, e *em uma época como a nossa* precisamos de realidade em grandes doses.

Quando, a algumas gerações da nossa, o historiador de nossa época assumir descrever os conceitos da nossa cultura, certamente ele descobrirá que a palavra *realidade* é de importância fundamental para nos entender. Ele observará que, para alguns de nossos filósofos, o significado da palavra era muito duvidoso, mas que para nossos escritores políticos, para muitos de nossos críticos literários e para a maioria de nosso público leitor, a palavra não iniciava uma discussão, pelo contrário, encerrava-a. A realidade, tal como é concebida por nós, é tudo o que é externo e duro, grosseiro, desagradável. Está implícita em seu significado a ideia do poder, concebido de uma forma particular. Há algum tempo tive a ocasião de observar como, nas avaliações críticas de Theodore Dreiser, tem-se dito que ele tem muitos defeitos mas que não se pode negar que tenha um grande poder. Ninguém diz, nunca, "uma espécie de poder". O poder é concebido sempre como "bruto", cru, feio, e não discriminatório, tal como um elefante parece ser. Raramente é entendido da maneira como um elefante realmente é, precisa e discriminadora; ou da forma que a eletricidade é, imediata e absoluta, e raramente materializada.

A palavra *realidade* é uma palavra honorífica, e o futuro historiador naturalmente tentará descobrir qual a ideia que temos de seu oposto pejorativo, da aparência, mera aparência. Ele descobrirá isso em nossos sentimentos sobre o que é interno; sempre que detectamos provas de estilo e pensamento, suspeitamos de que a realidade está sendo um tanto traída, que a "mera subjetividade" está invadindo tudo. Por conseguinte, derivam disso nossos sentimentos sobre complicação, modulação, idiossincrasias pessoais e formas sociais, tantos as grandes como as pequenas.

Tendo avançado tanto, nosso historiador estará então perto de descobrir uma contradição intrigante. Pois proclamamos que a grande vantagem da realidade é constituída por suas qualidades concretas, duras, pétreas, mas tudo o que dizemos dela tende para o abstrato, e até parece que o que queremos descobrir na realidade é a própria abstração. Acreditamos assim que um dos desagradáveis fatos estabelecidos é o da classe social, mas ficamos extremamente impacientes quando nos dizem que a classe social é realmente tão real que produz diferenças reais de personalidade. As próprias pessoas que mais falam de classes sociais e de seus males pensam que Fitzgerald estava errado, e Hemingway certo. Ou, ainda, pode-se observar que quanto mais falamos louvando o "individual", mais esquecemos que nossa literatura não deveria ter indivíduos – nenhuma pessoa, portanto, que seja formada pelo nosso gosto por tudo o que é interessante, memorável, especial e precioso.

Aqui está, então, nossa generalização: que, na proporção em que nos engajamos na nossa particular ideia de realidade, perdemos nosso interesse pelos costumes. Para o romance essa é uma condição definitiva, pois é irremediavelmente verdadeiro que, no romance, os costumes fazem os homens. Não importa qual o sentido em que a palavra "costumes" seja tomada, isto é verdadeiro no sentido que tanto interessava a Proust, ou no que interessava a Dickens ou, realmente, no que interessava a Homero. A duquesa de Guermantes, incapaz de atrasar sua saída para ir a um jantar quando seu amigo Swann espera que ela receba adequadamente a notícia de que ele está morrendo, mas capaz de se atrasar só para trocar as sandálias pretas que desagradavam a seu marido; Mr. Pickwick e Sam Weller; Príamo e Aquiles – todos eles existem porque seus costumes foram observados.

Isto tudo é tão verdadeiro, realmente, e tão criativa é a conscientização dos costumes por parte do romancista, que podemos dizer que é uma função do seu amor. É uma espécie do amor que Fielding tem pelo Squire Western, que permite a ele notar os detalhes grosseiros que trazem até nós esse homem sensível e impressionável. Se isso é verdade, somos forçados a tirar certas conclusões sobre nossa literatura e, em particular, a definição de realidade que a estruturou. A realidade que admiramos nos diz que a observação de costumes é trivial e mesmo maliciosa, e que há coisas muito mais importantes para serem consideradas em um romance. Como consequência, nossas simpatias sociais realmente se ampliaram, mas proporcionalmente ao que fizeram, também perdemos algo de nosso poder de amar, pois nossos romances não podem nunca criar personagens que realmente existam. Fazemos pedidos públicos por amor, pois sabemos que o sentimento social deveria estar cheio de calor, e recebemos uma espécie de produto público que tentamos acreditar que não é apenas um prato de batatas frias. Os resenhistas de um romance escrito por Helen Howe há uns poucos anos, *We Happy Few,* pensavam que sua primeira parte, satírica, um excelente comentário sobre os costumes de um pequeno mas significativo segmento da sociedade, era ruim e insatisfatória, mas aprovaram sua segunda parte, que é o registro do esforço de autoacusação da heroína ao tentar comunicar-se com a grande alma da América. No entanto, dever-se-ia esclarecer que a sátira tinha sua fonte em uma espécie de afeição, em uma comunidade real de sentimentos, e contava a verdade, ao passo que a segunda parte, que era considerada "calorosa", era uma mera abstração, um exemplo a mais de nossa pública ideia de nós próprios e de nossa vida nacional. John Steinbeck é geralmente elogiado tanto por seu senso de realidade como por sua sensibilidade, mas em *O Destino Viaja de Ônibus* os personagens das classes baixas recebem uma afeição doutrinária proporcional ao sofrimento e à sexualidade que definem sua existência, ao passo que os personagens mal observados da classe média devem submeter-se não só ao julgamento moral mas à retirada de todo sentimento de companheirismo, e à zombaria por suas desgraças e quase por sua suscetibilidade à morte. Só um pequeno pensamento ou um até mesmo menor sentimento é exigido para se perceber que a base de sua criação é a resposta mais gélida a ideias abstratas.

Dois romancistas antigos tiveram uma previsão de nossa situação atual. Em *The Princess Casamassima*, de Henry James, há uma cena na qual a heroína sabe da existência de um grupo conspiratório de revolucionários engajados com a destruição de todas as sociedades existentes. Durante algum tempo ela fora movida por um desejo de responsabilidade social; queria ajudar "o povo" e havia muito tentava descobrir um grupo como esse do qual tomara conhecimento. Muito satisfeita, ela exclama: "Então é real, é sólido!". A intenção do autor é nos fazer ouvir esse grito da Princesa sabendo que ela é uma mulher que despreza a si própria, "que no pior momento de sua vida ela se vendeu por um título e uma fortuna. Ela considera esse seu ato uma terrível peça de frivolidade e não pode nunca, durante todo o resto de sua vida, ser suficientemente séria para compensá-lo". Procura então a pobreza, o sofrimento, o sacrifício e a morte, porque acredita que só essas coisas são reais. Chega a acreditar que a arte é desprezível; refreia sua atenção e seu amor por uma pessoa sua conhecida que mais os merece, gradativamente vai desprezando tudo o que possa sugerir variedade e modulação, e está cada vez mais insatisfeita com a humanidade do presente, em seu desejo pela humanidade mais perfeita do futuro. Um dos pontos altos do romance é o fato de ela, com cada apaixonado passo que dá na direção do que chama de real, de sólido, afastar-se cada vez mais da realidade capaz de dar a vida.

Em *A Mais Longa Jornada*, de E. M. Forster, há um jovem chamado Stephen Wonham que, embora seja um *gentleman* nato, fora criado displicentemente, sem ter assim uma noção real das responsabilidades de sua classe. Ele tem um amigo, um trabalhador do campo, um pastor, e em duas ocasiões ele insulta os sentimentos de pessoas inteligentes, liberais e democráticas pelo tratamento que dá, no livro, a esse seu amigo. Uma vez, quando o pastor renega uma barganha, Stephen briga com ele e o derruba; e, a respeito da matéria do empréstimo de uns poucos xelins, insiste que o dinheiro seja pago até o último centavo. As pessoas inteligentes, liberais e democráticas sabem que essa não é uma forma de tratar os pobres. Mas Stephen não pode pensar no pastor como o pobre, nem, embora seja um trabalhador do campo, como um objeto de pesquisa por J. L. e Barbara Hammond; ele é, antes, um sujeito que corresponde em um relacionamento afetivo – digamos, com um amigo – e, portanto, é suscetível de ter raiva e de ser cobrado por suas dívidas. Mas esse ponto de vista é considerado deficiente em inteligência, liberalismo e democracia.

Nesses dois incidentes, temos a premonição de nossa situação cultural e social presente, a apaixonada e autocrítica referência a uma "forte" realidade que deve limitar seu alcance para manter sua força, e a substituição pela abstração de um sentimento natural, direto e humano. É digno de nota, aliás, como é nítida a linha da qual esses dois romances descendem de *Dom Quixote* – como seus jovens heróis entram na vida com grandes ideias preconcebidas e, como consequência disso, são derrotados. Como ambos se preocupam com os problemas da aparência e da realidade, *A Mais Longa Jornada* de forma bem explícita, e *The Princess Casamassima* indiretamente; como ambos evocam a questão da natureza da realidade, imitando um encontro e o conflito de diversas classes sociais, e anotam escrupulosamente as diferenças de costumes. Ambos têm como personagens principais pessoas que estão específica e apaixonadamente preocupadas com as injustiças sociais, concordando ambas em dizer que agir contra a injustiça social é certo e nobre, mas escolher agir assim não resolve todos os problemas morais; ao contrário, gera novos problemas de uma espécie particularmente difícil.

Em outro lugar já dei o nome de realismo moral à percepção dos perigos da própria vida moral. É possível que em nenhuma outra época o realismo moral tenha sido tão necessário, pois nunca antes tantas pessoas se engajaram na correção moral. Temos livros que apontam as condições ruins, e que nos elogiam por tomarmos atitudes progressistas. Mas não temos livros que questionem não só as condições mas a nós mesmos, e que nos levem a refinar nossos motivos e perguntar o que pode estar escondido por trás de nossos bons impulsos.

Não há nada tão terrível quanto descobrir que existe algo, realmente, por trás de tudo. E nem precisamos de um Freud para fazer essa descoberta. Temos aqui um texto publicitário enviado por uma das mais respeitáveis editoras. Sob o cabeçalho "O que faz vender livros?" está escrito:

> Blank & Company declara que o interesse atual em histórias de terror atraiu grande número de leitores para o romance de John Dash... devido à sua descrição da brutalidade nazista. Tanto os críticos quanto os leitores comentaram o realismo cru usado por Dash para

descrever cenas de tortura no livro. Anteriormente os editores haviam focalizado um mercado de mulheres por causa da história de amor, e agora descobrem que são os homens que estão lendo o livro, devido ao outro ângulo.

Isso não sugere uma depravação maior do que a habitual no leitor masculino, pois "o outro ângulo" sempre exerceu uma fascinação ruim, mesmo sobre os que não cometeriam, nem sequer observariam, um ato de tortura. Cito esse exemplo extremo só para sugerir que algo pode realmente existir, por trás de nosso sóbrio e inteligente interesse em política moral. Nesse exemplo o prazer da crueldade é protegido e permitido pela indignação moral. Em outros exemplos, a indignação moral, que tem sido a emoção favorita da classe média, pode ser, em si, um prazer peculiar. Entender isto não invalida a indignação moral, mas só cria as condições de que ela necessita para ser entretida, dizendo só quando é legítima e quando não é.

Mas aqui vem a resposta: por mais importante que seja para o nosso realismo moral levantar questões mentais sobre nossos motivos, não será este, na melhor das hipóteses, apenas um assunto de importância secundária? Será que não é importante que nos seja dado um relatório sobre a realidade que é diariamente trazida à luz? Os romances que fizeram isso praticaram uma boa ação, ao trazer à nossa consciência os sentimentos latentes de muitas pessoas, dificultando para elas continuarem indiferentes ou inconscientes, e criando uma atmosfera na qual a injustiça dificilmente se estabelece. É muito bom, realmente, falar de realismo moral. Mas é uma frase elaborada e mesmo fantasiosa, e deve ser suspeita de intencionalmente querer sofisticar a simples realidade que é concebida com facilidade. A vida nos pressiona tanto, o tempo é tão curto, o sofrimento do mundo é tamanho, simples e insuportável – tudo o que complica o nosso fervor moral na relação com a realidade, tal como imediatamente a vemos e desejando continuar a caminhar com ela, deve ser visto com alguma impaciência.

Isso é bastante verdadeiro. Portanto, qualquer defesa do que chamei de realismo moral deve ser feita não em nome de uma refinadíssima elevação de sentimentos, mas em nome de uma simples praticabilidade social. E há, realmente, um simples fato social para o qual o realismo moral tem uma simples e prática importância, mas é um fato muito difícil de ser percebido hoje em dia. É que as paixões morais são mesmo mais voluntárias, imperiosas e impacientes do que as espontâneas. Toda a história da humanidade afirma que sua tendência é não só liberar, mas controlar as paixões.

É provável que, nesta época, estejamos para promover grandes mudanças no nosso sistema social. O mundo está maduro para elas, e se não forem feitas na direção de maior liberalidade social – para a frente –, serão quase necessariamente feitas para trás, na direção de uma terrível mesquinharia social. Todos sabemos em qual dessas direções queremos ir. Mas não será suficiente determinar essa direção, nem mesmo trabalhar nela – devemos esperar e trabalhar inteligentemente para sua realização. O que quer dizer que devemos estar conscientes dos perigos inerentes a nossos desejos mais generosos. Por algum paradoxo de nossa natureza somos levados, quando transformamos nossos irmãos em objetos de nosso interesse esclarecido, a continuar e transformá-los em objetos de nossa piedade, depois de nossa sabedoria, e finalmente, de nossa coerção. E para prevenir essa corrupção, a mais irônica e trágica que o homem conhece, precisamos do realismo moral que é produto do jogo livre da imaginação moral.

Nos últimos duzentos anos, o romance tem sido o agente mais eficiente da imaginação moral. Ele nunca foi uma forma perfeita, estética ou moralmente, e seus defeitos e fracassos podem ser rapidamente enumerados. Mas sua grandeza e a praticabilidade do seu uso estão em seu incansável trabalho de envolver o próprio leitor na vida moral, convidando-o a colocar seus próprios motivos em exame, sugerindo que a realidade, e não sua educação convencional, levou-o a ver as coisas. O romance nos ensinou, como nenhum outro gênero literário, a extensão da variedade humana e o seu valor. Foi a forma literária que apresentou como implícitas no ser humano as emoções do entendimento e do perdão, como se fossem definidas pelas próprias formas. Neste momento, seus impulsos não parecem fortes, pois nunca houve uma época em que as virtudes de sua grandeza tivessem toda a probabilidade de ser consideradas fraquezas. No entanto, nunca houve um tempo em que houvesse tanta necessidade dessa atividade particular, prática, política e de uso social – de maneira tal que, se seu impulso não responder à necessidade, teremos razão suficiente para ficarmos tristes, não só pela decadência de uma forma de arte mas também pela restrição à nossa liberdade.

Capítulo 13 | O Relatório Kinsey

Pela sua natureza intrínseca e também pela sua dramática acolhida, o *Relatório Kinsey*[1] tornou-se um acontecimento muito importante em nossa cultura. É significativo de duas formas diversas: como sintoma e como terapia. Seu poder terapêutico está no grande efeito permissivo que provavelmente terá, no seu longo percurso para estabelecer a *comunidade* da sexualidade. O significado sintomático está no fato de que ele foi tido como necessário e que a comunidade da sexualidade exija agora ser estabelecida em termos explícitos e quantitativos. Nada mostra de maneira mais clara a extensão de atomização da sociedade moderna do que o isolamento da ignorância sexual que existe entre nós. Estabelecemos uma censura do conhecimento popular das coisas mais primitivas e sistematicamente secamos as afeições sociais que naturalmente poderiam procurar nos esclarecer e aliviar. Muitas culturas, as mais primitivas e as mais complexas, têm cultivado temores sexuais irracionais, mas provavelmente a nossa cultura é única em isolar estritamente o indivíduo nos temores que a sociedade nos transmite. Agora que nos tornamos um tanto conscientes do que perpetramos com grandes custos e pouco ganho, devemos nos assegurar, por meio da ciência estatística, de que essa solidão é imaginária. O Relatório Kinsey surpreenderá uma parte da população com

---

[1] Alfred C. Kinsey, Wardell B. Pomeroy e Clyde E. Martin, *Sexual Behavior in the Human Male*. Filadélfia, Saunders, 1948.

alguns fatos e outra parte com outros, mas realmente tudo isso diz à sociedade como um todo que há um envolvimento quase universal na vida sexual e, por conseguinte, muita variedade de condutas. O que já era assumido por qualquer comédia que Aristófanes encenava.

Há mais um significado diagnóstico a ser descoberta no fato de que nossa sociedade faz esse esforço de autoesclarecimento por meio da ação da ciência. A conduta sexual está inextricavelmente envolvida com a moralidade, donde ter sido usada pelos representantes de nossa imaginação cultural que são, por sua natureza e tradição, votados à moralidade – religiosos, filósofos sociais e literatos. Mas agora a ciência parece ser a única de nossas instituições que tem autoridade para falar decisivamente sobre esse assunto. Nada, no Relatório, é mais sugestivo de um modo cultural amplo do que suas insistentes declarações sobre sua natureza estritamente científica, seu juramento de indiferença a todas as questões de moralidade, ao mesmo tempo que explicitamente declara sua intenção de obter um efeito moral. E nem admite que qualquer tipo de ciência possa servir para se fazer esse trabalho – deve ser uma ciência tão simples e materialista como o assunto a ser tratado admita. Deverá ser uma ciência de estatísticas, e não de ideias. O caminho para esse Relatório foi criado por Freud, mas ele, durante todos os anos de sua carreira, nunca teve o acesso ou a autoridade perante o público que o Relatório obteve em questão de semanas.

A natureza científica do Relatório deve ser considerada juntamente com a maneira como foi publicado. Ele se declara só "uma avaliação preliminar", um trabalho que intencionava ser apenas o primeiro passo de uma pesquisa mais ampla; que não é senão uma "acumulação de fatos científicos", uma coleção de "dados objetivos", "um relatório sobre o que as pessoas fazem, e não questiona o que elas deveriam fazer", e fornece uma complementação plena de gráficos, tabelas e discussões de métodos científicos. Uma obra concebida e executada dessa forma habitualmente é apresentada só para um público de cientistas profissionais; e os editores do Relatório, pertencentes a uma editora médica, prestam suas homenagens rituais à velha tradição que postulava que todo conhecimento médico, ou afim, não devia estar facilmente disponível para o público geral laico, ou pelo menos até que tivesse sido submetido ao debate profissional; eles nos dizem, em um prefácio, qual seria o público profissional limitado ao qual primariamente o livro se destinava – médicos, biólogos, cientistas sociais e "professores, trabalhadores sociais, executivos de pessoal, grupos de reforço legal e outros que se ocupam da direção do comportamento humano". Contudo, o livro teve uma campanha publicitária tão bem-sucedida que durante muitas semanas figurou como um *best-seller* nacional.

Essa forma de lançar uma obra técnico-científica é um fenômeno cultural que não deve passar sem algum questionamento. O público que recebe esse relatório técnico, essa avaliação meramente preliminar, essa acumulação de dados, nunca foi, mesmo nos níveis educacionais mais elevados, devidamente instruído nos mais elementares princípios do pensamento científico. Com esse público, ciência é autoridade. Ele foi treinado para aceitar descuidadamente "o que a ciência diz", o que concebe como uma declaração unitária. Para esse público, nada é mais valioso, mais precisamente "científico" e mais finalmente convincente do que os dados brutos, sem conclusões; nenhuma negação de sua conclusão pode significar algo para ele – pois aprendeu que esse tipo de negação é apenas a marca registrada da atitude científica, a maneira de a ciência dizer "seu indigno servo".

Se o Relatório fosse realmente, como pretende ser, só um acúmulo de dados objetivos, haveria um questionamento da sabedoria cultural que o lançou como um monte disforme de coisas, sobre o público geral. Mas a verdade é que ele está cheio de conceitos e conclusões; e elabora livremente pontos muito positivos sobre temas altamente polêmicos. Essa avaliação preliminar dá algumas sugestões muito concludentes a um público que está pronto a obedecer o que a ciência diz, por mais contraditória que ela seja, e realmente ela é muito contraditória. Esse mesmo público que, seguindo um conselho científico, comeu espinafre em uma geração e o evitou na seguinte, em uma década treinou seus bebês seguindo padrões rígidos, acreditando que a afeição corrompia o caráter infantil, só para aprender na década seguinte que a disciplina rígida era prejudicial e que mimar uma criança tinha tanto valor científico como a indução.

Surge também a questão de saber se o Relatório não é prejudicial por encorajar as pessoas a adotarem atitudes mecânicas em relação à vida. A tendência a separar sexo de outras manifestações da vida já é bem forte. Esse estudo verdadeiramente absorvente do sexo em gráficos e tabelas, dados e quantidades pode ter o efeito de reforçar essa tendência ainda mais, com as pessoas que não são absolutamente treinadas para inverter o processo de abstração e colocar o fato de volta na vida geral da qual ele foi tirado. E as prováveis implicações mecânicas de um estudo estatístico são, neste caso, baseadas em certas atitudes totalmente formuladas e mantidas por seus autores, apesar de eles protestarem que essas atitudes são tão científicas que chegam a não ter atitude alguma.

Acho que são válidas as objeções feitas à indiscriminada circulação do livro. Mas também acho que há algo bom sobre sua publicação, algo honesto e certo. Cada sociedade complexa tem instrumentos "relacionados com a direção do comportamento humano", mas estamos desenvolvendo, hoje, um novo elemento nessa atividade antiga, o elemento do conhecimento científico. Seja o que for o que o Relatório proclame, as ciências sociais em geral não pretendem mais descrever o que as pessoas fazem; agora elas têm a consciência clara de seu poder de manipular e ajustar. A sociologia já demonstrou sua natureza instrumental, primeiro para a indústria e depois para o governo. Um governo que usa esse conhecimento social sugere ainda benignidade; e em uma época que diariamente nos traz a proliferação de governos de métodos policialescos, ele pode sugerir o próprio espírito do liberalismo racional. Contudo, pelo menos um sociólogo já expressou o temor de que a sociologia se torne o instrumento de uma branda tirania – é o mesmo temor expresso imortalmente por Dostoiévski em *O Grande Inquisidor*. Realmente há algo repulsivo na ideia de estudar os homens visando a seu próprio benefício. O paradigma dessa repulsa é encontrado na situação comum da criança que é *compreendida* por seus pais, contida e amorosamente circunscrita, totalmente amordaçada, e que acha cada vez mais fácil conformar-se internamente e no futuro com a interpretação dada pelos pais para os atos externos do passado. Dessa forma, ela tende a entender como nunca a coerção, e não desenvolve o mistério e a impetuosidade de espírito que ainda temos o dom de acreditar ser a marca do total humanismo. O ato de compreender torna-se um ato de controle.

Se, então, devemos viver sob o elemento da sociologia, que sejamos pelo menos sociólogos em conjunto – vamos divulgar o que cada sociólogo sabe, e partilharmos a observação um do outro, incluindo os sociólogos. A indiscriminada publicação do Relatório torna a sociologia um pouco menos o estudo de muitos homens por uns poucos e um tanto mais o estudo de si próprio. Há algo certo na divulgação indiscriminada do Relatório entre o público americano – faz com que esse público também se volte contra ele.

Está certo que o Relatório seja vendido em lojas que nunca antes haviam vendido livros, e comprado por pessoas que nunca antes haviam comprado livros, e que passe de mão em mão e seja discutido, submetido em geral ao humor: a cultura popular americana certamente se enriqueceu com o presente dado pelo Relatório, um novo herói popular – o "estudioso e hábil advogado" que, durante trinta anos, obteve uma frequência orgástica de trinta vezes por semana.

Quanto à objeção do envolvimento de sexo com ciência, podemos dizer que se a ciência, por meio do Relatório, serve de alguma forma para liberar os aspectos físicos e até "mecânicos" do sexo, também pode ter agido para liberar as emoções que supostamente nega.

E talvez só a ciência pudesse efetivamente assumir a tarefa de liberar a sexualidade da própria ciência. Não houve nada que reforçasse como a ciência as proibições morais e religiosas em relação à sexualidade. A certo ponto da história da Europa, no período da Reforma, a masturbação deixou de ser considerada apenas qualquer outro pecado sexual, e, talvez por analogia com as doenças venéreas que obcecavam a mente europeia, passou a ser vista como a causa específica de doenças mentais e físicas, da loucura e da decadência.[2] O puritanismo da Inglaterra vitoriana avançou com a higiene científica, e tanto na Europa como na América a mente sexual foi assombrada pela ideia da *degeneração*, aparentemente por analogia com a segunda lei da termodinâmica – como vemos pela esclarecida opinião liberal de 1896: "Os efeitos das doenças venéreas têm sido estudados extensivamente, mas a quantidade de vitalidade queimada pela luxúria nunca foi e talvez não seja nunca adequadamente medida".[3] A própria palavra *sexo*, que hoje usamos tão casualmente, começou a ser usada por razões científicas para substituir a palavra *amor*, que fora antes indiscriminadamente usada, mas que agora deveria ser conservada para propósitos ideais, e também a palavra *lascívia*, que passou a ser tanto demasiado pejorativa quanto demasiado humana – *sexo* denotava uma neutralidade científica, uma desvalorização vaga, pois a palavra neutraliza a mente do observador e neutraliza igualmente os homens e as mulheres que estão sendo observados. O Relatório talvez seja a supervalorização da neutralidade e da objetividade que, na dialética da cultura, era necessária antes que o sexo pudesse ser liberto de seu gélido domínio.

Certamente o grande mérito do Relatório é o de trazer à mente o mais antigo e melhor relacionamento entre sexo e ciência – sua melhor coisa é a qualidade que nos faz lembrar de Lucrécio. A dialética da cultura tem suas brincadeiras, e tendo sido a *alma Vênus* chamada

---

[2] Ver Abram Kardiner, *The Psychological Frontiers of Society*.

[3] Artigo "Degeneration" na *The Encyclopedia of Social Reform*.

uma vez para presidir e proteger a ciência, a situação agora foi invertida. A Vênus do Relatório não brilha à luz dos signos celestiais – como fazia a do livro *De Rerum Natura* [Das Coisas Novas], – nem a Terra lhe oferece flores. Ela está mais para antiquada e encurralada, e sem dúvida não aumenta seu encanto falar dela em termos de frequências moderadas de 3.2. Não tem querubins a ajudando; embora o doutor Gregg, em seu prefácio, refira-se ao sexo como o instinto reprodutor, há poucas referências mais, no livro, a que sexo tenha algo a ver com a propagação da espécie. No entanto, todas as coisas ainda seguem claramente Vênus até o lugar para onde ela nos leva, e em alguma das afirmações do autor está enterrada a genial crença de que ainda, sem ela, "nada surge nas brilhantes bordas da luz, nada jubiloso e encantador aparece". Sua qualidade pandêmica ainda está ali – é um dos grandes pontos do Relatório dizer quanto de cada espécie de desejo existe e como isso começa cedo e dura até o fim. Seu bem conhecido ciúme não diminui, e a prodigalidade ainda é sua virtude característica: o Relatório nos assegura que os que respondem prontamente à deusa continuam a fazê-lo durante um tempo mais longo. Os rebanhos e as manadas de Lucrécio também aparecem aqui. O professor Kinsey é um zoólogo e adequadamente mantém sempre na nossa mente a afinidade que temos com os animais, ainda que tire algumas conclusões ilógicas disso; e os que são honestos admitirão que sua velha repulsa pela ideia de contatos entre humanos e animais diminui um pouco devido ao capítulo sobre este assunto, que é, estranhamente, o único capítulo do livro a sugerir que sexo pode ser associado a ternura. Esse grande e reconhecido mergulho lucreciano do Relatório é a melhor coisa sobre ele e compensa por tudo o que é deficiente e confuso em suas ideias.

Mas essa obra é mais do que um ato público e simbólico de revisão cultural, no qual, enquanto os Gêmeos Celestiais pairam benignamente sobre a cena – sob as formas do Conselho Nacional de Pesquisa e da Fundação Rockefeller –, o professor Kinsey e seus coadjutores arrastam para a luz todas as realidades sexuais escondidas, para que possam perder seu poder sombrio e se tornar domesticadas entre nós. Esse é também um exemplo precoce do empreendimento científico de se mergulhar de cabeça em um tema de dificuldade única, que tradicionalmente foi envolvido com valorização e moralidade. Temos de perguntar, com muita seriedade: como a ciência se comporta nesse empreendimento?

Decerto ela não se comporta da maneira que proclama ser sua. Já sugeri que o Relatório supervaloriza sua própria objetividade. Os autores, que são entusiasticamente devotados a seu método e a seus princípios, cometem o erro de acreditar que, sendo cientistas, não lidam com declarações, preferências e conclusões. Nada vem mais facilmente à sua caneta do que a crítica da subjetividade dos antigos escritores de temas sexuais. No entanto, sua própria subjetividade às vezes é extrema. Um certo grau de subjetivismo era inevitável, pela própria natureza desse empreendimento. A segurança intelectual pareceria então estar não só no aumento do número de verificações mecânicas, ou em examinar mais rigorosamente essas declarações trazidas à formulação consciente, mas também em admitir diretamente que a subjetividade tendia a aparecer e a convidar o leitor a prestar atenção nela. O que não teria garantido uma objetividade absoluta, mas teria procurado atingir um grau mais alto de objetividade relativa. Teria feito uma coisa ainda mais importante – teria ensinado aos leitores do Relatório algo sobre os processos científicos aos quais eles deveriam submeter seu pensamento.

A primeira falha de objetividade ocorre no título do Relatório, O *Comportamento Sexual do Homem*. Não há dúvida de que o comportamento estudado não é o do homem, mas só o de certos homens americanos observados, e não é preciso fazer nenhum outro comentário sobre isso.[4] Mas é preciso atentar para a intenção da palavra

---

[4] O método estatístico usado pelo Relatório está necessariamente fora do meu alcance. Nem sou capaz de verificar de maneira confiável a validade dos outros métodos que foram usados.

behavior, usada para indicar só o comportamento físico. "Em grande parte este estudo limitou-se a apresentar um registro das experiências sexuais explícitas do indivíduo." Essa limitação talvez tenha sido imposta aos autores por considerações de método, porque ela fornece dados mais simples e estatísticas mais manipuláveis, mas é também uma limitação que serve a seu conceito de natureza humana, podendo seu efeito ser visto em todo o livro.

O Relatório, então, é um estudo do comportamento sexual no que se refere à sua medição quantitativa. O que é por certo muito útil. Mas, como temermos, a sexualidade que é medida é tomada como a definição da sexualidade em si. Os autores certamente não são desprovidos de interesse no que chamam de seus comportamentos, mas acreditam que esses são mais conhecidas como "experiências sexuais explícitas". Gostaríamos de saber, é claro, o que querem dizer por experiência, e também quais princípios usam para provar de onde tiram suas conclusões sobre os comportamentos.

Somos levados a ver que seu conceito total de uma experiência sexual refere-se totalmente ao ato físico, e que seus princípios probatórios são inteiramente quantitativos e não podem levá-los além da conclusão de que, quanto mais sexo tivermos, melhor será. A qualidade não é considerada parte integrante do que consideram uma experiência. Como já sugeri, o Relatório é partidário do sexo, quer que as pessoas tenham boa sexualidade. Mas por "boa" entendem apenas que as experiências devem ser frequentes. "Acho que podemos assegurar que um orgasmo diário estaria dentro da capacidade do homem médio e que as cotas mais do que diárias que têm sido observadas em algumas espécies de primatas poderiam ser também igualadas por grande parte da população humana, se a atividade sexual fosse irrestrita." O Relatório nunca sugere que uma experiência sexual seja mais do que a descarga de uma tensão especificamente sexual, e conclui, portanto, que a frequência é sempre o sinal de uma robusta sexualidade. No entanto, a masturbação, nas crianças, pode ser e frequentemente é a expressão não da sexualidade, mas da ansiedade. Da mesma forma, o ato sexual adulto pode ser uma expressão de ansiedade; a sua frequência pode não ser tanto robusta, mas compulsiva.

O Relatório não desconhece as condições psíquicas da sexualidade; no entanto, usa o conceito quase sempre segundo a influência de sua expressão quantitativa. Em uma passagem (p. 159), descreve as diferentes intensidades do orgasmo e os vários graus de satisfação, mas nega qualquer intenção de levar essas variações em conta em seu registro de comportamentos. E mostra esperança de que os homens respeitáveis possam ter um desempenho tão frequente como os habitantes do submundo, se forem tão livres quanto os desse grupo. Mas antes que os homens respeitáveis aspirem a ter essa liberdade, seria melhor verificar se os homens do submundo não são realmente levados pela ansiedade, o quanto sua sexualidade está relacionada com outros meios de tratar dela, como drogas, e o quanto o sexo para eles é realmente agradável. Os dados do Relatório sugerem que pode não haver uma conexão direta entre a falta de restrições, a frequência e a saúde psíquica; eles nos falam de homens de baixos níveis sociais que, em sua atividade sexual, têm relações com muitas centenas de moças, mas que desprezam suas parceiras sexuais e não suportam relacionar-se com a mesma mulher mais de uma vez.

Mas o Relatório, como veremos, é mais resistente à possibilidade de se estabelecer qualquer conexão entre a vida sexual e a estrutura psíquica. Essa atitude fortemente expressa se baseia na declaração de que toda a realidade do sexo é anatômica e fisiológica; as emoções são tratadas como se fossem uma "superestrutura".

> A consciência do sujeito da situação erótica é resumida por essa declaração de que ele é "emocionalmente" despertado; mas as fontes materiais do distúrbio emocional são raramente reconhecidas, seja por leigos, seja por cientistas, pois todos se inclinam a pensar em termos de

paixão, impulso natural ou libido, que partilham mais da mística[5] do que da anatomia sólida e da função fisiológica.

Há, naturalmente, uma nítida vantagem instrumental em ser capaz de falar sobre os fenômenos psíquicos ou emocionais em termos de fisiologia, mas fazer uma distinção entre as duas descrições do mesmo evento, fazer a descrição anatômica e fisiológica da "fonte" do emocional, e depois considerá-la a mais real das duas, é simplesmente cometer não só a Falácia Redutiva mas também o que William James chamou de Falácia do Psicólogo. O que nos fará suspeitar de qualquer subsequente generalização que o Relatório faça sobre a natureza da sexualidade.[6]

---

[5] Devemos observar como o desprezo científico pelo aspecto "místico" cessa completamente quando o termo serve ao propósito do cientista. O relatório está explicando por que as entrevistas não foram verificadas por meio de narcossíntese, detectores de mentiras etc.: "Em qualquer estudo desta espécie que precise assegurar quantidades de dados de sujeitos humanos, não há outra possibilidade a não ser a de ganhar a cooperação voluntária, por meio do estabelecimento daquela coisa intangível que conhecemos como relação". Essa coisa intangível é estabelecida fitando-se diretamente nos olhos a pessoa que responde. Pode-se perguntar por que uma coisa que é intangível mas bastante real para assegurar a precisão científica não seria bastante real para ser considerada capaz de ter efeito sobre o comportamento sexual.

[6] As conotações da Falácia Redutiva podem ser vistas parafraseando-se a sentença que citei, em que o professor Kinsey incide: "A conscientização, por parte do professor Kinsey, da situação intelectual, está resumida pela sua declaração de que ele 'tem a ideia', ou 'chegou a uma conclusão'; mas as fontes materiais de suas perturbações intelectuais raramente são reconhecidas, seja pelos leigos ou pelos cientistas, todos inclinados a pensar em termos de 'pensamento', ou 'inteleção' ou 'cognição', que partilham mais [o aspecto] místico do que a sólida anatomia ou a função fisiológica". A Falácia do Psicólogo é o que James chama de "confusão de seu próprio ponto de vista com o fato mental sobre o qual está fazendo um relatório". "Outra variedade dessa falácia é a afirmativa de que o fato mental estudado deve estar consciente de si próprio, da mesma forma como o psicólogo está consciente dele." (*Principles of Psychology*, vol. 1)

A ênfase sobre a natureza anatômica e fisiológica da sexualidade está relacionada com a forte confiança que o Relatório tem no comportamento animal como norma.

> *Para os que gostam do termo*, está claro que há um impulso sexual que não pode ser desconsiderado em relação a uma grande parte da população, por qualquer espécie de convenção social. *Para os que preferem pensar em termos mais simples de ação e reação*, é uma representação de um animal que, por mais civilizado ou culto, continua a responder aos constantemente presentes estímulos sexuais, talvez com algumas restrições, sociais e físicas.

O Relatório obviamente acha que a segunda formulação é superior à primeira, e denota isso com um toque de ironia que os que a preferem pisam em terreno mais firme.

Há várias vantagens em ter em mente nossa própria natureza animal e a conexão familiar com os outros animais. Essas vantagens são instrumentais, morais e poéticas – uso este último termo por falta de outro melhor para sugerir o mero prazer de se descobrir parentesco com alguns animais. Mas talvez nenhuma outra ideia seja tão difícil de usar com precisão como esta. No Relatório ela é usada para se estabelecer um princípio dominante de julgamento, o princípio Natural. Como conceito de julgamento ele é notoriamente enganador e foi elaborado por várias gerações, mas o Relatório desconhece sua reputação perigosa e o usa com a confiança mais ingênua. E embora use sua linguagem mais rude para a ideia da normalidade, dizendo que ela tem barrado o caminho de qualquer verdadeiro conhecimento sobre sexo, é ele próprio favorável a deixar que a ideia do que é Natural se desenvolva tranquilamente para a ideia da normalidade. O Relatório estabelece tanto uma normalidade física – sugerida por sua crença de que, em circunstâncias ótimas, os homens deveriam ser capazes de atingir a frequência orgástica dos primatas – quanto uma normalidade moral, a aceitação, baseada na autoridade do comportamento animal, de certas práticas sexuais que habitualmente são consideradas tabus.

É inevitável que o conceito do que é Natural deva assombrar qualquer discussão sobre sexo. É inevitável que ele deva causar confusão, sobretudo em uma discussão científica que impeça julgamentos de valor. Assim, para mostrar que a homossexualidade não é uma manifestação neurótica, como afirmam os freudianos, o Relatório menciona o comportamento homossexual dos ratos. Mas o argumento *de animalibus* certamente deve persistir, por sua capacidade de ser invertido e estendido. Assim, será que por ter perdido a periodicidade sexual o animal humano perdeu sua naturalidade? E mais: a fêmea da marta, como nos conta o próprio Relatório, opõe resistência à cópula, e deve na realidade ser coagida para se tornar submissa. Será que ela não tem um comportamento natural? Ou a defesa de sua castidade deveria ser tomada como paradigma das fêmeas, animais ou humanas, que voluntariamente se submetem, ou que então usam pretextos para sua recusa sexual? O professor Kinsey se parece demasiado com *Sir* Percival em Malory, o qual, vendo um leão lutando com uma serpente, decidiu ajudar o leão, "pois, das duas bestas, era ele a mais natural".

Esse desacerto no trato das ideias é característico do Relatório – ele não combina muito bem com qualquer ideia que seja pelo menos complexa, e frequentemente tenta libertar-se de uma delas, em favor de outra que pareça não ultrapassar a declaração de fato físico. Vemos isso sobretudo com certas ideias freudianas. O Relatório reconhece seu débito para com Freud com a generosidade de espírito que o marca em suas outras conexões, e frequentemente usa os conceitos freudianos de uma maneira muito direta e sensível. No entanto, nada pode ser mais desajeitado do que tratar o conceito de Freud sobre a ideia pré-genital da sexualidade infantil. Podendo provar, fato interessante e significativo, que as crianças são capazes de ter um verdadeiro orgasmo, embora sem ejaculação, o Relatório conclui que a sexualidade infantil não é generalizada mas especificamente genital. Mas, na verdade, tem sido reconhecido há muito, embora o fato de o orgasmo não ter sido estabelecido, que os bebês podem responder eroticamente à estimulação genital direta, e esse conhecimento não contradiz a ideia freudiana de que há um estágio do desenvolvimento do bebê em que a sexualidade é generalizada por todo o corpo, mais do que especificamente centralizada na área genital. O orgasmo infantil deve ser interpretado em conjunto com outras e mais complexas manifestações da sexualidade do bebê.[7]

Podemos dizer que o Relatório tem um medo estranho de todas as ideias que não parecem ser imediatamente ditadas pelo simples ato físico. Outro modo de dizer isso é que o Relatório resiste a qualquer ideia que pareça se referir a uma situação humana específica. Um exemplo disso é a posição que ele assume em relação ao tema da potência masculina. O sentimento popular, quando interrogado sobre isso, e certamente onde é formulado pelas mulheres, afirma que a potência masculina não deve ser medida só pela frequência, mas sim pela habilidade de adiar o orgasmo durante um tempo suficiente para levar a mulher ao clímax. Essa é também a visão psicanalítica, que afirma ainda que a inabilidade em prolongar o ato é o resultado inconsciente de temor ou de ressentimento. O Relatório resiste muito em aceitar essa ideia. Sua recusa baseia-se no comportamento dos mamíferos – "em muitas espécies" (não em todas?), a ejaculação segue quase imediatamente à penetração; nos chimpanzés a ejaculação ocorre dentro de 10 a 20 segundos. O Relatório, portanto, conclui que o macho humano que ejacula imediatamente depois da penetração "é totalmente normal [aqui a palavra torna-se subitamente permissível] entre os mamíferos e habitual entre os indivíduos de sua própria espécie". Realmente, o Relatório acha estranho que o termo "impotente" deva ser aplicado

---

[7] O Relatório também trata da ideia de sublimação de um modo muito precário. Ele não apresenta precisamente o que é a teoria freudiana da sublimação. Em relação a isso, no entanto, ele pode ser desculpado pela mudança de ênfase e mesmo pelo significado que dá ao uso do termo por Freud.

a respostas tão rápidas. "Seria difícil achar outra situação na qual um indivíduo rápido e intenso em suas respostas não fosse classificado como superior; na maioria dos exemplos é exatamente o que os machos que ejaculam rapidamente são, por mais inconvenientes e desastradas que essas qualidades possam ser do ponto de vista da mulher no relacionamento."

Mas, com esse raciocínio, o macho humano que é rápido e intenso em seu salto para o bote salva-vidas tem um comportamento natural e superior, por mais inconveniente e infeliz que sua velocidade e sua intensidade possam ser para a mulher que ele deixa plantada no deque do navio, e a mesma coisa acontece com o homem que faz um julgamento apressado, que morde o dedo do dentista, que chuta a criança que o aborrece, que tranca seu alimento – ou o de outras pessoas –, e que é incontinente em suas funções anais. Por certo o problema do que é natural no ser humano foi resolvido há quatro séculos por Rabelais, e nos mais simples termos naturalistas; e é triste agora ver que essa questão está novamente emaranhada pela ingenuidade dos cientistas. A solução de Rabelais estava na simples percepção da habilidade *natural* e da tendência do homem de evoluir na direção da organização e no controle. O jovem Gargântua, em sua infância natural, tinha todas as respostas rápidas e intensas que acabamos de enumerar; se seus professores confundissem os aspectos de sua infância natural com os de sua virilidade natural, ele não teria sido o mais natural, mas sim o menos natural – teria sido um monstro.

Considerando o Relatório Kinsey um importante documento cultural, devemos não desvalorizar o significado de seu petulante protesto contra a inconveniência, para o macho humano, da injusta demanda que se impõe a ele. Esse protesto é da maior importância para dizer que a sexualidade não está envolvida em situações especificamente humanas, ou que esteja conectada com fins desejáveis que são concebidos em termos especificamente humanos. Podemos desconsiderar quaisquer razões ideais que poderiam levar o homem a resolver sua situação da discrepância – surgida das condições biológicas ou culturais, ou de ambas – existente entre sua própria rapidez orgástica e a de sua parceira, e podemos considerar apenas que seria hedonisticamente desejável para ele agir assim, pelas vantagens supostamente advindas das facilidades de acesso e de resposta da mulher. Vantagens dessa espécie, porém, são precisamente os temas da qualidade da experiência que o Relatório ignora.[8]

E a atitude sobre a questão da potência masculina é apenas um exemplo de sua insistência em esboçar uma sexualidade apartada do contexto humano em geral. É chocante ver como é pequeno o papel que a mulher desempenha em *Comportamento Sexual do Homem*. Não aprendemos no Relatório nada sobre a conexão entre sexo e reprodução; essa conexão, do ponto de vista sexual, decerto não é constante, mas tem grande interesse. A gravidez, ou sua possibilidade, tem um efeito considerável, às vezes de uma maneira, às vezes de outra, sobre o comportamento sexual masculino; no entanto, no sumário da obra, o tópico "Gravidez" tem uma única indicação, "medo da". Os métodos contraceptivos exigidos por esse medo têm uma notável influência sobre a sexualidade masculina; e no entanto, no sumário estão só termos como "contracepção, técnicas". Ou ainda: a menstruação tem uma elaborada associação com mitos e tabus, que são levados muito a sério pelos homens; mas as duas passagens aludidas no sumário como referentes à menstruação não dão informação alguma sobre sua influência na conduta sexual.

---

[8] Dificilmente deixaremos de estabelecer uma conexão entre a posição definida do Relatório contra qualquer atraso no orgasmo masculino e sua insistência, também forte, de que não há diferença para a mulher entre o orgasmo clitoridiano e o vaginal – uma visão que por certo precisa de mais investigação antes de ser colocada tão peremptoriamente, como faz o Relatório. A conjunção das duas ideias sugere que é desejável uma sexualidade que use um mínimo de instrumentação sexual.

O Relatório também resiste explícita e teimosamente à ideia de que o comportamento sexual está envolvido com o todo do caráter individual. Neste ponto, ele é estranhamente inconsistente. Na conclusão do capítulo sobre a masturbação, depois de dizer que ela não causa nenhum prejuízo físico e que, se não houver conflito em relação a ela, também não causará nenhum prejuízo mental, levanta a questão do efeito da masturbação adulta sobre a personalidade do indivíduo. Com certa confusão entre causa e efeito, na qual não precisamos nos deter, diz:

> Sabemos agora que a masturbação é mais aceita no nível (social) mais elevado, sobretudo por ter a sexualidade uma saída insuficiente por meio do coito heterossexual. Até certo ponto, isto é uma fuga da realidade, e o efeito sobre a personalidade do indivíduo é algo que precisa ser considerado.

É uma questão natural, é claro, mas o Relatório recusa-se a estender o princípio disso a qualquer outra atividade sexual; sumariamente ele rejeita as conclusões da psicanálise, que tornam a conduta sexual uma pista importante, e até mesmo o ponto crucial do caráter. Ele acha que a visão psicanalítica é inaceitável por dois motivos: 1) o terapeuta erra ao relacionar aberração sexual com doença psíquica, porque só as pessoas sexualmente aberrantes que estão doentes procuram tratamento, o que leva o profissional a nunca aprender nada sobre a grande incidência de saúde mental entre os sexualmente "aberrantes"; 2) a doença emocional que leva os considerados "aberrações" a procurar ajuda psiquiátrica é resultado não de uma falha na própria psique, conectada com sua "aberração", mas só do temor de uma desaprovação social de sua conduta sexual. E o Relatório dá exemplos de muitos homens que são bem ajustados socialmente mas que, entre si, quebram todos os tabus sexuais.

A qualidade do argumento que o Relatório usa nesse ponto é tão significativa quanto as conclusões erradas a que chega. "Não é possível", diz, insistir que qualquer afastamento dos costumes sexuais, ou qualquer participação em atividades que são tabus sociais, sempre, ou mesmo habitualmente, envolvem uma neurose ou psicose, pois os casos exemplificados demonstram abundantemente que a maioria dos indivíduos que se engajam em atividades tabus consegue ter um ajustamento social satisfatório.

Nesse contexto, "neuroses" e "psicoses" são termos usados facilmente para designar todos os desajustes psíquicos, e "ajuste social" também é usado dessa forma, para designar paz emocional e estabilidade psíquica. Quando o Relatório passa a citar as "pessoas social e intelectualmente significativas", os "cientistas bem-sucedidos, educadores, físicos etc.", que têm entre si "aceitado toda a categoria das assim chamadas 'anormalidades'", devem lembrar que um distúrbio emocional muito intenso, só conhecido por quem o sofre, pode aparecer com o desempenho eficiente dos deveres sociais, e que os psicanalistas podem contar com uma longa lista de pessoas distintas e eficientes que os consultam.

Então, só um interesse em atacar pessoas mais fracas poderia ter levado o Relatório a insistir que a psicanálise está errada ao dizer que *qualquer* afastamento dos costumes sexuais, ou *qualquer* participação em atividades sexuais tabus, envolve uma neurose ou uma psicose, pois a psicanálise não tem em absoluto essa visão das coisas. É justamente neste ponto que temos necessidade de distinções que o Relatório parece não estar disposto a fazer. Por exemplo: de modo ousado e simples ele expressa a naturalidade e a normalidade, e, portanto, a permissão para se desejar contatos do tipo boca-genitais no ato de amor heterossexual. Essa é uma forma de expressão sexual que é oficialmente considerada tabu, no entanto nenhum psicanalista diria que sua prática indica uma neurose ou uma psicose. Mas diria que uma pessoa que não gosta ou que não seja capaz de praticar qualquer outra forma de contato sexual por isso mesmo provaria uma tendência neurótica na sua constituição psíquica. Seu ajustamento social, nos termos meio rudes que o Relatório usa, poderia não ser prejudicado, mas decerto seria possível que sua vida psíquica mostrasse sinais de distúrbio, não pela prática em si, mas pelas necessidades psíquicas que a fizessem insistir nisso. O que é significativo não é a ruptura do tabu, mas a circunstância emocional dessa ruptura.

Da mesma maneira supersimplificada, e com o mesmo uso confuso de conceitos de aberrações sexuais, o Relatório trata do que é mais complexo e mais importante na nossa vida cultural, o homossexualismo. Rejeita a ideia de que a homossexualidade seja inata e que "não se possa esperar dela qualquer modificação". Mas depois passa também a rejeitar a ideia de que a homossexualidade dá provas de uma "personalidade psicopata". Esse é um termo muito forte, e poucos analistas desejariam usá-lo neste caso. Talvez até mesmo o termo "neurótico" fosse extremo em uma discussão que, seguindo o estilo do Relatório, usa "ajustamento social" como indicação de *status* para ser o limite de sua análise de caráter. Mas isso não leva a discussão ao ponto a que o Relatório gostaria de levar – para a ideia de que a homossexualidade deve ser aceita como uma forma da sexualidade como qualquer outra, tão "natural" como a heterossexualidade, um julgamento para o qual o Relatório é conduzido em parte devido à sua surpreendentemente grande incidência na população. E nem a prática de "uma crescente parcela dos mais habilitados psiquiatras que não tentam reorientar o comportamento, mas que dedicam sua atenção à ajuda a um indivíduo para que se aceite como é", implica o que o Relatório parece querer, isto é, que esses profissionais julguem a homossexualidade uma forma não excepcional de sexualidade; em muitos casos, eles não conseguem efetuar mudança alguma na disposição psíquica, e passam, portanto, a fazer a próxima coisa melhor, do ponto de vista sensível e humano. Sua opinião da etiologia da homossexualidade como baseada em algum defeito da estrutura psíquica – como nossa cultura a julga – não foi, na minha opinião, mudada.

E acho que eles diriam que a condição que produziu a homossexualidade também produz outros traços de caráter sobre os quais poderia ser feito um julgamento. Esse julgamento de modo nenhum precisaria ser de todo adverso; quando formulado sobre indivíduos, não deveria absolutamente ser reprovador; mas não há dúvida de que em uma sociedade em que o homossexualismo fosse dominante, ou mesmo aceito, seria diferente, em natureza e em qualidade, de uma na qual ele fosse censurado.

A recusa dessa visão da homossexualidade, ou de qualquer outra pelo menos de equivalente complexidade, nos leva a considerar os motivos que animam o trabalho que examinamos, para ver como é muito caracteristicamente *americano* esse documento que é o Relatório Kinsey. Falando desses motivos, o que tenho em mente sobretudo é seu impulso para a aceitação e a liberação, seu amplo e generoso desejo de que outras pessoas não sejam severamente julgadas. Muito, nele, deve ser entendido como se houvesse sido ditado por um movimento de recuo da rejeição crua e com frequência brutal exercida pela sociedade sobre as pessoas que chamam de sexualmente "aberrantes". O Relatório tem a intenção de habituar seus leitores à sexualidade, em todas as suas manifestações; ele quer estabelecer, por assim dizer, um pluralismo democrático da sexualidade. E esse bom impulso para a aceitação e a liberação não é o único e várias vezes se revela nas partes de nossa vida intelectual que são mais ou menos oficiais e institucionalizadas. É, por exemplo, muito mais estabelecido nas universidades do que a maioria de nós pode admitir, devido a nossos hábitos de criticar os Estados Unidos, em particular as universidades americanas; e é, consideravelmente, uma atitude estabelecida com os fundamentos que sustentam nossos projetos intelectuais.

Não é preciso dizer que essa generosidade de mentalidade deve ser muito admirada. Mas, quando damos a ela todo os créditos que merece como sinal de algo bom e que se amplia na vida americana, não podemos deixar de observar que com frequência essa atitude está associada com uma fraqueza intelectual quase intencional. Ela inclui uma aversão quase consciente a se estabelecer distinções intelectuais, quase como a crença de que uma distinção intelectual deva inevitavelmente levar a uma discriminação social ou à exclusão. Poderíamos dizer que os que mais explicitamente afirmam e querem praticar as virtudes democráticas, assumem isso como se sua ideia de que todos os fatos sociais – com exceção da exclusão e das dificuldades econômicas – devem ser *aceitos* não só no sentido científico, mas também no sentido social, isto é, no sentido de que nenhum julgamento pode ser passado sobre eles, e que qualquer conclusão tirada deles que inclua valores e consequências poderá tornar-se "antidemocrática".

O objetivo do Relatório é levantar questões sobre as atitudes oficiais restritivas em relação ao comportamento sexual, incluindo as atitudes formuladas nos livros estatutários da maioria dos estados. Para esse fim, ele acumula fatos com a intenção de mostrar que os padrões de julgamento da conduta sexual existentes hoje não se referem realmente ao comportamento sexual real da população. Até aí, tudo bem. Mas então ele passa a sugerir que deve haver só um padrão de julgamento do comportamento sexual – isto é, o comportamento sexual tal como realmente existe; o que é dizer que esse comportamento não deve ser absolutamente julgado, exceto se, por acaso, chegar a causar sofrimentos a outras pessoas. (Mas, dessa atitude à "inconveniência" da "mulher no relacionamento", devemos presumir que nem todo sofrimento deva ser levado em conta.) De fato, o Relatório não deve estar atrelado a seu próprio padrão de julgamento; às vezes ele parece estar disposto a julgar entre vários comportamentos. Mas o peso preponderante de sua argumentação é que um fato é um fato físico, que deve ser considerado só em seus aspectos físicos, separado de qualquer ideia ou ideal que poderia torná-lo um fato social, por não ter nenhum significado pessoal ou cultural verificável, e nenhuma consequência possível – não estando, portanto, disponível a qualquer interpretação social. Resumindo, o Relatório, por sua primitiva concepção da natureza do fato, nega completamente a importância e até mesmo a existência da sexualidade como fato social. É por esse motivo que, embora seja possível dizer que ele traz luz, é necessário dizer também que causa confusão.

Capítulo 14 | F. Scott Fitzgerald

"'Então, que seja assim! Morro contente e meu destino se cumpriu', disse o Orestes de Racine; e há mais em seu discurso do que a ironia insanamente amarga que aparece na superfície. Racine, inteiramente consciente de sua trágica grandeza, permite que Orestes prove por um momento, antes de ficar louco com seu sofrimento, a suprema alegria de um herói – assumir seu papel de *exemplo*."

A conscientização heroica da qual André Gide fala em seu ensaio sobre Goethe estava garantida a Scott Fitzgerald, fosse lá o que fosse a sinistra alegria que ele poderia encontrar nela. É uma espécie de selo colocado sobre sua heroica qualidade o fato de ele ser capaz de expressar a visão de seu próprio destino publicamente e em voz alta em *Esquire*, com não menos dignidade, até mesmo aumentando-a. Os vários ensaios em que Fitzgerald examinou sua vida em crise foram reunidos por Edmund Wilson – que por muitos motivos foi o editor mais apropriado possível – e publicados, com os cadernos e algumas cartas, textos em sua homenagem e *memorabilia*, em um volume intitulado, como um de seus ensaios, *The Crack-Up* [A quebradeira]. É um livro repleto da dor da perda e do que-poderia-ter-sido, com doença física e tortura da mente. Contudo, a qualidade heroica está tão presente, o reconhecimento do "papel exemplar" de Fitzgerald é tão adequado e certo, que o que nos ocorre dizer, e não apenas como um ato de piedade mas como a mais precisa expressão do que realmente sentimos, é que

> Não há nada aqui para lágrimas, nada para lamentar,
> Ou bater no peito, nenhuma fraqueza, nenhum desprezo,
> Nenhuma censura, ou culpa, tudo é bom e justo,
> E o que pode nos tranquilizar em uma morte tão nobre.

Não é isso o que poderíamos dizer sobre todas as ocasiões trágicas, mas a ocasião original em que essas palavras foram escritas se aplica de maneira extraordinária a Fitzgerald. Como o Sansão de Milton, ele tinha consciência de ter usado mal o poder com o qual tinha sido dotado. "Tenho sido só um medíocre zelador... de meu talento", dizia. E o paralelo vai além, à estada entre os filistinos, e até a cena em que o herói, com seus cabelos cortados, é exibido e ridicularizado, para grande diversão da multidão – na tarde do dia 25 de setembro de 1936, o jornal *The Evening Post,* de Nova York, trazia em primeira página uma matéria em que o triunfante repórter nos contava como fizera para entrar em uma casa de repouso sulista, onde Fitzgerald, doente e apático, estava sendo tratado, e como o "entrevistara", tomando todas as devidas notas do contraste entre sua presente humilhação e sua glória passada. A reportagem era um horror gratuito, mas retrospectivamente serve para aumentar a força moral da atitude e da fortaleza que caracterizaram a mente do escritor nos poucos anos de recuperação que lhe sobraram.

A raiz do heroísmo de Fitzgerald deve ser encontrada, como acontece às vezes com os heróis trágicos, em seu poder de amar. Ele escreveu muito sobre o amor, preocupava-se com o amor entre homens e mulheres, mas não é apenas onde é explícito sobre isso que seu talento aparece, mas sim onde eventualmente todas as qualidades de um escritor têm sua verdadeira existência – em seu estilo. Mesmo em seus primeiros e imaturos livros, ou em suas histórias comerciais, e também quando seu estilo é descuidado, há um tom e um alcance nas sentenças que sugerem seu temperamento caloroso e sua ternura, e – o que é mais raro hoje em dia e menos provável de ser admirado – sua gentileza, desprovida de frouxidão. No equipamento dos moralistas e, portanto, no do romancista, a agressão desempenha um papel importante, e embora seja naturalmente sancionada por sua intenção moral e por qualquer outra verdadeira visão moral que possa ter, nem por isso é menos ardente e, às vezes, é até cruel. Fitzgerald era um moralista convicto e seu desejo de "fazer pregações de forma aceitável" é o motivo que alega para não seguir o caminho de um Cole Porter ou de um Rogers and Hart – devemos sempre lembrar, ao julgá-lo, de quantas escolhas reais dispunha e de quantas foi forçado a fazer – e era dotado de veia satírica; no entanto, sentimos que em sua moralidade foi mais levado a celebrar o que é bom do que a denunciar o que é mau. Sentimos a seu respeito o que não podemos sentir sobre todos os moralistas, que ele não se ligava ao que era bom porque essa ligação sancionaria seu ímpeto para o que era mau – seu primeiro impulso era para o amor e o bem, e temos certeza disso porque percebemos que amava o bem não só com sua inteligência mas também com seus sentidos despertos e seus juvenis sentimentos de orgulho e desejo.

Ele realmente tinha só um pequeno impulso para criticar, o que é mais notável porque nossa cultura peculiarmente exalta o ato de crítica ou acusação, por tomá-lo como o sinal da virtude e da inteligência. "Clemência, boa palavra", é uma anotação em sua caderneta. Quando se tratava de acusar, preferia, ao que parece, acusar a si próprio. Não chegava mesmo a querer criticar o mundo. Sabia quando o "mundo" devia ser criticado. Sabia que essa era a condição, o campo, da tragédia. Estava consciente "do que afligia Gatsby, qual a poeira turva que flutuava quando ele acordava de seus sonhos". Mas Fitzgerald nunca dizia que o mundo impunha tragédias sobre os heróis de seus romances, a quem chamava de "irmãos", ou sobre ele mesmo. Quando fala de seu próprio destino, realmente o liga com a natureza do mundo social em que floresceu, mas nunca responsabiliza o mundo por isso, mesmo que no tempo em que estava mais consciente de seu destino estivesse em moda, para as mentes mais pretensiosas, atribuir todas as dificuldades pessoais à "ordem social". Sente que era o *seu* destino – e, como acontece com tudo nesse escritor, respondemos à delicada tensão que mantinha entre sua ideia de livre escolha e a ideia de suas circunstâncias: respondemos a essa energia moral e intelectual. "A prova de uma inteligência de primeira ordem", dizia, "é sua habilidade de manter duas ideias opostas em mente ao mesmo tempo, e ainda conservar a habilidade de funcionar."

O poder do amor, então, em Fitzgerald vinha sempre com um sentido de responsabilidade pessoal, e talvez mesmo o criasse. Acontece com frequência, porém, que o herói trágico pode conceber e realizar um amor que está além de sua própria prudência, ou de seus poderes de domínio ou de autoproteção, de modo que é destruído pela própria coisa que lhe dá seu *status* espiritual e sua estatura. De Proust, aprendemos sobre um amor que é destrutivo por uma espécie de corrosão, mas dos dois romances mais maduros de Fitzgerald, O *Grande Gatsby* e *Suave é a Noite*, aprendemos sobre um amor – que talvez seja peculiarmente americano – que é destrutivo por sua própria ternura. Começa com romance, sentimento e até mesmo "glamour" – acho que ninguém notou ainda como é inocente de mero "sexo", e carregada com sentimento, a descrição que o autor faz do amor na era do jazz – e assume a realidade, a permanência e o dever cumprido com escrúpulos masoquistas quase honrosos. Nos sonhos radiosos começa a responsabilidade que precisa de tanta prudência e contenção para ser suportada; e Fitzgerald era tudo, menos um homem prudente, e nos conta que a certo ponto de sua carreira acadêmica "um antigo desejo de domínio pessoal rompeu-se e sumiu". Liga essa perda do desejo de dominação à sua habilidade de escrever; e anota em seu caderninho a crença de que "para registrar é preciso ser irrefletido". Podemos dizer que ele parecia sentir que tanto o amor como a arte necessitam de uma espécie de "deixar-se levar".

A frase de Yeats, a derivação da "responsabilidade" dos "sonhos", lembra que devemos atentar para não descartar, com palavras fáceis sobre sua imaturidade, a preocupação de Fitzgerald com o brilhante encanto de sua juventude. O próprio Yeats, um homem mais experiente e totalmente realizado em sua arte, conservou até a velhice sua conexão com sua vaidade juvenil. Os dias de um escritor devem ser todos ligados pelo sentido que tem de sua vida, e o jovem Fitzgerald, antes de terminar sua formação universitária já era o pai do que havia de melhor no homem e no romancista.

O tempo que passou entre os filistinos é lembrado sempre por qualquer um que pense sobre ele, e realmente estava sempre em sua própria mente. Todo mundo conhece a famosa conversa entre Fitzgerald e Hemingway, referida por este em sua história *As Neves do Kilimanjaro* e anotada em um caderninho por Fitzgerald. Quando ele disse "Os muito ricos são diferentes de nós", Hemingway respondeu: "Sim, eles têm mais dinheiro". É comum a ideia de que foi Hemingway quem se saiu melhor e encerrou totalmente o assunto. Mas não devemos ter certeza disso. O romancista de uma certa espécie, se tem de escrever sobre a vida social, não deve afastar a realidade da diferença de classes, embora fazer isso possa, no momento, parecer uma aprovação social virtuosa. O romance tirou sua valorização e sua natureza de uma revisão radical da estrutura das classes sociais no século XVIII, e o romancista deve ainda viver pelo seu senso de diferenciação de classes, e deve ser absorvido por ela, como Fitzgerald era, mesmo que as desprezasse, como realmente fazia.

Sem dúvida havia certa ambiguidade na atitude de Fitzgerald em relação aos "muito ricos"; sem dúvida, eles constituíam, para ele, algo mais do que mero objeto de sua observação social. Eles pareciam ser o que havia de mais semelhante a uma aristocracia que os Estados Unidos podia lhe oferecer, e não podemos ser tão simples sobre o que um crítico notou, recentemente. O frequente "gosto do artista pela aristocracia, sua necessidade – com frequência aberta demais – de uma classe superior com a qual possa partilhar uma fração de uma causa comum – suficiente, de qualquer forma, para explicar a sua própria distinção". Cada leitor moderno é, por definição, totalmente imune a todas as ignóbeis considerações sociais e, pouco importando sua própria situação social ou seu desejo de tê-la, sabe que, na literatura, o interesse em uma posição social não deve nunca ser levado a sério. Mas nem todos os escritores têm sido tão simples e virtuosos – como deveremos ver aqueles grandes cavalheiros, Shakespeare ou Dickens, ou os fabricantes de honoríficos "de", Voltaire e Balzac? Seu esnobismo – por assim dizer – é de uma espécie ampla e generosa e não erraremos se associarmos suas peculiares energias mentais ao seja lá o que for que queriam do cavalheirismo ou da aristocracia. É hábito comum entre escritores imaginar uma vida pessoal que terá a liberdade, a riqueza de detalhes e a ordem formal que eles desejam no campo da arte. Yeats, para citá-lo mais uma vez, falava da falsidade da crença de que a "glória herdada pelos ricos" realmente correspondia a uma riqueza da vida. Dizia que isso era um sonho, apenas; e no entanto, continuava a dizer, era uma ilusão necessária –

> ...mas Homero não teria cantado
> Se não tivesse encontrado, além dos sonhos,
> Que fora do próprio autodeleite da vida surgira
> O abundante jato faiscante...

E Henry James, no umbral de sua carreira, em sua história "Benvólio" fazia uma alegoria da inter-relação necessária a alguns artistas entre seu ascetismo criativo e a vida brilhante, livre e alegre dos mundanos, lembrando, ao mesmo tempo, o desejo que os mundanos têm de destruir o ascetismo.[1]

Com um homem como Goethe, o equilíbrio entre o mundo e seu ascetismo é mantido, e assim o perdoamos por seus frequentes

---

[1] É adequado o comentário de George Moore sobre o fato de Fitzgerald ter falado, reprovando o orgulho totalmente convencional de Yeats em uma linhagem familiar totalmente convencional: "Fitzgerald, que habitualmente é espirituoso, deveria ter percebido que a crença de Yeats em sua descendência do grande duque de Ormonde fazia parte de seu equipamento poético".

sentimentos absurdos em relação à aristocracia – absurdos, talvez, perdoáveis, só à luz de nossa opinião atual sobre sua garantida genialidade. Não foi sempre que Fitzgerald conseguiu manter esse equilíbrio; como sabemos, ele não era um homem prudente. E sem dúvida enganava muito a si próprio, na juventude; mas certamente esse seu autoengano não servia aos interesses da vulgaridade, pois para ele a aristocracia possivelmente significava uma espécie de distinção disciplinada da existência pessoal que, na sua humildade, não esperava obter com sua arte. O que havia naquele conceito de distinção pode ser aprendido do uso que Fitzgerald faz da palavra "aristocracia" em um dos sérios momentos que ocorrem em seus contos mais frívolos, publicados no *Saturday Evening Post*; ele diz, da vida de um jovem desse conto, que durante a guerra servira atrás das linhas, que "não era tão ruim assim – exceto que, quando a infantaria voltava mancando das trincheiras, ele queria ser um daqueles soldados. O suor e o sangue deles pareciam ser só um daqueles inefáveis símbolos da aristocracia que estavam eternamente zombando dele". Fitzgerald foi talvez o último escritor notável a confirmar a fantasia romântica, derivada do Renascimento, da ambição pessoal e do heroísmo, da vida engajada, ou desperdiçada por algum ideal do *self*. Para nós, essa fantasia certamente se tornaria cada vez mais um mero sonho de garoto; a natureza da nossa sociedade exige que o jovem descubra sua distinção mediante a cooperação, a subordinação e uma piedade expressa na utilidade social, e embora uns poucos jovens tenham feito de Fitzgerald um herói no campo da arte, é provável que mesmo para esses seus admiradores toda a natureza de sua fantasia pessoal não seja compreensível, pois eles acham cada vez mais difícil entender os jovens heróis de Balzac e Stendhal, e cada vez mais descobrem motivos para criticar o garoto cuja generosidade está amarrada à sua vontade e se expressa em uma exigência pessoal ampla e estrita sobre a vida.

Sei que envolvi Fitzgerald com muitos grandes nomes e que muitos podem sentir que essa aproximação não o favorece, e a desproporção entre eles é muito grande. Mas ela pode parecer grande demais só para os que pensam nele principalmente por meio de sua primitiva e pública reputação de descuidado. Os que lembram nitidamente de suas obras maduras, ou que leram *The Crack-Up* [A quebradeira], pelo menos não considerarão essa desproporção como uma de muitas. O próprio escritor não a considerava e é pela estima de uma pessoa por si própria que devemos começar a estimá-la. Apesar da envolvente autodepreciação que fazia parte de seu peculiar charme americano, ele se colocava, com toda a modéstia, na linha da grandeza, julgando-se muito generosamente. Ao escrever sobre sua depressão, sobre a "noite escura da alma", onde "são sempre três horas da madrugada", não só tira sua frase de São João da Cruz como a ela acrescenta o desespero análogo e negro de Wordsworth, Keats e Shelley. Um romance que tem como herói o modelo de Ernest Hemingway sugere a ele Stendhal retratando o homem byroniano, e ele defende *O Grande Gatsby* de uma observação crítica de Edmund Wilson, comparando-o com *Os Irmãos Karamazov*. Ou, ainda, aqui vai o material que confirma seu orgulho intelectual, anos antes de ele ter abandonado suas fantasias juvenis de valor: "O velho sonho de ser um homem íntegro, segundo a tradição de Goethe-Byron-Shaw... foi relegado ao montão de lixo das ombreiras usadas por um dia no campo de futebol dos calouros de Princeton e ao boné para viagens marítimas que nunca foi usado no mar". E será que aquele velho sonho era injustificado? Para usarmos na comparação apenas um dos grandes nomes, o que de saída nos parece o menos relevante deles, entre Goethe aos 24 anos – autor do *Werther* – e Fitzgerald, que aos 24 era autor de *Este Lado do Paraíso*, não há realmente uma diferença tão grande, como a veneração e os livros-texto poderiam nos fazer pensar; ambos eram rapazes muito bonitos que haviam obtido sucesso imediato e notório, ambos estavam mais interessados na vida do que na arte, cada um deles era o porta-voz e o símbolo de sua própria inquieta geração.

É difícil supervalorizar o benefício obtido por Fitzgerald por sua atitude de se ter conscientemente colocado na linhagem dos grandes autores. Era um escritor "natural", mas não tinha a crença dos romancistas americanos seus contemporâneos de que, comparando-se aos mestres do passado, ou refletindo sobre eles – o que, para um escritor, significa realmente conhecer o que seus predecessores fizeram –, poderia pôr em perigo a integridade de seus dons naturais. Ler as cartas que escreveu para sua filha – essas figuram entre as melhores e mais influentes cartas que conheço – e afinar-se com o tom que ele usa para falar da literatura do passado, ou ler os cadernos conservados cuidadosamente por sua família, classificando-os como Samuel Butler fizera, e perceber a continuidade de suas reflexões sobre literatura, é ter pistas para o segredo do contínuo sucesso da sua obra.

O Grande Gatsby, por exemplo, depois de um quarto de século ainda é tão fresco como no momento em que apareceu; ganhou, até, em peso e em importância, o que raramente acontece com a maioria dos livros americanos da sua época. Isso pode ser atribuído, acho, à coragem especificamente intelectual com que essa obra foi concebida e executada, uma coragem que envolve o emprego – tanto no sentido de conscientização como no de apropriação – dos recursos tradicionais que lhe estavam disponíveis. Assim, *O Grande Gatsby* tem interesse como registro de costumes contemporâneos, mas isso poderia ter servido apenas para datá-lo, se Fitzgerald não tomasse aquele dado momento histórico como algo mais do que uma mera circunstância, e se não o tivesse assumido, à maneira dos grandes romancistas franceses do século XIX, como um fato moral. A mesma ousadia de pegada intelectual explica o sucesso de sua concepção do herói – Gatsby é tido por alguns como não totalmente digno de crédito, mas a questão de qualquer credibilidade literal que ele possa ou não ter torna-se trivial diante do amplo significado que inclui. Pois, dividido entre poder e sonho, representa inevitavelmente a própria América. Nossa nação é a única que se orgulha de ter um sonho e o nomeia como "o sonho americano". Contam a nós que "a verdade era que Jay Gatsby de West Egg, Long Island, surgiu de sua platônica concepção de si próprio. Ele era um filho de Deus – uma frase que, se tem algum sentido, é mesmo este – e devia estar no negócio do Seu Pai, o serviço de uma grande, comum e meretrícia beleza". A intenção nítida do romancista é fazer que nossa mente se volte para o pensamento da nação que surgiu dessa "concepção platônica" de si própria. Para o mundo, é anômalo que nos Estados Unidos tanto poder devesse ser assombrado por um romance imaginado, assim como no livro isso é anômalo, para Gatsby. No entanto, nessa anomalia está, para o bem ou para o mal, muito da verdade de nossa vida nacional, tal como, neste momento presente, pensamos.

Então, se o livro cresce em peso significativo com os anos, podemos estar certos de que isso poderia não ter acontecido se sua forma e seu estilo não fossem o que são. Sua forma é engenhosa – com a ingenuidade, contudo, não do ofício mas da intensidade intelectual. Isto é, a forma não é o resultado de um cuidadoso "enredo" – a forma de um bom romance nunca é essa –, mas é antes o resultado das necessidades da ideia informativa da história, que requer a agudeza de uma radical capacidade de síntese. Assim, como pode ser observado, os personagens não são "desenvolvidos": o riquíssimo e brutal Tom Buchanan, obcecado pela sua visão "científica" da catástrofe da civilização, o vagamente culpável e vagamente homossexual Jordan Baker, o sombrio Wolfsheim, que marcou as World Series de 1919, são tratados, poderíamos dizer, como se fossem ideogramas, um método de economizar reforçado pelo uso ideográfico que é feito do *flat* de Washington Heights, o terrível "vale das cinzas" visto da Estrada de Ferro de Long Island, as festas incoerentes de Gatsby e os grandes e sórdidos olhos do cartaz publicitário do oculista. (Essa é uma técnica que dá ao romance afinidade com o poema *A Terra Desolada* – entre seu autor, T. S. Eliot, e Fitzgerald, havia uma admiração recíproca.) O próprio Gatsby, uma vez criado, cresce só no entendimento do narrador.

É autorizado a dizer muito pouco em primeira pessoa. Realmente, além da famosa frase, "A voz dela está cheia é de dinheiro", ele diz só uma coisa memorável, uma observação avassaladora, em sua audácia intelectual: quando é forçado a admitir que a sua perdida Daisy talvez amasse seu marido, comenta: "Seja como for – disse ele –, foi apenas algo pessoal". Com essa sentença atinge uma grandeza insana, convencendo-nos de que ele realmente é uma concepção platônica de si próprio, de fato uma espécie de Filho de Deus.

A voz do poeta é o que fundamenta todo o sucesso na poesia, e é mais importante do que a forma do poema ou o espírito de suas metáforas. Ou ela nos dá confiança no que está sendo dito ou nos conta que não temos necessidade de escutá-la; e transmite tanto a modulação quanto a forma viva do que está sendo dito. No romance, não menos do que no poema, a voz do autor é o fator decisivo. Estamos menos conscientes dele no romance, e, falando dos elementos de sua arte, esse fator não pode ser adequadamente exemplificado pelas citações, porque é contínuo e cumulativo. Na obra de Fitzgerald, a voz de sua prosa constitui a essência de seu sucesso. Ouvimos nela, de imediato, a ternura relacionada ao desejo humano que modifica uma verdadeira firmeza de julgamento moral. Ousaria dizer que ela é a voz normal ou ideal do romancista. É caracteristicamente modesta; no entanto tem, sem fazer apologia ou autoconscientização, uma grandeza, até mesmo uma magnificência que deriva da conexão do autor com a tradição e com a inteligência, de seu senso do que tem sido feito antes dele e das exigências estabelecidas pelas suas realizações passadas.

> [...] tornei-me consciente aqui da velha ilha que antigamente florescia para os olhos dos marinheiros holandeses – o corpo verde e fresco do novo mundo. Suas árvores desaparecidas, as árvores que haviam dado lugar à casa de Gatsby, antigamente haviam sussurrado e alcovitado o último e maior de todos os sonhos humanos; por um momento transitório e encantado, o homem deve ter contido sua respiração na presença deste continente, forçado a uma contemplação estética que

ele nem entendia nem desejava, cara a cara pela última vez na história com algo comensurado à sua capacidade de se maravilhar.

Nesta passagem bem conhecida, a voz do autor é um pouco dramática, um pouco *intencional,* o que não é impróprio para uma passagem clímax e de conclusão, mas é a melhor voz para sugerir, em compasso rápido, a habitual música da seriedade de Fitzgerald.

Faltava-lhe prudência, como a seus heróis, faltava aquele instinto cego de autoproteção de que o escritor necessita e de que o escritor americano necessita duplamente. Mas isso era tudo o que faltava – e essa é a falta generosa, até heroica. Ele dizia, de Gatsby:

> Se a personalidade é uma ininterrupta série de gestos bem-sucedidos, havia algo maravilhoso, nele, uma sensibilidade elevada às promessas da vida, como se ele estivesse relacionado com uma dessas intrincadas máquinas que registram terremotos a 10 mil milhas de distância. Esta resposta não tinha nada que ver com a frouxa impressão que é dignificada com o nome de "temperamento criativo" – era um extraordinário dom de esperança, uma prontidão romântica como eu nunca encontrei em qualquer outra pessoa, e muito provavelmente não voltarei a encontrar nunca.

E é assim que somos levados a ver o próprio Fitzgerald, tal como ele sobrevive, em seu papel exemplar.

Capítulo 15 | Arte e Fortuna

I

É impossível falar sobre romance hoje sem considerar se ainda é um gênero vivo. Há 25 anos T. S. Eliot anunciava o fim do romance desde Flaubert e Henry James. E mais ou menos na mesma época, Ortega y Gasset dizia basicamente o mesmo. Ouve-se agora essa opinião em toda parte. Ela é mais ouvida em conversas do que lida em discursos formais, pois insistir na morte ou na agonia de um grande gênero é tarefa infeliz que o crítico evita. Mas essa opinião se firmou e hoje tem autoridade considerável. Não se vê isso, por exemplo, no recente livro de V. S. Pritchett, *The Living Novel*? Embora o próprio Pritchett seja romancista e escreva sobre a percepção do amor, e ainda que o título que deu a seu livro, *O Romance Vivo,* questione a morte do romance, mesmo assim, apesar dessas demonstrações de sua fé, ele lida com o tema de certo modo coagido, como se tivesse conquistado o direito de reivindicar a vida do romance desde que não lhe conferisse poder demais.

Duvido que o romance esteja morto. Embora formas específicas de imaginação criativa possam de fato morrer – a dramaturgia poética inglesa evidencia grandemente tal possibilidade. E, na época atual, poderia ser útil aceitar a proposição como hipótese que nos ajude a entender as condições em que o romance consegue sobreviver.

Se concordarmos em falar do romance como gênero morto, ocorrem-nos três explicações possíveis para o fato. A primeira é apenas que o gênero se exauriu, como uma jazida de minério – deixou de produzir filões valiosos de sua substância natural. A segunda explicação é a de que o romance desenvolveu-se em resposta a certas circunstâncias culturais hoje inexistentes, tendo sido substituídas por outras, que devem ser atendidas por outros produtos da imaginação. A terceira explicação é a de que, embora as circunstâncias às quais o romance respondia ainda existam, não conseguimos usá-lo;[1] ou deixamos de encontrar um valor nas respostas propiciadas pelo romance, pois as circunstâncias persistentes se intensificaram.

A primeira teoria foi desenvolvida por Ortega y Gasset em seu ensaio "Deshumanización del Arte e Ideas sobre la Novela" ["Desumanização da Arte e Ideias sobre o Romance]. Explicação limitada, embora consistente. Todos chegamos a sentir que alguma obra de arte ou expressão artística perdeu, temporária ou permanentemente, seu encanto e força.

Às vezes nos cansamos dos recursos habituais ou semimecânicos dos artistas: até de Mozart. A própria essência do pensamento humano pode nos cansar. Achamos previsíveis suas inspirações típicas, que existem ao não se enxergarem outras verdades. Isso pode acontecer até com Dostoiévski. E com todo um gênero artístico – pode então por um momento deixar de satisfazer um de nossos desejos legítimos, surpreendendo-nos. Esse desejo e a tendência ao desgaste de nosso interesse artístico não nos parecem superficiais. Sem eles, a arte para nós seria apenas ritual ou comemorativa de nossas experiências. E embora nada haja de errado em arte ritual ou comemorativa, esses não são seus usos principais. A curiosidade é tão instintiva quanto a fome e o amor, e a curiosidade sobre qualquer coisa pode ser satisfeita.

---

[1] Isso aparentemente corrobora a questão cultural; mas certas habilidades técnicas deterioram-se ou desaparecem devido a razões que, embora teoricamente verificáveis, praticamente escapam à determinação.

Devemos então considerar que essa técnica tem sua autonomia e dita as leis de seu próprio desenvolvimento. Aristóteles refere-se à tragédia ateniense como buscando e encontrando sua realização, sua enteléquia, e pode ser que só nos interessemos por qualquer arte durante essa busca; o que nos move é a misteriosa energia da busca. Durante certo ponto do desenvolvimento de um gênero, seu praticante olha para trás e vê tudo o que foi feito por outros antes dele, sabendo que nenhum esforço ordinário consegue superar ou até igualar isso, só repetir. É nesse ponto, como diz Ortega y Gasset, que compreendemos o extraordinário esforço isolado transcendendo a tradição e encerrando-a. É a isso certamente que as pessoas se referem quando dizem que Joyce e Proust conduziram o romance a seu túmulo.

O caso é esse, da melhor maneira que consegui transmitir, em relação à ideia de que o gênero pode se exaurir simplesmente ao seguir as leis de seu desenvolvimento. Como explicação da morte do romance, ela deve ser considerada, embora não responda adequadamente à nossa questão.

II

Devemos então ver o romance como forma de arte restrita a certo tipo de obra. Condicionada pela natureza da obra. Em outro ensaio[2] escrevi que a obra do romance era investigar a realidade e a ilusão. Claro que o romance não difere nisso de todas as outras formas literárias altamente desenvolvidas; exceto por lidar com a realidade e a ilusão em relação a questões de classe social, que em tempos relativamente recentes se têm vinculado ao dinheiro.

Na civilização ocidental, a ideia do dinheiro exerce grande fascínio – o fascínio de algo real que atingiu idealidade metafísica, ou de entidade metafísica que alcançou existência real. Espíritos e fantasmas são seres intermediários; e o dinheiro é real e irreal, igual a

---

[2] "Costumes, moral e romance."

uma assombração. Inventamos o dinheiro e o usamos, embora não consigamos entender suas leis ou controlar suas ações. Tem vida própria que não deveria ter. Karl Marx refere-se meio que horrorizado a seu poder indecente de reproduzir-se, como se o amor agisse em seu corpo. É ímpio, quando se é crítico ante as realidades sociais, e rebaixa o nível da realidade delas. A realidade social mais devastada por ele é evidentemente a classe. E a própria classe é um fato social que, sempre que discutido, tem, tanto quanto o dinheiro, notável intimidade com a metafísica e a teoria do conhecimento – já sugeri como para Shakespeare qualquer perturbação classista parece sempre implicar perturbação sensorial, na loucura ou sonho, alguma pilhéria sobre a natureza da realidade. Essa grande piada é o objeto do livro que reconhecemos como antecessor do romance moderno, *Dom Quixote;* e, de fato, todo grande romance abriga em seu cerne uma piada.

No ensaio referido, eu também dizia que, ao lidar com as questões da ilusão e da realidade levantadas pelas ideias de dinheiro e classe, o romance caracteristicamente se baseava numa exaustiva exploração dos costumes. Embora tentasse dar um sentido suficientemente forte e complicado à palavra *costumes,* compreendo que, ao usar o termo, ou talvez ao usá-lo em contexto questionador de certos pressupostos políticos moralistas, fizesse crer que eu pretendia estabelecer nova tradição gentílica na crítica e na ficção. Quando mal-entendidos são usados por outros como arma, é inútil se fazer compreendido. Contudo, direi apenas que a maior exploração dos costumes já feita está na *Ilíada;* mas *Os Demônios* e *Studs Lonigan* também têm, em sua própria essência, a preocupação com os costumes.

Somam-se a essas características do romance – interesse por ilusão e realidade gerados pela classe e pelo dinheiro, expresso na observação dos costumes – o inalterável interesse por ideias. Desde seus primórdios o romance teve nos livros seu objeto. Hoje nos inclinamos a enxergar na aparência de um fato literário em um romance o sinal de sua "intelectualidade", de sua singularidade, e até de decadência. Mas as discussões literárias solenes de Joyce em *Retrato do Artista quando Jovem,* ou seu elaborado jogo literário em suas obras posteriores, ou as excursões críticas de Proust, vinculam-se diretamente a *Dom Quixote* e a *Tom Jones,* obras de crítica literária, em primeiro lugar. Os alemães denominam determinado tipo de romance de *Kulturroman;* em verdade qualquer romance merece essa designação, pois dificilmente se consegue pensar em um romance que não seja de cultura. Significando não apenas a condição social geral à qual o romance responde, mas também determinada série de ideias. Os grandes romances lidam, muito mais do que nos lembramos, com ideias desenvolvidas; e tendem a ser mais explícitos a respeito, embora o grau de explicitação varie. Afora as obras já mencionadas, outros exemplos podem ser *As Ilusões Perdidas, A Educação Sentimental, Guerra e Paz, Judas, o Obscuro* e *Os Irmãos Karamazov.* Hoje a crítica afiliada a Eliot vê com desconfiança o uso de ideias explícitas na literatura; essa é uma razão pela qual a crítica convicta da morte do romance leva muitos de nós a esquecer como ideias no romance podem importar tanto quanto o caráter e a essência de cada situação dramática.

Essa é, segundo entendo, a natureza do romance definida pela obra que realiza. Dessas condições definidoras, quantas vigoram hoje?

Penso ser verdadeiro dizer que dinheiro e classe não ocupam o mesmo espaço em nossa vida social e mental que ocupavam antes. Certamente continuam existindo, porém não mais como no século XIX ou mesmo em nossa juventude. O dinheiro em si não atrai mais tanto a imaginação; perdeu algo de seu impulso, permanecendo decerto na defensiva; por um lado, deve competir com o ideal de segurança, por outro, com o ideal de um tipo de poder que pode ser mais diretamente aplicado. E para muitos a quem o ideal de mera segurança é baixo demais e para quem o ideal de poder político direto ultrapassa o alcance de sua imaginação, o dinheiro só se justifica associado à virtude e ao cultivo virtuoso do bom gosto político, cultural e doméstico – o dinheiro envergonha-se tremendamente de si. Quanto à classe, na Europa a burguesia, com sua rival, a aristocracia, vem se enfraquecendo há décadas. Deixou há algum tempo de ser a maior fonte de líderes políticos. Sua posição de ideóloga do mundo do século XIX desvaneceu-se diante da força ideológica do comunismo totalitário. As guerras a arruinaram. Na Inglaterra a classe média está sendo liquidada. Em nosso país, a base real do romance jamais existiu – quer dizer, a tensão entre uma classe média e uma aristocracia com costumes conspícuos enquanto representação viva de ideais, e a discussão viva de ideias. A estrutura de classes nos Estados Unidos tem sido extraordinariamente fluida. Suas diversas classes altas raramente foram hábeis ou estáveis o bastante para impor sua cultura. Com exceção da Guerra Civil, às nossas lutas políticas faltou o tipo de implicações culturais que arrebata a imaginação. E o extenso envolvimento da mentalidade americana nesse conflito é sugestivo de como conflitos culturais podem ser profundamente interessantes. (Pode-se dizer que a revolução de Cromwell aparece em todo romance inglês.) De resto, a oposição entre ideais rurais e urbanos sempre foi um tanto artificial; e, malgrado breve insistência na visão oposta, o conflito capital-trabalho é atualmente uma disputa por bens de um único modo de vida, não luta cultural. Nosso mais fervoroso interesse pelos costumes tem sido linguístico, e nosso prazer em distinguir um dizer presumivelmente normal de um "sotaque" ou "dialeto" pode indicar a simplicidade de nossa noção nacional de diferença.[3] E nos últimos

---

[3] Ultimamente, o igualitarismo oficial dos Estados Unidos tem barrado a exploração dessa área pelas artes oficiais, pelo cinema, pelo rádio no país. Pode haver certa sabedoria social nisso, embora ignore o uso de ao menos algumas formas e matizes de paródia de seus respectivos hábitos de linguagem por grupos "estranhos" para serem aceitos. Tal menção conduz naturalmente à questão se a atitude americana em relação a grupos "minoritários", em

anos, embora almejemos mais apaixonadamente o *status*, amargamente assombrados pelo fantasma de qualquer ideal autovalorizador incluindo o de classe social, tendemos cada vez mais a exibir deleite pelo *status*; não pela afirmação, mas pela negação da realidade da diferença social.

Penso que se os romances americanos do passado, independentemente de sua intensidade e beleza, forneceram-nos pouquíssimas pessoas marcantes, foi porque um dos fatores que dão consistência aos personagens é precisamente a descrição dos costumes, isto é, traços classistas modificados pela personalidade. É impossível imaginar um Silas Wegg, um Smerdiakov, uma Félicité (de *Um Coração Simples*) ou uma Mrs. Proudie sem detalhamento de seu comportamento em relação à própria classe e às outras. Todos os grandes personagens existem em parte pelas ideias que representam. Os grandes personagens da ficção americana, por exemplo o Capitão Ahab e Natty Bumppo, tendem ao mito devido à rara sutileza e abstração das ideias que representam. Até sua independência das classes lhes proporciona ampla e luminosa generalidade; pois o que denominei *consistência* [*substantiality*] não é a única qualidade que torna grande um personagem. São poucos em número e sobretudo em tipo; e a ficção americana nada tem a mostrar equiparável à imensa e consistente população do romance europeu, consistente precisamente pela existência de classes sociais. Na ficção, como talvez na vida, a consciência de classe,

---

particular negros e judeus, não equivale à diferenciação classista. Penso que não; só se de maneira extremamente modificada. E, para os propósitos do romance, é absolutamente diferente; por duas razões: não envolve luta cultural real, conflito importante de ideais; pois o grupo excluído tem igual noção da vida e a mesma aspiração do grupo excludente, embora o romancista que se aventura no tema use naturalmente a tática de mostrar que o grupo excluído tem *éthos* melhor e diferente; e é impossível supor que o romancista que escolhe esse tema específico conseguirá examinar a ambivalência satírica em relação a ambos os grupos que distingue o bom romance, mesmo quando tem *parti pris* social.

ideia de grande força e complexidade, rapidamente produz intenção, paixão, pensamento e o que chamo de consistência. A diminuição da realidade de classe, embora desejável de vários aspectos, parece ter o efeito prático de reduzir nossa capacidade de enxergar as pessoas em suas diferenças e especificidades.

Devemos então nos conscientizar da grande decadência de energia das ideias que outrora animaram a ficção. No século XIX, o romance seguia as grandes linhas do pensamento político, tanto o conservador quanto o revolucionário, descrevendo a política com sociologia brilhante e original. Desenvolveu também sua própria linha de descoberta psicológica, inspirada na obra monumental de Freud. Contudo, inexiste tradição conservadora e revolucionária de pensamento político, nem mesmo um ecletismo minimamente tocado pela imaginação. Estamos nas mãos do narrador. Na Europa Continental, a opção política é possível, não o pensamento político. Na Inglaterra, em contexto bem mais benigno, pode-se dizer a mesma coisa.. E nos Estados Unidos, embora por motivos diferentes, há falta semelhante de inteligência política: no mundo todo, a mente política se apassiva diante da ação e do evento. No pensamento psicológico encontramos estranho esforço concertado de regressão da psicanálise, ao modo das reformulações da psicologia analítica de Horney e Sullivan em nome da razão, da sociedade e do progresso, marcadas pela mais estarrecedora fraqueza mental e apelando ao intelectual progressista ao explorar sua suposta desconfiança contra a "ortodoxia". Tampouco se pode dizer que a própria psicologia freudiana progredisse muito, ultimamente.

Essa fraqueza de nossa vida intelectual geral reflete-se em nossos romances. Ao tocar em questões políticas e sociais, o romance se permite escolher simplesmente entre um democratismo alegre ou amargo. É questionável que qualquer romance americano desde *Babbitt* nos contasse algo de novo sobre nossa vida social. Na psicologia, o romance se apoia seja em um uso mecânico ou clínico da psiquiatria, seja nas descobertas dos romancistas, feitas há cinquenta anos.

É razoável supor, portanto, que vivemos o encerramento de um ciclo cultural; que as circunstâncias históricas que clamavam pelo movimento intelectual que alcançamos, em que nos movíamos e abrigava nosso ser, encontra-se agora em eclipse; e que o romance como parte desse esforço é tão decidual quanto o resto.

III

Mas há uma explicação para a morte do romance que é tanto seu corolário quanto alternativa a ela. Considere-se uma preocupação magna do período, que se conclui com Freud e começa com Swift ou com metade da carreira de Shakespeare ou com Montaigne – não importa o início, desde que comecemos com alguma representação impressiva e típica; secular, não religiosa, da depravação e fraqueza humana. Freud dizia que suas teorias reduziam, do mesmo modo que as de Darwin e Copérnico, o orgulho humano; e essa intenção, feita pela descoberta e demonstração da depravação humana, tem sido uma das principais obras da mente humana há uns quatro séculos. As descobertas prováveis para a humanidade no período eram aproximadamente a mesma coisa; mas a mente sempre esteve ativa no empreendimento; a descoberta em si era uma espécie de diversão e às vezes esperança, independentemente da dimensão que a depravação assumiu; a atividade mental era um tipo de força pessoal. Mas a forte fachada social de humanidade tranquilizava contra as investidas mentais. Essa parte da mente que se deleita nas descobertas era possível entre a especulação e a prova; se comprovasse sua crença, a mente se enfraqueceria, malogrando com sua própria demonstração; mas as forças do respeitável otimismo e a crença na bondade social e humana estavam tão fortemente entrincheiradas, que tal demonstração jamais se afirmou, embora devesse ser repetidamente tentada. Agora, porém, a antiga margem desapareceu. A fachada caiu. A resistência da sociedade à descoberta da depravação cessou. Todos sabem que Thackeray estava errado, e Swift, certo. O mundo e a alma se liberaram de si mesmos estarrecendo-se de nossa revoltada inspeção. O olhar despojado da câmera mostra-nos em Belsen e Buchenwald horrores muito maiores do que as forças de Swift, visão da vida devolvida aos elementos corrompidos mais nauseantes do que os de Shakespeare, canibalismo mais literal e fantástico do que os que Montaigne atribuiu à sociedade organizada. Dispensa-se então uma atividade característica da mente. De fato, diante do que sabemos hoje a mente se detém; o grande fato psicológico de nosso tempo que nos admira e envergonha é que não há respostas para Belsen e Buchenwald. A atividade da mente malogra diante da incomunicabilidade do sofrimento humano.

Isso pode ajudar a explicar a deterioração geral de nossa vida intelectual. Também pode contribuir para esclarecer uma atitude para com nossa vida em geral. Há 25 anos Ortega y Gasset falava da "desumanização" da arte moderna. Muito do que ele dizia sobre a natureza da arte moderna tem-se revelado, pela arte moderna, errado, ou mesmo quando ele disse isso. Mas ele acertou ao observar sobre a arte moderna que ela expressa desagrado de ter em mente o fato humano e a condição humana, que ela mostra "verdadeira aversão por formas de vida e seres vivos", aversão às "formas suaves e arredondadas dos corpos vivos"; e que junto a essa repulsa, ou expressa por ela, encontramos um nojo à história, à sociedade e ao estado. A vida humana enquanto objeto estético talvez seja incapaz de atrair nossas maiores atenções. A luz parece ter-se apagado quando o artista que representava conseguiu nossa atenção quase pelo mero listar dos detalhes comuns da existência humana. E o mais extremo e complexo dos dilemas humanos a muitos parece agora ter perdido seu poder de envolvimento. Parecem apoiar essa suposição as artes que precificam a exaltação dos valores humanísticos – refiro-me à publicidade e aos nossos romances medíocres, que, quase no mesmo grau em que celebram o humano, o falsificam e abstraem. Na própria adoração pelas formas suaves e arredondadas dos corpos vivos eles expõem o nojo que realmente sentem.

IV

Aqui atingimos o clímax daquelas percepções desesperadas de nossa vida, hoje correntes em quem fala e pensa; mesmo quando não pensamos e falamos, elas assombram e controlam nossa mente com visões de perdas piores do que as da existência – perdas de civilização, personalidade, humanidade. Elas submergem nossos espíritos não meramente por serem terríveis e possíveis, mas porque se tornaram tão óbvias que parecem nos vedar qualquer possibilidade de pensar e imaginar.

Nessa altura vemos também que, se o romance morreu, ele não partiu desacompanhado. O romance é um tipo de resumo e paradigma de nossa vida cultural: daí talvez falarmos de sua morte antes da morte de qualquer outra forma de pensamento. De todas as formas literárias, ele tem sido o mais devotado à celebração e investigação da vontade humana. E a vontade em nossa sociedade está morrendo por seu próprio excesso. A vontade religiosa, política, sexual, artística – cada uma delas morrendo por seu próprio excesso. O romance em seu auge registrou a vontade dirigida por uma ideia, com frequência uma ideia de vontade em si. Todo o resto no romance é secundário, e esses exemplos que não lidam com a vontade em ação são apenas secundários no gênero. A razão, no romance, descreve a vontade em ação. Novamente *Dom Quixote* fornece-nos nosso primeiro exemplo. Em seu herói temos a concepção moderna da vontade numa espécie de idealidade distorcida. Flaubert dizia que Emma Bovary era a irmã de Dom Quixote, e temos nela a vontade moderna de certo modo corrompida. Analogamente, Elizabeth Bennet, Emma Woodhouse e Jane Eyre aparentam-se a todos os Karamazovs, a Stavrogin e a Kirilov, que foi levado à consciência da vontade para afirmá-la definitivamente, destruindo-a em si com um tiro de pistola.

Seguramente, a grande obra de nossa época é a restauração e a reconstituição da vontade. Sei que, para alguns, afora o que *pode* acontecer como Apocalipse, o que *deveria* ocorrer é nos aprofundarmos nas trevas, exaurindo-se assim a vontade, no fim em que purgamos nossa mente dos velhos modos de pensar e sentir, abandonando qualquer esperança de reconstituir um dia a grande vontade pretérita do humanismo que, segundo eles, nos conduziu à presente situação. Sempre se deve ouvir essa opinião quando sincera e apaixonada. Mas para a visão e o ideal de renovação apocalíptica, deve-se ser ou um gênio moral apegado à vida acima de qualquer forma particular de vida – D. H. Lawrence foi um gênio assim – ou alguém pouco apegado à vida em qualquer de suas formas. A maioria de nós não é nem um nem outro, com noções de renovação e reconstituição sociais e pragmáticas, conservadoras no sentido literal da palavra. Para a restauração e reconstituição da vontade assim entendidas, a inteligência do romancista é a mais apta.

Quando procuro declarar as bases de minha crença, penso numa passagem do prefácio de Henry James para *The American* [O Americano]. James levantou a questão da "realidade" e do "romântico" (*romance*), observando que "os homens mais imaginativos diante do cenário humano, Scott, Balzac, ou mesmo o rústico, abrangente, prodigioso Zola, sentimos, penso, que a reflexão sobre cada setor jamais ocorreu". Quer dizer, eles nunca se comprometeram exclusivamente com a "realidade" ou com o "romântico", lidando com ambos. E isso, prossegue James, é o segredo de seu poder sobre nós. Tenta então distinguir "realidade" e "romântico": "realidade" seria "o que não conseguimos ignorar", e então nos deixa esta frase: "O romântico, são [...] as coisas que, com todas as facilidades do mundo, com toda riqueza, coragem, imaginação e aventura, jamais *conseguimos* conhecer diretamente; que só nos alcançam pelo belo circuito do pensamento e desejo".

A frase, embora não totalmente clara, indica, se entendi direito, a natureza moral essencial do romance (*novel*). Julien Sorel adquiriu todas as facilidades do mundo; usou "toda riqueza, coragem, imaginação e aventura" para obter coisas que devem ser conquistadas com seus meios; conseguiu só cinzas na boca. Mas o que ele ganhou afinal veio a ele não pelas "facilidades", mas pelo belo circuito de pensamento e desejo, impelindo-o a fazer seu grande discurso ao júri de Besançon, em que ele jogou sua vida. Sua felicidade e heroísmo vieram, penso, de sua vontade que extinguiu seu desejo pelos objetos inferiores do mundo social, e do aprendizado de existir na força de seu conhecimento sobre seus pensamentos e desejos. Afirmei que a consciência da vontade em seu belo circuito de pensamento e desejo era a propriedade peculiar do romance; mas em realidade nós o encontramos bem antes da existência do romance e em lugar que sempre nos surpreende, no *Inferno*, nos encontros de Dante com Paolo e Francesca, com Brunetto Latini e com Ulisses, as almas que mantêm viva a energia do pensamento e do desejo, que portanto amam eternamente, embora condenados. Para James, os objetos dessa peculiar energia humana são denominados "o romântico" (*romance*). A palavra é arriscada, devendo-se ressalvar que não corresponde ao incognoscível, ao vulgarmente chamado "ideal", muito menos ao que é agradável e encantador por estar distante. Significa o mundo de múltiplas possibilidades, aquilo que atualmente consideramos poderosamente funcional. É sinônimo, portanto, de vontade em seu aspecto criativo, em especial da criatividade *moral* ao se sujeitar à crítica, concebendo para si novos estados de ser. O romance tem vivido longo sonho de virtude em que a vontade, ao mesmo tempo que nunca reduz sua força e atividade, aprende a recusar-se a atuar sobre objetos indignos com os quais o mundo social a tenta; e, ou concebe seus próprios objetos corretos, ou satisfaz-se com seu senso de força potencial – daí muitos romances nos fornecerem antes do fim alguma representação, às vezes crua, da vontade firme, porém estática.

É o elemento do que James chama "o romântico", essa realidade funcional de pensamento e desejo, que no romance coexiste com as coisas que "não conseguimos ignorar", que me sugere o poder renovador e reconstitutivo do romance.

V

Se há alguma base para minha crença de que o romance pode, com um de seus elementos, fazer algo para reconstituir e inovar a vontade, pode ser válido pesquisar em quais circunstâncias de sua própria natureza e ação ele pode triunfar.

Penso que malogrará se aceitar a teoria mais avançada até agora, a de Jean-Paul Sartre, sobre o "realismo dogmático". Pelo método dessa teoria, o romance deve ser escrito como que sem autor e voz pessoal e "sem a tola tarefa de contar histórias". O leitor deve ser submetido a situações tão próximas quanto o possível da própria vida; deve ser impedido de deixar o livro, e deve ser mantido tanto quanto possível em seus confinamento e poder, mesmo por meios tão literais como a maior aproximação possível entre o tempo ficcional e o histórico, pois longas durações permitiriam ao leitor lembrar-se de que ele está preso numa ilusão. Ele deve, enfim, esquecer-se de que lê um livro. Sabemos como gerar no leitor sensações da vida real, como claustrofobia e estafa. E, apesar de os romances bem-sucedidos no uso desses dispositivos terem produzido certos efeitos positivos, também provocaram efeitos ruins. Por bons e maus efeitos entendo, do mesmo modo que Sartre, bons e maus efeitos sociais. O banimento do autor de seus livros, o abafamento de sua voz, só reforçaram a hostilidade sem rosto do mundo e tenderam a nos ensinar que não somos agentes criativos, não temos voz, estilo, existência significativa. Seguramente, precisamos do oposto disso, da oportunidade de nos identificarmos com determinada mente que voluntariamente admite ser uma, não fingindo ser História ou Eventos ou o Mundo, mas mente apenas, que pensa e planeja – possivelmente planejando nossa fuga.

Pouco é verdadeiramente original na teoria de Sartre, que parece quase toda derivada de Flaubert. O próprio Flaubert jamais conseguiu, apesar de sua teoria, excluir-se de seus livros. Sempre sabemos quem está lá ao deduzirmos quem está excluído – faz grande diferença apenas saber quem fica fora de um romance, e a ausência de

Flaubert ocupa mais espaço do que a de Sartre, sendo algo muito mais complexo e impressionante. E a mente de Flaubert, dentro ou fora de seus romances, apresenta-se a nós na condição de aliado – embora, como fui cada vez mais levado a pensar, essa aliança seja perigosa.

Quanto ao que Sartre chama de "a tola tarefa de contar histórias", creio que, longe de abandonar, o romance deverá insistir cada vez mais nisso. É exatamente a história que carrega o que James chama "o romântico", e os teólogos de "fé"; e, na literatura engajada e funcional que Sartre corretamente solicita, esse é um elemento essencial. Reconhecer uma história quando vemos uma, *enquanto história*, saber que não é a própria realidade, mas que tem relações efetivas e claras com a realidade – essa é uma das grandes disciplinas da mente.

Opondo-me ao ideal do romance autoral, evidentemente não defendo a "personalidade" do autor conscientemente exibida – nada seria mais frívolo –, mas apenas os efeitos libertários produzidos quando a literatura se entende enquanto literatura sem se identificar com o que ela examina. (Isso é intelectualmente necessário também à ciência, para que essa não se represente como retrato literal do universo.) As mentes autorais que em *Tom Jones* e *Tristram Shandy* brincam com eventos e o leitor tão divinamente tornam-se os grandes e estranhamente efetivos símbolos da liberdade operando no mundo da necessidade, e isso é mais ou menos verdade para todos os romancistas *inventivos*.

Mesmo assim, quando defendo o salutar jogo da mente na fantasia controlada do contar histórias, não defendo as obras de fantasia conscientemente literárias, rebuscadas, ao modo de, por exemplo, *Nightwood*,[4] que à sua maneira subscreve os princípios do realismo dogmático de Sartre, pois, embora a intenção literária consciente da autora esteja sempre diante de nós, o próprio estilo promove o efeito de claustro que Sartre controlaria na representação dos eventos.

---

[4] *Nightwood*, romance escrito pela americana Djuna Barnes (1936). (N. T.)

T. S. Eliot elogia a prosa de *Nightwood* por sua afinidade com a poesia. Isso não é virtude, mas acredito que não seria confundido com virtude em nenhum romance do futuro próximo que nos interessasse. A perda da prosa natural, que ao menos aparentemente se afina ao bom discurso comum, tem sido com frequência observada. Parece-me que a observação da perda tem sido complacente demais; e suas explicações, embora engenhosas, intentaram preservar o gênero. Uma prosa próxima à poesia tem decerto seu valor, porém não pode servir para reparar a perda de uma prosa brusca, masculina e comprometida com eventos, produzindo seus efeitos não pela simples palavra ou frase, mas pelas palavras natural e propriamente amontoadas. Concebo que a criação de tal prosa devesse ser uma das intenções conscientes de todo romancista.[5]

E como corolário de minha rejeição da prosa poética para o romance, sugeriria que o romancista das próximas décadas não se ocupasse com questões de forma. A reconhecida fraqueza do romance contemporâneo, a superioridade da poesia, o forte interesse atual pela teoria poética, criaram uma situação em que os cânones da perfeição poética são bem naturalmente, mas naturalmente demais, aplicados ao romance. Esses cânones não reforçaram, mas deslocaram as considerações formais de Flaubert e James, que têm seus próprios perigos, mas ao menos foram concebidos para o próprio romance.

---

[5] A questão da prosa importa tanto quanto a da prosódia, e nunca atentamos o suficiente para sua crítica. Longe de mim pensar que meu breve parágrafo consiga ao menos introduzir adequadamente o tema. Joyce foi evocado contra o pouco que acabei de dizer. Parece-me que sempre que a prosa de *O Retrato do Artista Quando Jovem* se torna algo que chamamos poético, ele o é por um gosto extremamente errôneo. Isso foi defendido como dispositivo dramático, ironia contra o herói. Pode-se considerar que *Ulisses* rechaçasse minha preferência; mas penso que sua prosa básica, que é diversamente manejada, não deixa de se afinar com a prosa que reivindico. O recurso de *Finnegans Wake* pode ser considerado, sem perdas, algo diferente da prosa em qualquer sentido tradicional. Estabelece-se tradição, também se estabelecerão novos critérios e problemas.

Nego querer depreciar a forma e que uma preocupação consciente com a forma, atualmente, quase infalivelmente limitará o romancista, em particular o jovem romancista. Noções de forma, correntes hoje até entre aqueles altamente envolvidos com a literatura – sem contar os semiliteratos, sempre rigorosos em aplicar as ideias avançadas de quarenta anos atrás – são todas simples demais, soando como simples sonatas, com repetições apropriadas do tema. Para a moderna racionalidade altamente treinada em literatura, a forma sugere completude e os finais se recolhem. A resolução é vista apenas como anulação das contradições; e embora a forma assim entendida tenha seu encanto explícito, não é apropriada à experiência moderna. Uma história, como o curso natural de uma emoção, tem sua própria forma, indicando nossa inadequada confiança na história e exagerado interesse na razão, na qual começamos a insistir ao querer ordenar o romance precisamente.

Aventuro-me então a predizer que o romance das próximas décadas lidará muito explicitamente com ideias. As objeções a respeito serão imediatas. Cita-se a observação de Eliot sobre Henry James ter a mente tão aguda que nenhuma ideia conseguiria violá-la, o que sugere estranha, violenta noção sobre a relação mentes-ideias, distante da concepção do próprio James. E é conhecido o trecho em que Eliot insiste na conexão indiferente de Dante e Shakespeare com as formulações intelectuais de suas respectivas épocas. Penso entender – simpática e sociologicamente – os sentimentos de Eliot por um modo de ser sem ato nem matiz ideativos dominantes, do mesmo modo que entendo algo da admiração que se possa sentir pelo tipo de sociedade celebrada por Yeats expressando seu sentido de vida não com palavras, mas com casas e cavalos, violência, costumes, coragem e morte. Contudo, não entendo o que Eliot quer dizer quando rigidamente separa ideias e emoções na literatura. Penso que Platão estava certo em *O Banquete* ao representar as ideias em contiguidade com as emoções, ambas provenientes dos apetites.

Prevalece a noção de que o romance que contém ou lida com ideias será pálido, abstrato e intelectual. Eis a opinião contrária dos grandes dias do romance: "Existem almas ativas que apreciam a rapidez, o movimento, a concisão, os impactos, a ação, o drama, que evitam a discussão, menosprezam a reflexão e regozijam-se com resultados. De tais pessoas origina-se o que denomino Literatura das Ideias". Essa estranha definição, cujas aparentes contradições não cessarão, foi feita por Balzac em sua longa resenha de *A Cartuxa de Parma*; e é Stendhal que Balzac menciona como o grande exemplar da literatura das ideias. E sabemos quais ideias atuam na *Cartuxa* e em *O Vermelho e o Negro*: são as ideias declaradas de Rousseau. Essas ideias não se separam da paixão de Julien e Fabrice: expressam-se reciprocamente. Estranha-nos que ideias se devam expressar assim; e em termos de prisões e escadas de corda, pistolas e adagas. E isso não deveria parecer estranho, porque é da natureza das ideias que sejam assim expressas.

Mas, embora esses dois grandes exemplos apoiem muito minha visão sobre o lugar das ideias no romance, não a apoiam totalmente. Representam meu pensamento sobre a continuidade ideias-emoções, em nosso contexto literário esquecida. E nos lembram forçosamente a natureza ideológica das instituições e das classes. Nos romances de Stendhal, porém, embora precisamente identificadas, são antes representadas por seu caráter e ação dramática; e apesar de esse modo de representação ter nítidas vantagens estéticas, eu reivindicaria para o romance o direito e a necessidade de lidar com ideias por meios outros que não o "objetivo correlativo" para tratar de pessoas tão diretamente quanto em seu ambiente social.

Fato social óbvio sustenta esse direito. Ninguém minimamente consciente de nossa vida social hoje consegue deixar de enxergar o novo lugar das ideias na sociedade. Hoje qualquer um está envolvido em ideias – ou, mais precisamente, ideologias. O impulso dos romancistas, que tem sido muito denegrido, de tornar intelectuais de algum tipo seus heróis, por mais tolo que se tornasse, era perfeitamente sadio: eles queriam pessoas para quem em sua vida as ideias importavam. Mas essa limitação de autorizar intelectuais não é mais necessária: em nossa sociedade, o mais simples está envolvido em ideias. Cada pessoa que encontramos no cotidiano, não importa o quão iletrada possa ser, elabora frases para explicar sua vida e sua posição nela. E tem o que quase sempre leva à ideologia: um bom quinhão de animosidade e raiva. O que teria agradado tanto a filósofos sociais mais antigos passou – a organização ideológica atravessou a organização classista, gerando lealdades e animosidades talvez mais intensas do que as de classe. O aumento da formulação consciente, de determinada consciência pela formulação na modernidade, nunca é suficientemente avaliado. Tal é a condição que se tem desenvolvido há tempos: primeiro os movimentos religiosos separatistas; agora a política, adicionada às reivindicações de toda uma cultura, verbalizando e articulando a motivação de todo ato humano: comemos pela razão, copulamos pelas estatísticas, educamos crianças por meio de regras, e o impulso que não observamos com a cautela crítica é aquele dirigido à ideação, que crescentemente propicia o prestígio.

Com isso, o romance enfrenta tanto uma oportunidade quanto um dever. A oportunidade é subjetiva. A classe social e os conflitos que produz pode deixar de empolgar o romancista como tema, mas a organização da sociedade em grupos ideológicos dificilmente empolgaria menos. A sociedade ideológica tem, parece-me, tanta paixão e complexificação de costumes quanto uma sociedade baseada em classes. Suas promessas nos campos da paródia e da tragédia são enormes, garantindo a relevância do tema. Dostoiévski demonstrou-nos isso, embora nunca houvesse situação ideológica complexa o suficiente nos Estados Unidos para sustentar tal aplicação nos romances. Agora há.

Essa oportunidade do romance claramente conduz ao seu dever. Ideologia não são ideias. Ideologia não se adquire pelo pensamento, mas respirando atmosfera impregnada. A vida na ideologia, da qual ninguém escapa inteiramente, é uma estranha vida subterrânea de hábitos e semi-hábitos, na qual a ideias ligamos paixões, mas não uma muito nítida consciência da concretude de suas consequências. Viver a vida da ideologia com sua forma especial de inconsciência é arriscar-se a tornar-se agente do que Kant chamou "o Mal Radical", que é "a inclinação do homem a corromper os imperativos morais, de modo que possam tornar-se a tela para a expressão do autoamor".[6] Mas o romance é um gênero com relação muito próxima e simples com a realidade, com as coisas que não conseguimos desconhecer – se nos forem apontadas; é a forma pela qual as coisas que não conseguimos deixar de conhecer convivem lado a lado com nosso pensamento e desejo, tanto em seu estado verdadeiro e belo quanto no corrompido; é a forma que provê a crítica perfeita de ideias vinculando-as à sua realidade apropriada. Não menos do que em sua infância, e agora talvez com urgência e relevância maiores, o romance apaixonadamente se ocupa da realidade; da aparência e da realidade.

VI

Contudo, não posso concluir com tamanho entusiasmo – falsearia minha presente intenção e todo meu sentimento sobre o romance. Tratar agora do "dever" e, como fiz antes, da obra do romance na reconstituição e renovação da vontade, para formular uma função e um destino para o romance, é comprometer sua posição, na qual já está há tempo demais. O romance estava em melhor situação e era mais humildemente concebido do que hoje; o romancista estava numa posição muito mais vantajosa quando sua ocupação era desprezada, ou quando era estimado pelas mentes mais simples do que

---

[6] Reinhold Niebuhr, *The Nature and Destiny of Man*, vol. I, p. 120: "[...] 'Esse mal é radical' [Kant], declara, 'pois corrompe a base mesma de todas as máximas". Analisando a capacidade humana para o autoengano e sua habilidade de tornar a pior razão a melhor para providenciar fachada moral a ações egoístas, Kant penetra as brenhas e mistérios espirituais, aos quais parece completamente cego em sua *Crítica da Razão Prática*".

as suas, quando ele estava quase só em sua admiração pelo gênero, pelos grandes efeitos que poderia render. O romance era mais feliz quando competia com o sermão, com obras de história, filosofia, poesia e com os antigos clássicos, quando sua posição social estava em questão, assemelhando-se à de seus heróis simples, abandonados ou pobres, tendo de trilhar seu caminho enfrentando reveses. Qualquer que fosse sua intenção, era-lhe permitida a proximidade com seus elementos primitivos, dos quais extraía força. Crendo nisso, não desejo engrossar os esforços concertados pela crítica contemporânea para aumentar o superego do romance, conspirar com nosso senso de crise cultural para sobrecarregá-lo de responsabilidades a respeito, cercando-o de prescrições sobre suas funções e critérios duros; no estado atual, o romance já se sente culpado o bastante.

Uma frase da Ética de Aristóteles foi sempre memorável, talvez porque nunca a entendi totalmente. Aristóteles diz: "Num certo sentido, Sorte e Arte estão na mesma esfera; como diz Ágaton, 'A Arte promove a Fortuna; a Fortuna, a Arte'". Fora de seu contexto, como frase meramente gnoseológica, diz muito. Diz algo sobre a reciprocidade forma-inventividade na composição, uma constituindo a outra, da qual nem a mais benévola crítica consegue conscientizar-se, com frequência distorcendo-a. *A Fortuna Promove a Arte:* há de fato algo fortuito em toda arte, e no romance o elemento fortuito é especialmente vasto. O romance produz seus mais belos efeitos artísticos frequentemente quando se despreocupa deles, quando se fixa em efeitos na moralidade, ou quando simplesmente relata o que concebe sobre o fato objetivo. O inverso também é verdadeiro, claro: o romance faz algumas de suas maiores descobertas ou apresentações de fatos quando preocupado com a forma, quando manipula seu material apenas seguindo a noção de ordem ou de beleza, embora isso só seja provável quando o que é manipulado resiste o suficiente, sendo o romance a forma cuja estética deve demonstrar um respeito raramente simples e elevado ao material escolhido. Essa predominância do fortuito no romance é que o torna rude, comparado a outras artes que o atravessam. O romance é, como disseram muitos, o menos "artístico" dos gêneros. Isso lhe custou tornar-se parte do túmulo e do monumento de muitos grandes espíritos que de maneira excessivamente descuidada empenharam seu talento nele. Mas a impetuosa, profusa, frequentemente descuidada qualidade do romance, decerto pródiga, é um aspecto de seu ousado e imediato apego à vida.

Contudo, esse mesmo senso de sua proximidade da vida levou-nos a sobrevalorizar o romance. Temos exigido, por exemplo, conscientizando-nos de seu poder, que ele mude o mundo. Nenhum gênero jamais carregou fardo tão pesado de demandas sociais (do qual, incidentalmente, ele se desincumbiu de maneira bem efetiva), ou foi tão estritamente ordenado a desistir, no cumprimento da função designada, de todo inconsciente, ambivalente e lúdico em si. Nosso senso de sua abrangência e efetividade nos levou a mitificá-lo: um dos sonhos antigos dos Estados Unidos, existente até há pouco, foi o *do* Grande Romance Americano, sempre imaginado solitário e prolífico tal qual a Grande Baleia Branca. Submetemo-lo então a critérios irrelevantes à sua natureza – quantos de nós alegremente compartilham o horror de John Gould Fletcher diante da descoberta de Trollope da escrita de romance como negócio? A sobrevalorização do amor inaugura o fim do amor; a sobrevalorização da arte é o começo do fim da arte.

O que chamei rudeza do romance, elogiando-o enquanto tal, corresponde a algo na natureza dos próprios romancistas. Dos literatos, os romancistas como classe foram os que fizeram as mais agressivas investidas sobre o mundo, as mais pessoais exigências; não importa o quão obedientemente ouvissem seus demônios: taparam seus ouvidos para a multidão, denunciando sua tolice em não retribuir com dons de poder e fama. Essa exigência pessoal, nem a mais altiva reserva de Flaubert e James tentou ocultar. Os romancistas sempre quiseram muito, e explicitamente. E com grande simplicidade e ingenuidade, misturaram desejos pessoais com o que desejavam para o mundo. Uniram suas necessidades mundanas a suas mais vastas avaliações. Então, com sua grande força mental, foram tocados por algo como a burrice, a estupidez santa recomendada por Pascal: seus efeitos aparecem em sua habilidade de manter a ambivalência em relação à sua sociedade, que não é uma atitude mental adquirida, ou fraqueza da mente, mas antes a tradução de dado biológico, extensão da dualidade prazer-dor, com a qual, num estado sadio, reagimos à tensão e ao esforço. O romancista expressa isso em seu ódio e amor coexistentes em relação à vida que ele observa. Sua inconsistência de julgamento intelectual é sabedoria biológica.

Devo aqui lidar com um lapso de que me conscientizo em minha argumentação. Minha afirmação de que o romance não morreu, mais o que disse sobre o que o romance deveria ou não fazer, provavelmente pouco pesará contra as circunstâncias em nossa civilização que aduzi considerando a morte hipotética do romance. Essas circunstâncias parecem-me bem reais. E quando descrevi o caráter do romancista elas inevitavelmente me ocorrem de novo. Pois é exatamente esse caráter, e o que ele sugere numa cultura, que as terríveis circunstâncias de nossa época destroem. A afirmação do romancista das demandas pessoais e sua franca confusão do mundano-pessoal com o geral e o elevado, sua santa estultice, ou, como dizia Keats, "capacidade negativa", que em sua fé animal – poderão elas resistir às investidas do mundo sobre elas? Se o romance não consegue de fato sobreviver sem ambivalência, aquilo que o mundo nos apresenta conseguiria? Antigamente o romancista podia falar do belo circuito do pensamento e desejo convivendo com o cotidiano, mas a questão agora é se pensamento e desejo ainda têm algum campo de possibilidades. A resposta demorará. Contudo, "como diz Ágaton, 'A Arte promove a Fortuna; a Fortuna promove a Arte'". Há tanto afirmação quanto renúncia nessa frase. A abdicação é tão corajosa quanto a afirmação, e ambas juntas constituem considerável sabedoria. Se algo do antigo caráter sobrevive hoje, o romancista estará suficientemente consciente da Fortuna, das Condições, da História, pois ele é, como diz Fielding, o herdeiro do historiador; mas ele também será indiferente à História, compartilhando a estupidez vital da Figura Histórica Mundial, que, é claro, não está minimamente interessada em História, apenas em seus próprios desejos em relação à vida, deixando de sucumbir, portanto, ao mais maligno e sutil truque da História: fascinar a mente humana com o orgulho de seu conhecimento do fim. Certas épocas, como o método de Perseu para com a Medusa sugere, desaconselham olhar reto; melhor vê-lo pelo escudo-espelho do herói. Ou seja: "A Arte promove a Fortuna".

Mas a indiferença implicada na outra metade da frase não é menos corajosa. Não sugere compararmos a posição nossa com o que se revelou a situação mais favorável do passado, ou conscientizarmo-nos de a História ter furtado ao romancista um grande papel. Que exigência sobre as garantias da História isso implicaria! Que sobrevalorização da segurança, sucesso e carreira, da arte e da própria vida, que deve ser sempre um pouco subestimada se a quisermos viver. A frase deveria significar a natureza tanto fortuita quanto gratuita da arte, como existe para além do alcance da vontade isolada, como é livremente concedida, nem sempre pela boa razão; e, pela menor razão, retirada. Não deve ser exigida, nem prescrita, nem providenciada. O entendimento de tal fato não assegura em si a existência do romance, mas ajuda a instalar o estado de espírito que possibilita o romance.

Capítulo 16 | O Significado de uma Ideia
Literária[1]

[...] Embora nenhuma grande razão operante
Extraia dos sombrios mistérios das almas humanas
Um conceito nítido, contudo, diante de mim
Rola sempre uma vasta ideia, e eu formo
Com ela a minha liberdade...
                    Keats, "Sono e Poesia"

I

A questão da relação que deve ser adequadamente obtida entre o que chamamos de literatura criativa e de ideias é matéria de máxima importância para a crítica moderna. Não foi sempre que ela criou dificuldades para os críticos, e o fato de atualmente ter criado tantas nos diz muito sobre nosso relacionamento com a literatura.

Desde que os seres humanos começaram a refletir sobre a poesia, entenderam que há uma diferença entre o poeta e o filósofo, tanto no seu método como na sua intenção e no seu resultado. Não tenho a intenção de negar essas diferenças. Mas uma diferença solidamente estabelecida faz ferver a nossa questão e nos tenta a perguntar se ela é realmente essencial ou se permanece tão estável e extrema como

---

[1] Este ensaio foi lido na Conferência sobre Literatura Americana realizada na Universidade de Rochester em fevereiro de 1949 e publicado pela primeira vez na revista *American Quartely*, no outono de 1949.

parecia no início. Talvez eu ceda prontamente demais a essa tentação e talvez como resultado de uma dificuldade minha – pode bem ser que eu veja essa diferença com insuficiente clareza, por não ter uma noção adequada do que seja matéria de poesia ou matéria de filosofia. Mas seja qual for o motivo, quando considero os produtos respectivos da mentalidade poética e da filosófica, embora veja que não são de modo algum os mesmos, e embora possa entender que diferentes processos, e até mesmo diferentes faculdades mentais trabalharam para fazê-los diferentes, não consigo resistir ao impulso de enfatizar a sua similitude e a sua fácil assimilação um ao outro.

Permitam-me sugerir algumas das maneiras pelas quais a literatura, por sua própria natureza, envolve-se com ideias. Serei muito breve, pois o que vou dizer não será nada de novo para meus leitores.

A coisa mais elementar para se observar é que a literatura por sua natureza está envolvida com ideias por tratar do homem em sociedade, o que significa que trata de formulações, avaliações e decisões, algumas delas implícitas, outras explícitas. Cada organismo sensível *age* segundo o princípio de que o prazer deve ser preferido ao sofrimento, mas o ser humano é a única criatura que formula ou exemplifica isso como uma ideia, fazendo que isso leve a outras ideias. A sua consciência do *self* abstrai esse princípio de ação de seu comportamento e o transforma no princípio de um processo de intelecção, ou em uma matéria para lágrimas e risos. E essa é só uma das inúmeras conceituações ou ideias que constituem o próprio material da literatura.

Isto é autoevidente e ninguém pensa em negá-lo. Tudo o que se pode negar é que a literatura exerce sua própria função quando traz essas ideias à consciência explícita, ou que ganha, alguma vez, ao fazer isso. Assim, um dos temas de qualquer sociedade é o do valor dos homens, assumido em comparação com o das mulheres; sobre essa hipótese, mais ou menos estabelecida, baseia-se a maior parte da ação de *Oréstia,* e não temos a menor intenção de discutir a sua adequação –

ou pelo menos até que ele se torne o assunto do debate aberto entre Apolo e Atenas, que, baseado em uma elaborada especulação biológica, tenta decidir quem é menos culpado, aquele que mata o pai ou aquele que mata a mãe. Ponto em que nós, à nossa maneira moderna, sentimos que, ao permitir esse debate, Ésquilo errou muito e foi meio tolo, pois naquele momento deixou de ser um autor *literário*. No entanto, qual é o drama que não consiste na oposição de ideias formuláveis, que drama, realmente, deixa de ter a possibilidade de se tornar uma exposição explícita e um debate de ideias?

Isso é elementar, como digo. E um pouco menos elementar é a observação de que sempre que se coloca duas emoções em justaposição temos o que, apropriadamente, chamamos de "ideia". Quando Keats reúne, como faz com frequência, suas emoções sobre o amor e suas emoções sobre a morte, temos uma ideia muito poderosa e a fonte de ideias consequentes. A força de tal ideia depende da força das duas emoções que são apresentadas em confronto uma com a outra e também, é claro, sobre a maneira em que esse confronto é estabelecido.

Podemos então dizer que a própria forma de uma obra literária, considerada à parte de seu conteúdo, o mais longe possível dele, é em si uma ideia. Lidando com silogismos ou com poemas, lidaremos com a dialética – isto é, com uma série de definições em desenvolvimento. Ou, se a palavra "definições" parece prejulgar a questão, no que se refere à literatura podemos dizer apenas que estamos tratando com uma série em "desenvolvimento". Julgamos o valor do desenvolvimento ao julgar o interesse em seus vários estágios e a adequação e a importância de sua conexão entre eles. Fazemos esse julgamento em termos do propósito implícito das séries em desenvolvimento.

Dialética, nesse sentido, é apenas outra palavra para forma, e tem, para esse propósito, em filosofia ou em arte, a liderança da mente em alguma conclusão. O drama grego, por exemplo, é um arranjo de elementos morais e emocionais de maneira que conduzam a mente – "inevitavelmente", como costumamos dizer – a certa condição afetiva. Essa condição é uma qualidade do ser pessoal que pode ser julgada pela ação que, em última análise, poderá provocar.

Achamos que Aristóteles é um crítico do drama melhor que Platão, porque achamos que ele entendeu, e Platão não, que a forma do drama era em si uma ideia que controlava e levava a um resultado especial as ideias subordinadas que continha. A forma do drama é sua ideia, e a sua ideia é sua forma. E forma, nessas artes que chamamos de abstratas, não é menos uma ideia do que a forma que aparece nas artes representacionais. Hoje em dia, as instituições governamentais são muito simples e precisas em sua percepção disso – muito mais simples e precisas do que os críticos acadêmicos e estéticos – e estão tão prontas em lidar com as artes de forma "pura" como a tratar com ideias estabelecidas pelo discurso: é como se o totalitarismo estatal lembrasse que o resto de nós se esquece de que a "ideia" em um dos seus primitivos significados quer dizer exatamente "forma", e como tal foi usada por muitos filósofos.

Lembrar esse significado pode nos ajudar, quando consideramos a conexão especial estabelecida entre a literatura e as ideias que nos apresentam as maiores dificuldades, a conexão que envolve ideias altamente elaboradas, ou que mantemos em sistemas altamente elaborados, como filosofia, teologia ou ciência. O sentimento moderno sobre esse relacionamento é definido por dois textos, ambos de T. S. Eliot. Em seu ensaio sobre Shakespeare, Eliot diz:

> Não vejo motivo para acreditar que Dante ou Shakespeare pensavam por conta própria. Os que acham que Shakespeare pensava são sempre pessoas que não se ocupam com a escrita da poesia, mas que estão engajadas com o pensamento, da mesma forma como nós todos gostamos de pensar que os grandes homens pareciam-se conosco

E no seu ensaio sobre Henry James, Eliot faz uma observação que é muito conhecida, a de que ele tinha uma inteligência tão aguda que nenhuma ideia conseguia violá-la.

Em duas declarações, Eliot permite deixar-se levar pelo impulso de criar frases espirituosas, cedendo em demasia ao que concebe serem as necessidades didáticas do momento, pois é sua intenção oferecer resistência à moda característica do século XIX de olhar para a poesia como um meio heurístico, uma comunicação do saber. Essa é uma visão bem exemplificada pela sentença de Carlyle: "Se fosse chamado a definir uma qualidade de Shakespeare, eu diria a superioridade da Inteligência, e acho que tudo estaria incluído nela". Entre as duas declarações eu votaria na de Carlyle, por representar um conceito de inteligência mais inteligível e mais disponível que a de Eliot, mas acho que entendo o que este está tentando fazer com sua definição – está tentando recuperar a poesia da espécie de interpretação errônea da visão de Carlyle, que já foi mais comum em outros tempos; ele está tentando salvar o que é peculiar à poesia, bem como o que é também peculiar ao pensamento sistemático.

Quanto ao que diz Eliot sobre James e as ideias, é útil para nós porque nos dá uma pista para o que poderia ser chamado de sociologia da nossa questão. "Henry James tinha uma mente tão aguçada que nenhuma ideia conseguia violá-la." Nesse contexto, "violar" é uma palavra forte, mas podemos garantir que a mente de um poeta é uma espécie de Clarissa Harlowe e que uma ideia é uma espécie de Coronel Lovelace, pois é um truísmo do pensamento contemporâneo que toda a natureza do homem está ameaçada de ser brutalizada pelo intelecto, ou pelo menos por algum de seus aparentemente autorizados substitutivos. Um espectro assombra a nossa cultura – o de que as pessoas eventualmente se tornarão incapazes até de dizer "eles se apaixonaram e casaram", quanto mais de entenderem a linguagem de *Romeu e Julieta,* mas dirão, naturalmente, "seus impulsos libidinosos sendo recíprocos, eles ativaram seus impulsos eróticos individuais e os integraram na mesma estrutura de referências".

Essa não é a linguagem do pensamento abstrato, ou de outra qualquer espécie de pensamento. É a linguagem do não pensamento.

Mas é a linguagem que está sendo desenvolvida a partir do *status* peculiar que demos, em nossa cultura, ao pensamento abstrato. Não há dúvida de que, seja o que for, constituirá uma ameaça às emoções, e portanto à própria vida.

O espectro do que essa espécie de linguagem sugere nos assombra desde o fim do século XVIII. Quando Eliot fala da mente sendo violada pela ideia, ele está, como faziam os românticos, simplesmente expressando seu horror diante da perspectiva de uma vida intelectualizada e desprovida de toda espontaneidade e realidade.

Somos pessoas dominadas pela ideia, e tememos justamente que o intelecto seque o sangue em nossas veias e paralise totalmente a parte emocional e criativa da nossa mente. E embora eu tenha dito que o temor da dominação absoluta da inteligência abstrata começou no período romântico, estamos, é claro, abordando aqui a oposição de Pascal entre as duas faculdades da mente, das quais *l'esprit de finesse* ["o espírito do bom gosto"] tem seus poderes heurísticos, assim como *l'esprit de géométrie* ["o espírito da geometria"] tem poderes de descoberta e conhecimento particularmente importantes para o estabelecimento do homem na sociedade e no universo.

Mas dizer que somos pessoas da ideia é adular a nós próprios. Somos, antes, o povo da ideologia, o que é uma coisa bem diferente. A ideologia não é o produto do pensamento; é o hábito ou o ritual de mostrar respeito por certas fórmulas pelas quais, por vários motivos relacionados com a segurança emocional, temos laços muito fortes, cujo significado, com suas consequências, realmente não chegamos a entender muito bem. A natureza da ideologia pode ser entendida em parte a partir de sua tendência a desenvolver a espécie de linguagem que eu parodiei, há um momento.

Não é de estranhar, portanto, que qualquer teoria crítica que se defina a serviço das emoções, e da própria vida, volte um olhar muito rigoroso e ciumento sobre um relacionamento íntimo entre literatura e ideias, pois na nossa cultura as ideias tendem a se deteriorar em ideologias. E realmente não se deve ficar surpreso se a crítica, em seu zelo para proteger a literatura e a vida da tirania do intelecto racional, entender errado esse relacionamento. T. S. Eliot, se o tomarmos literalmente, de fato erra ao interpretar esse relacionamento, quando concebe o "pensamento" de tal forma que deva ser negado em Shakespeare e em Dante. Ficamos curiosos de saber o que seja então "pensamento", se Shakespeare e Dante não pensavam.

Gostaríamos também de saber o que René Wellek e Austin Warren quiseram dizer quando, em seu admirável livro *Teoria da Literatura*, afirmaram que a literatura só pode usar ideias quando estas "cessam de ser ideias, no sentido comum de conceitos, e se tornam símbolos, ou mesmo mitos". Não tenho certeza de que o sentido comum de "ideias" realmente seja o de "conceitos", ou pelo menos conceitos tão abstratos que não despertam em nós sentimentos e atitudes. O que acho é que, quando falamos do relacionamento entre literatura e ideias, estas referidas não são as dos matemáticos ou da lógica simbólica, mas só ideias que podem suscitar, e tradicionalmente suscitaram, os sentimentos – as ideias, por exemplo, da relação entre um e outro ser humano, e para com o mundo. A simples declaração feita por um poeta sobre um fato psicológico nos leva de volta a uma simplicidade adequada sobre a natureza das ideias, pois, como dizia Wordsworth, "Nossos contínuos influxos de sentimento são modificados e dirigidos pelos nossos pensamentos, que realmente são os representantes de nossos passados sentimentos". O intercurso entre emoção e ideia é um fato psicológico que faremos bem em ter sempre em mente, juntamente com a parte que é desempenhada pelo desejo, pela vontade e pela imaginação, na filosofia como na literatura. Eliot, Wellek e Warren – e em geral os críticos que zelosamente defendem a autonomia da poesia – preferem esquecer o terreno comum tanto à emoção como ao pensamento; presumem que as ideias sejam só o produto de sistemas formais de filosofia, sem lembrarem, pelo menos quando apresentam seu argumento, que os poetas também têm influência no mundo do pensamento. *L'esprit de finesse* não deve certamente ser confundido com *l'esprit de géométrie*, mas nenhum deles – e essa é precisamente a razão de Pascal distinguir e nomear as duas qualidades diferentes da mente – deve ser negado em seus poderes de compreensão e formulação.

Wellek e Warren nos dizem que "o artista será prejudicado pelo excesso de ideologia[2] se ela permanecer não assimilada". Notamos a tautologia da frase – pois o que é "excesso de ideologia" senão a ideologia que *não é* assimilada? – e isso, não porque desejemos assumir uma vantagem argumentativa sobre autores aos quais somos gratos, mas porque a tautologia sugere a dificuldade da posição defendida. Estamos falando de arte, uma atividade que se define exatamente por seus poderes de assimilação, e cuja essência é a quantidade justa de quaisquer de suas qualidades ou elementos; naturalmente a ideologia em excesso ou não assimilada "prejudicará" o artista, mas isso acontecerá com qualquer coisa que seja excessiva, até excesso de metáforas: Coleridge diz que em um longo poema pode haver excesso de *poesia*. A questão teórica é simplesmente levantada por uma indevida ansiedade sobre a "pureza" da literatura, sobre a sua perfeita literalidade.

Os autores de *Teoria da Literatura* estão certos quando questionam o "desentendimento intelectual da arte" e as "confusões sobre as funções da arte e da filosofia", e também quando observam as falhas nos procedimentos acadêmicos que organizam as obras de arte segundo suas ideias e suas afinidades com os sistemas filosóficos. Contudo, em sua própria apresentação há sempre um intercurso consciente entre o poeta e o filósofo, e nem todo poeta tem sido violado pelas ideias que o atraíram. A metáfora sexual é imposta a nós, não só de forma explícita por Eliot, mas implícita por Wellek

---

[2] A palavra é usada por Wellek e Warren não no sentido pejorativo em que a usei antes, mas para significar apenas um corpo de ideias.

e Warren, que parecem pensar nas ideias como masculinas e grosseiras, e na arte como feminina e pura, e que permitem a união dos dois sexos só quando as ideias abandonam sua natureza masculina efetiva e "cessam de ser ideias no sentido comum e se tornam símbolos, ou mesmo mitos". Perguntamos, naturalmente: símbolos de quê, mitos sobre o quê? Nenhum exercício ansioso de teoria estética pode transformar as ideias de, digamos, Blake e Lawrence, em algo diferente daquilo para que foram criadas – ideias relacionadas com ação e com julgamento moral.

A ansiedade sobre a possibilidade da obra de arte não ser totalmente autocontida, este medo de que o leitor faça referência a algo que ultrapasse a própria obra de arte, tem sua origem, como já sugeri anteriormente, na reação do impulso primitivo – regride para muito antes do século XIX – para mostrar que a arte é justificada em comparação com a atividade efetiva das disciplinas sistemáticas. Surge do forte desejo contemporâneo de estabelecer, em um mundo de ação incessante e eficiente, a legitimidade da contemplação, que agora não é mais conveniente que seja associada com as práticas religiosas, mas que pode ser associada com as experiências da arte. Agiremos todos bem se avançarmos a causa da contemplação, se insistirmos no direito dela se abrigar em um local afastado da ação perpétua e da eficiência. Mas não devemos reforçar nossa insistência tratando a arte como se fosse uma coisa unitária, e nos referindo só ao seu elemento "unicamente" estético, requerendo que cada obra de arte sirva à nossa contemplação por ser totalmente autocontida e sem relação com a ação. Sem dúvida há uma grande parte da literatura para a qual as ideias, com a sua tendência a referirem-se à ação e à eficiência, são alienadas e inapropriadas. Mas também muito da literatura deseja dar as sensações e ganhar as respostas que são dadas e ganhas por ideias, e usa as ideias para ganhar seus efeitos, considerando-as – como pessoas, sentimentos, coisas e cenas – indispensáveis elementos da vida humana. E nem sempre a intenção desta parte da literatura é estética, no estrito senso proposto por Wellek e Warren; há provas abundantes de que a estética com a qual a crítica se preocupa é frequentemente, para o próprio poeta, só de importância secundária.

Podemos assegurar que a província da poesia é uma coisa, e a da inteligência, outra. Mas, tendo bem em mente a diferença, devemos contudo ver que sistemas de ideias têm uma qualidade especial, que é muito desejada como seu principal efeito – podemos mesmo dizer que é o seu principal efeito estético –, pelo menos para certas espécies de obras literárias. Se nós, como críticos e professores, dizemos tudo o que queremos tentando defender o domínio da arte da obstinada tendência do nosso tempo de ideologizar todas as coisas em uma tonalidade cinzenta, e também sobre as coisas "puramente" literárias, os valores unicamente estéticos, como leitores nós sabemos que requeremos de nossa literatura algumas das virtudes que definem uma obra bem-sucedida de pensamento sistemático. Queremos que ela tenha – pelo menos quando seja apropriado que tenha, coisa que ocorre com frequência – a autoridade, a convicção, a completude, o brilho, a *dureza* do pensamento sistemático.[3]

Nos últimos anos, a crítica tem-se preocupado em insistir sobre a linguagem indireta e simbolista da poesia. Não duvido de que sejam realmente essas as suas características principais. Mas isso não é tudo. A poesia está, hoje em dia, mais próxima da retórica do que queremos admitir. A sintaxe desempenha nela um papel maior do

---

[3] Wellek e Warren dizem algo da mesma espécie, mas só, por assim dizer, de uma forma concessiva: "Filosofia, conteúdo ideológico, em seu próprio contexto, parece realçar o valor artístico, pois corrobora vários valores artísticos importantes: os da complexidade e da coerência [...] Mas não é necessário que seja assim. O artista será prejudicado por tanta ideologia, se ela permanecer não assimilada". Em uma passagem anterior, dizem: "A arte séria inclui uma visão da vida que pode ser declarada em termos filosóficos, e mesmo em termos de sistemas. Entre a coerência artística [...] e a filosófica, há uma espécie de correlação". Depois, os autores apressam-se em distinguir entre emoção e pensamento, sensibilidade e intelecção etc., e a nos dizer que a arte é mais complexa do que a "propaganda".

que o que nos é concedido pela teoria, e liga a poesia com o pensamento racional, pois, como diz Hegel, "a gramática, em sua forma extensiva e consistente" – no significado de sintaxe, que ele lhe dá – "é obra do pensamento, o que torna suas categorias nitidamente visíveis, dali por diante". E os mais impressionantes poetas de nosso tempo são os que estão mais conscientes da retórica, isto é, do conteúdo intelectual de suas obras. E nem é esse conteúdo simplesmente o efeito inevitável produzido pela inteligência e transformado em poesia; muitos desses poetas – Yeats e o próprio Eliot vêm imediatamente à minha mente – esforçaram-se muito para desenvolver posições intelectuais consistentes, junto com suas obras poéticas e de acordo com elas.

Estou convencido de que o efeito estético do poder intelectual de convicção não deve ser desconsiderado. Permitam-me dar um exemplo válido disso. Nas últimas semanas minha mente esteve muito envolvida com duas declarações, diferentes em extensão e em gênero, embora por acaso tratem de temas correlatos. Uma delas é um díptico de Yeats:

Nutrimos nosso coração com fantasias,
O coração tornou-se brutal com essa comida.

Tenho certa dificuldade de explicar a força dessa declaração. Certamente essa força não está em qualquer metáfora, pois só detectamos nela uma sombra diluída de metáfora. Para mim, essa declaração apresenta o prazer da importância e da irrefutabilidade, em parte fornecida pelo seu conteúdo e em parte pela recurso retórico. A outra declaração é o último livro de Freud, o pequeno *An Outline of Psychoanalysis* [Um Esboço da Psicanálise], que me causa um prazer que sem dúvida é diferente do proporcionado pelo díptico de Yeats, mas é também seu similar; é o prazer de ouvir uma voz forte, decisiva e autolimitante, expressando pensamentos com os quais posso concordar. Acho muito difícil distinguir o prazer que tenho ao responder a Freud do prazer envolvido em responder a uma obra de arte satisfatória.

Reconhecer o que é dito literariamente não é de forma nenhuma a mesma coisa que concordar com o que foi expresso. Podemos sentir prazer ao ler textos com os quais não concordamos, respondendo ao poder ou à graça de uma mente, sem admitir que sua intenção ou sua conclusão estejam corretas. Podemos ter prazer com um texto *irresistível* sem fazer um julgamento final sobre a correção ou a adaptabilidade do que o autor diz.

II

Agora, deixo de falar nessas matérias teóricas generalizadas para abordar uma preocupação especial – o relacionamento da literatura americana contemporânea com as ideias. Para uma abordagem mais direta, devemos comparar a moderna prosa literária americana – pois a poesia é uma coisa diferente – com a moderna literatura europeia. Esta, nos últimos trinta ou quarenta anos, digamos, me parece ser, no sentido em que usarei a palavra, essencialmente uma literatura ativa. Na melhor das hipóteses, ela não se contenta em ser apenas compreendida. Recusa-se a ser entendida como um "sintoma" de sua sociedade, embora, naturalmente, possa ser isso, entre outras coisas. Ela não se submete a ser amordaçada. Como acadêmicos e críticos, tentamos descobrir a fonte de sua efetiva energia e, é claro, de alguma forma conseguimos isso. Mas inevitavelmente nos tornamos conscientes de que essa energia felizmente existe além de nossos poderes de explicação, embora não, certamente, além de nossos poderes de resposta. Proust, Joyce, Lawrence, Kafka, Yeats e o próprio Eliot não nos permitem liquidá-los; e essa recusa é repetida por um grande número de escritores europeus menores do que eles. A mesma coisa não pode ser dita da moderna literatura americana, apesar das exceções que mencionarei. A literatura americana me parece essencialmente passiva: tendemos a formar opinião fechada sobre este ou aquele autor, e a falar dele não apenas de uma forma incidental, mas conclusiva, em termos de seu momento histórico, das condições da cultura que o "produziu". Dessa forma, a literatura americana, como tema acadêmico, não é tanto um *sujeito*, mas sim um *objeto* de estudo: ela não consegue, como deveria fazer uma literatura, colocar o seu escrutinador sob escrutínio, mas, em vez disso, deixa seus estudantes com uma impressão demasiado confortável de completa compreensão.

Quando tentamos descobrir a raiz dessa diferença entre a literatura americana e a europeia, somos levados à conclusão de que essa é a diferença entre o número e o peso, ou a força, das ideias que as duas literaturas encarnam ou sugerem. Não quero dizer que a literatura europeia usa as ideias ou a filosofia, a teologia e a ciência de uma forma que a americana não faz. Kafka não serve de exemplo a Kierkegaard, e Proust não dramatiza Bergson. Uma forma de colocar o relacionamento dessa literatura com as ideias é dizer que ela compete com a filosofia, a teologia e a ciência, e que procura imitar o seu poder de compreensão e seriedade.

Não quero dizer, com isso, que o melhor da literatura europeia contemporânea tenha sobre nós o efeito de um sistema racional de pensamento. Muito pelo contrário: é precisamente a seu poder artístico que respondemos, o qual em parte é seu poder de nos absorver e nos perturbar, por recursos secretos. Mas este poder decerto deriva do seu relacionamento, segundo suas próprias regras, com ideias sistemáticas.

Pois, nas grandes questões com as quais a mente humana tem tradicionalmente se preocupado, há, digamos, algo de *primitivo* que é do maior valor para o artista literato. Sei que pode parecer estranho dizer isso, pois temos o hábito de pensar em ideias sistemáticas como a própria essência do que não é primitivo, do altamente desenvolvido. E sem dúvida elas o são, mas ao mesmo tempo são os meios pelos quais uma civilização complexa mantém o primitivo em si e se refere a ele. Donde, e portanto, o nascimento e a morte, o destino, o livre-arbítrio e a imortalidade – são coisas que nunca estão longe do pensamento sistemático. E a crença de Freud de que o primeiro questionamento de uma criança – além da qual, realmente, o adulto não passa – é em efeito um questionamento sexual, que a mim parece ter um apoio empírico vindo da literatura. As questões extremas do pensamento consciente e racional sobre a natureza do homem e seu destino, assemelham-se na mente literária com o sombrio inconsciente e com os relacionamentos mais primitivos dos humanos. Amor, paternidade, incesto, parricídio: esses são os grandes temas que as ideias sugerem à literatura, os meios pelos quais elas se expressam. Basta-me sugerir três grandes obras, de diferentes épocas, para ver como isso é verdadeiro: *Édipo, Hamlet, Os Irmãos Karamazov.*

As ideias, se forem suficientemente importantes e de certa espécie, não só não serão hostis ao processo criativo como alguns pensam mas virtualmente serão inevitáveis, para ele. O poder intelectual e o emocional andam sempre juntos. E se podemos dizer, e acho que podemos, que a prosa literária americana contemporânea em geral é falha em relação ao poder emocional, é possível também explicar essa deficiência referindo-nos à fraqueza intelectual desse gênero.

Na poesia, a situação é diferente. Talvez isso possa ser explicado pelo fato de que os nossos melhores poetas são, como em geral os bons poetas são, especialistas em sua tradição. Está presente em sua mente o grau de poder intelectual que tradicionalmente é esperado da poesia. Questões de forma e de linguagem parecem demandar, ou criar, um adequado material temático; e um senso estético altamente desenvolvido envolve um tema bastante forte para sustentar a sua energia. Não temos apenas um punhado de poetas que são sujeitos e não objetos, que são ativos e não passivos. Não podemos dar conta rapidamente, se é que podemos, do que há de melhor nas obras de, digamos, Cummings, Stevens e Marianne Moore. Essas obras não estão isentas de nosso julgamento, mesmo de um julgamento desfavorável, mas têm a capacidade de permanecer, em um leitor maduro, como elemento contínuo de sua vida espiritual. De quantos prosadores de ficção podemos dizer algo parecido com isso?

O tópico que originalmente me foi proposto para esta ocasião e que eu tomei a liberdade de generalizar, foi o que quatro escritores americanos devem a Freud e a Spengler. Esses escritores eram: O'Neill, Dos Passos, Wolfe e Faulkner. Dos três primeiros, quantos podem continuar como elementos efetivos de nossa vida mental? Eu espero nunca ter de ler Dos Passos sem interesse, nem perder jamais o respeito morno mas qualificado que sinto pela sua obra. Mas será impossível para mim sentir que sua obra é autônoma, que continuará a existir além de nossos poderes de explicação. Quanto a Eugene O'Neill e Thomas Wolfe, posso respeitar a seriedade de sua dedicação, mas não posso pensar em ter uma relação recíproca viva com o que escreveram. E acho que isso é porque esses homens, desprovidos eles próprios de capital intelectual, também não devem a ninguém um volume de ideias suficiente. Spengler não é, decerto, um grande pensador; no melhor dos casos, é apenas um considerável dramaturgo da ideia da história do mundo e, por assim dizer, da história natural da cultura; e podemos achá-lo útil como crítico que resume os pontos de vista adversos de nossa cultura urbana e naturalista. Freud é realmente um grande pensador. Sem nos determos em especificar qual a influência real das ideias que foi exercida por Spengler e Freud sobre O'Neill, Dos Passos ou Wolfe, ou mesmo considerar se houve realmente qualquer influência, podemos assumir que tudo está em algo resultante do mesmo ambiente. Mas se, nesse ambiente, queremos ver o senso da realidade da catástrofe – sendo essa uma das qualidades que esperamos da literatura –, certamente será melhor procurá-lo no próprio Spengler do que em qualquer dos três artistas literários, assim como, se quisermos ver o senso do mistério humano, da tragédia realmente concebida nos grandes termos do livre-arbítrio, da necessidade, da esperança, certamente será melhor procurá-lo diretamente em Freud do que nesses três literatos.

Em qualquer extensa obra de literatura, como eu já disse, o efeito estético depende em grande parte da capacidade intelectual, da quantidade e da resistência do material sobre o qual a mente trabalha, e do sucesso da mente em dominar esse vasto material. E é exatamente a falta de poder intelectual que torna os três mencionados escritores, depois de nossa primeira resposta interessada, tão inadequados esteticamente. Basta comparar, por exemplo, o romance *USA*, de Dos Passos, a uma obra similar em espécie e intenção, *A Educação Sentimental*, de Flaubert, para ver que no escritor americano o material tratado é ao mesmo tempo mais reduzido e menos resistente do que no romance de Flaubert; a energia da mente que o trabalha também é menor. Ou considerar o conceito rude e tedioso de inconsciente usado por O'Neill, e sua maneira elementar de entender as ideias de Freud sobre sexo, para reconhecer nele os lamentáveis sinais de uma generalizada inadequação intelectual. Ou, quando nos perguntamos o que há com Thomas Wolfe que sempre nos faz sentir inconfortáveis com o seu talento, de tal modo que mesmo seus admiradores o veem não como um sujeito, mas como um objeto – um objeto que deve ser explicado e levado em conta –, somos forçados a responder que é o desconforto que vem da energia de sua expressão e do poder de sua mente. Costuma-se dizer que Thomas Wolfe é um escritor emocional. Talvez: embora este seja provavelmente o modo menos preciso para descrever um escritor que podia tratar só com uma única emoção; e sentimos que, em razão de seu egoísmo incansável e torturado, ele não conseguia submeter sua mente às ideias que poderiam ter trazido a variedade e o interesse da ordem ao caos singular e tedioso de seu poderoso olhar, pois é verdade que a inteligência extrai muitas emoções da emoção primariamente egocêntrica.

Neste ponto pode ser oportuno relembrar o que é nosso tema. Não é só a parte que é desempenhada na literatura pelas ideias que pode derivar do estudo de obras teóricas e sistemáticas: é a que é desempenhada, na literatura, pelas ideias em geral. Certamente o exemplo mais extremo e difícil do relacionamento geral da literatura com as ideias é a sua relação com ideias altamente desenvolvidas e formuladas; e por ser este realmente um tema difícil, e com frequência tão mal compreendido, resolvi enfatizá-lo. Mas não o apresentaremos adequadamente – de fato não representaremos adequadamente a mente humana –, se pensarmos só sobre ideias formuladas de uma forma elevada. Seremos compelidos a voltar à generalidade do nosso tema se eu disser que os dois únicos escritores contemporâneos que, para mim, têm a possibilidade de estabelecer um relacionamento recíproco e vivo com suas obras são Ernest Hemingway e William Faulkner. E essa nossa retomada do tema será mais dramática, porque esses dois escritores insistiram na sua indiferença à tradição intelectual consciente de nosso tempo e adquiriram a reputação de alcançarem seus efeitos usando meios que têm pelo menos uma conexão possível com qualquer espécie de intelectualidade, ou mesmo de inteligência.

Tentando explicar certa qualidade recomendável que pode ser encontrada na obra de Hemingway ou na de Faulkner – e só uma certa qualidade, e não uma virtude literária total e inquestionável –, não somos chamados para nosso tema para mostrar que ideias especiais e reconhecíveis, de certa força ou peso, sejam "usadas" nessas obras. E nem para mostrar que novas ideias de certa força ou peso sejam "produzidas" por elas. Tudo o que temos de fazer é lembrar de certo efeito estético que seja, em alguma parte importante, alcançado por um processo mental que não é diferente dos processos pelos quais as ideias discursivas são concebidas, e que deva ser julgado por alguns dos critérios pelos quais uma ideia é julgada.

O efeito estético em que penso pode ser sugerido por uma palavra que já usei antes – atividade. Sentimos que Hemingway e Faulkner trabalham intensamente sobre o recalcitrante material da vida; quando estão inspirados, eles nos dão a impressão de que a quantidade e a intensidade de sua atividade estão em uma proporção satisfatória em relação à recalcitrância do material. E o nosso prazer em sua atividade torna-se mais certo, porque temos a nítida impressão de que os dois romancistas não estão iludidos de terem conquistado o material para o qual dirigem sua atividade. O oposto é verdadeiro de Dos Passos, O'Neill e Wolfe; em cada ponto conclusivo de seu trabalho sentimos que *eles* sentem que já disseram a última palavra e que nós sentimos isso mesmo quando eles representam a si próprios, como O'Neill e Wolfe fazem com tanta frequência, intrigados e surpresos com a vida. Mas, em relação a Hemingway e Faulkner, raramente temos a impressão de que enganaram a si próprios, de que representaram erroneamente para si próprios a natureza e a dificuldade do material com o qual trabalham. E prosseguimos, fazendo outro julgamento intelectual: dizemos que o material que eles apresentam, com o grau de dificuldade que nele pensam encontrar, parece ser irremediável. Isso, dizemos, é atingir um ponto importante; isso realmente tem algo a ver com a vida tal como a vivemos. Não podemos ignorar isso.

Há um racionalismo tradicional e agressivo que pode entender o pensamento só em sua forma consciente e desenvolvida, e acredita que a frase "mente inconsciente" é uma contradição desprovida de sentido, em seus termos. Esse ponto de vista, que considero errôneo, tem pelo menos a utilidade de nos advertir de que não devemos chamar de "pensamento" ou de "ideia" todas as respostas do organismo humano, sejam elas quais forem. Mas a posição racionalista extrema ignora o simples fato de que a vida da razão, pelo menos em sua parte mais extensiva, inicia-se com as emoções. O que surge quando duas emoções contraditórias são expressas para que se confrontem, e que delas se exija que tenham um relacionamento uma com a outra, isto é, como eu já disse, muito adequadamente chamado de "ideia". Pode-se também dizer que as ideias são geradas pela oposição de ideais, e na conscientização do impacto de novas circunstâncias sobre velhas formas de sentir e avaliar, na resposta ao conflito entre novas exigências e velhas devoções. Pode-se dizer também que uma obra terá o que tenho chamado de "poder de convicção", uma vez que as emoções em confronto se aprofundem, ou em que as velhas devoções sejam mantidas firmemente e as novas exigências se enraízem solidamente. Nas histórias de Hemingway,[4] a pesada carga de ideais e de ligações de sua meninice entra em conflito com os desejos da maturidade, não só com a imaginação da morte mas também com aquela imaginação que é singularmente modificada pela sombria negação do mundo moderno. Faulkner, como um sulista, um homem profundamente envolvido com suas práticas tradicionais, situa-se, naturalmente, no centro de um exigente evento histórico que lança sobre ele a consciência da inadequação e dos erros implícitos na própria tradição que ama. Na obra desses dois escritores, o "poder de convicção" é uma função de seu inconsciente, e não de sua mente consciente. Se admiramos Tolstói e Dostoiévski, podemos também lamentar a deficiência dessa conscientização nos dois talentosos escritores americanos, culpando a inadequação que mostram ao generalizar.[5] Contudo, deve ser observado que o inconsciente de ambos revela sabedoria e humildade em relação a eles próprios. Raramente tentam formular uma solução, e se satisfazem com a "capacitação negativa". E esta, que é a vontade de permanecer em incertezas, mistérios e dúvidas, não é, como se poderia supor, de uma tendência aos sentimentos modernos, uma abdicação da atividade intelectual. Muito pelo contrário, é precisamente um aspecto de sua inteligência, de sua visão de toda força e complexidade dos seus temas. Poderemos entender melhor isso quando observamos como o inconsciente de Dos Passos, O'Neill e Wolfe ressente-se da

---

[4] Hemingway é mais caracterizado e melhor escritor em seus contos do que em seus romances.

[5] Embora haja mais impulso para a generalização do que é habitualmente suposto. Isto é em especial verdadeiro em relação a Faulkner, que nunca partilhou a crença contemporânea de que só as palavras concretas têm poder e que só a representação de coisas e de ações é dramática.

falta dessas virtudes; e nem são eles inteiramente ativos, como é demonstrado pela história intelectual dos três. Da parte de Dos Passos, uma passividade diante da ideia da total corrupção da civilização americana resultou, mais tarde, na sua negação de possibilidade de uma reforma econômica e social, e em sua virtualmente desqualificada aceitação do *statu quo* americano. A passividade de O'Neill diante dos clichês do materialismo econômico e metafísico levou-o a um tardio catolicismo simplista. Em Thomas Wolfe, a passividade diante de toda a sua experiência levou-o àquela característica *malícia* relativa aos objetos ou parceiros de sua vida, coisa que nunca é levada em conta pelos seus admiradores, e também eventualmente àquela simples afirmação, registrada em *You Can't Go Home Again* [Você não Pode Voltar para Casa de Novo], de que a literatura deve se tornar o agente da imediata solução de todos os problemas sociais e empreender a imediata erradicação do sofrimento humano; e, como seu amigo mais íntimo não concordava com a possibilidade de isso acontecer, Wolfe deixou de ser seu amigo. Desses três homens pode-se dizer, portanto, que foram violados pelas ideias. Devemos observar, porém, que essa violência foi provocada por um excesso de passividade intelectual.

Falando de Hemingway e Faulkner, usei a palavra "devoção". É uma palavra que escolhi com algum cuidado e apesar do sentido pejorativo que tem hoje em dia, pois eu desejava evitar a palavra "religião"; devoção não é realmente religião, mas eu queria também ter em mente a religião, como inevitavelmente deve acontecer quando a devoção é mencionada. Carlyle diz de Shakespeare que ele foi o produto do catolicismo medieval, e acrescenta que o catolicismo, à distância em que Shakespeare se mantinha dele, tinha muito a ver com o poder da sua inteligência. Allen Tate desenvolveu de um modo especial uma ideia que tem muito em comum com o que Carlyle quer dizer. Em um sentido mais vago, a ideia é de que a religião, ao declinar, deixa um detrito formado de devoções, de fortes convicções, que permitem a criação de uma condição particularmente propícia a certas espécies de literatura; essas devoções têm forte carga de conceitos intelectuais – ou talvez fosse mais certo dizer que elas tendem a estimular a mente de um modo poderoso.

As emoções religiosas estão especialmente ausentes da obra de Shakespeare, não se podendo dizer que ele fosse um homem religioso. Também não é possível dizer isso dos homens do grande período da literatura americana do século XIX. Hawthorne e Melville, por exemplo, viveram em um tempo em que a religião estava em declínio, e não estavam inclinados a apoiá-la. Mas herdaram da religião um bom número de devoções, um corpo de questões, por assim dizer, que engajavam profundamente seus corações e suas mentes. Henry James não era um homem religioso e não há o menor sentido em tentar classificá-lo como tal. Mas não precisamos aceitar todas as implicações da tese de Quentin Anderson, em que diz que o romancista fazia alegorias do sistema religioso de seu pai para reconhecer que esse autor tem razão quando diz que James estava lidando, à sua própria maneira, com a questão proposta pela fé paterna. O que nos faz entender algo das razões que fazem James seduzir tanto nossa imaginação ainda hoje, e de termos tanta ansiedade em voltar sempre a Hawthorne e a Melville.

A devoção que descende da religião não é a única possível, como o caso de Faulkner nos lembra, e talvez também o caso de Hemingway. Mas naturalmente mencionamos primeiro a devoção que descende da religião porque é mais provável tê-la sob a forma da transcendência que, quer a admitamos, quer não, esperamos sempre que a literatura, em suas melhores formas, nos proporcione.

Este assunto é extremamente delicado e complexo, e não faço nada mais do que enunciá-lo de forma precária e rude. Mas não importa a forma como o expresso, pois estou certo de que os leitores verão que falo do que nos conduz a uma questão crucial de nossa cultura literária.

Sei que não errarei ao assumir que a maioria de nós somos, em nossas crenças sociais e políticas, conscientemente liberais e democráticos. E sei que também não errarei se disser que a maioria de nós, e na medida de nosso empenho com a literatura e nossa familiaridade com ela, já descobriu que os autores contemporâneos que mais desejamos ler e admirar pelas suas qualidades literárias exigem de nós grande agilidade e habilidade no trato com seu antagonismo a nossos ideais sociais e políticos. Pois é verdade que a moderna literatura europeia com a qual podemos ter um relacionamento ativo e recíproco, que é o relacionamento certo, foi escrita por homens que são indiferentes, ou mesmo hostis, à tradição do liberalismo democrático, tal como o conhecemos. Yeats e Eliot, Proust e Joyce, Lawrence e Gide são homens que não parecem nos confirmar nos ideais sociais e políticos que temos.

Se considerarmos agora a literatura contemporânea dos Estados Unidos, veremos que, seja o que for que possamos descrever nela como explicitamente liberal e democrático, não nos parecerá de um interesse duradouro. Não digo que as obras escritas em conformidade com a tradição democrática liberal não tenham valor, mas só que não estamos dispostos a relê-las, não as estabelecemos em nossos afetos e em nossa mente. Muito provavelmente aprendemos com elas, mas como cidadãos, e como cidadãos-especialistas e cidadãos-críticos nós as entendemos e explicamos. Mas não vivemos com elas uma relação ativa e recíproca. O sentido de grandeza, de força de argumentação, de transcendência que elas podem ter, a impressão de termos sido atingidos no mais recôndito de nossa mente primitiva – isto virtualmente nunca nos vem dos escritores da tradição democrática liberal, na nossa época.

E já que a democracia liberal inevitavelmente gera um corpo de ideias, necessariamente nos ocorre perguntar por que essas ideias não infundem poder e força de argumentação na literatura que as encarna. Essa pergunta é a mais importante, a mais desafiadora no campo da cultura que podemos fazer neste momento.

A resposta a essa pergunta não pode, é claro, ser ao menos iniciada, aqui, e me darei por contente se ao menos puder ser aceita como questionamento válido. Há, porém, uma ou duas coisas que podem ser ditas sobre a direção que devemos tomar para abordá-la de modo adequado. Não descobriremos essa resposta se tentarmos dar conclusões fáceis sobre a ausência, em nossa cultura, de ideias importantes da religião tradicional. Já me referi ao fato histórico da religião ter sido um meio eficiente de transmitir ou gerar ideias que penso serem necessárias para as qualidades literárias que queremos, e para alguns isso sem dúvida significa que eu acredito que a religião seja uma condição necessária para a grande literatura. Não acredito nisso; e o que é mais, considero isso, de muitos pontos de vista, um meio impróprio de se tentar garantir a literatura usando uma crença religiosa.

E nem encontraremos nossa resposta se a procurarmos na fraqueza das próprias ideias liberais democráticas. Não é absolutamente verdade que a inadequação da literatura que se conecta com um corpo de ideias seja o sinal da inadequação dessas mesmas ideias, embora seja sem dúvida verdadeiro que algumas ideias têm menos afinidade com a literatura do que outras.

Nossa resposta, creio, será antes encontrada em um fato cultural – na espécie de relacionamento que nós, ou os escritores que nos representam, mantemos em relação às ideias que proclamamos como nossas, e no nosso hábito de conceber a natureza das ideias em geral. Se descobrirmos que, na verdade, concebemos ideias como pílulas de intelecção ou cristalizações do pensamento, precisas, completas e definidas pela sua coerência e por suas recomendações processuais, então teremos definido a espécie de prosa literária que temos. E se descobrirmos que realmente temos esse hábito, e continuarmos com ele, poderemos predizer que nossa literatura continuará a ser o que é. Mas se formos levados a rever nosso hábito de conceber ideias desta forma, e em vez disso aprendermos a pensar nas ideias como coisas vivas, inevitavelmente conectadas com nossas vontades e desejos, suscetíveis de crescimento e desenvolvimento pela sua própria natureza, mostrando sua vida pela sua tendência a mudar, a se tornarem passíveis – por essa mesma tendência – de deterioração, de se tornarem corruptas e danosas, então criaremos com as ideias um relacionamento que tornará possível a formação de uma literatura ativa.

Do mesmo autor, leia também:

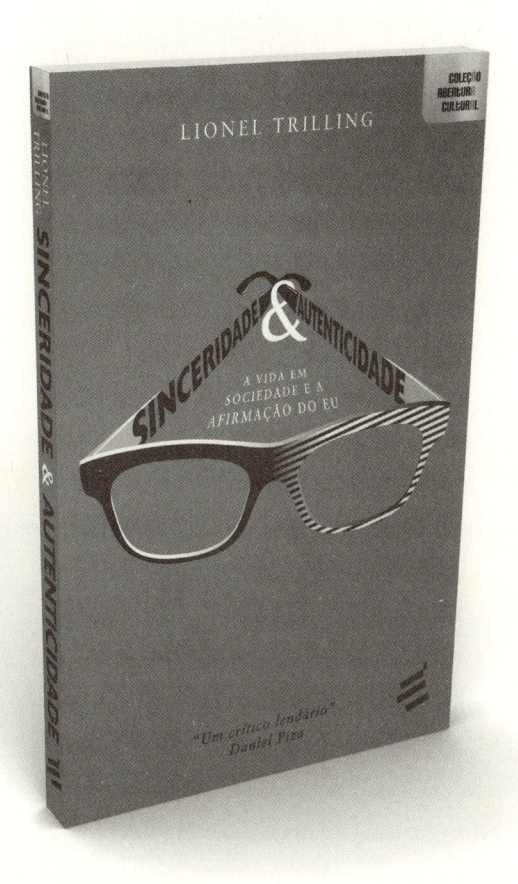

Neste livro, Lionel Trilling trata do processo pelo qual a espinhosa empreitada da sinceridade, de ser verdadeiro consigo mesmo, veio a ocupar um lugar de grande importância na vida moral – e a mudança posterior na qual aquele lugar se vê substituído pelo mais obscuro e vigoroso ideal moderno de autenticidade.

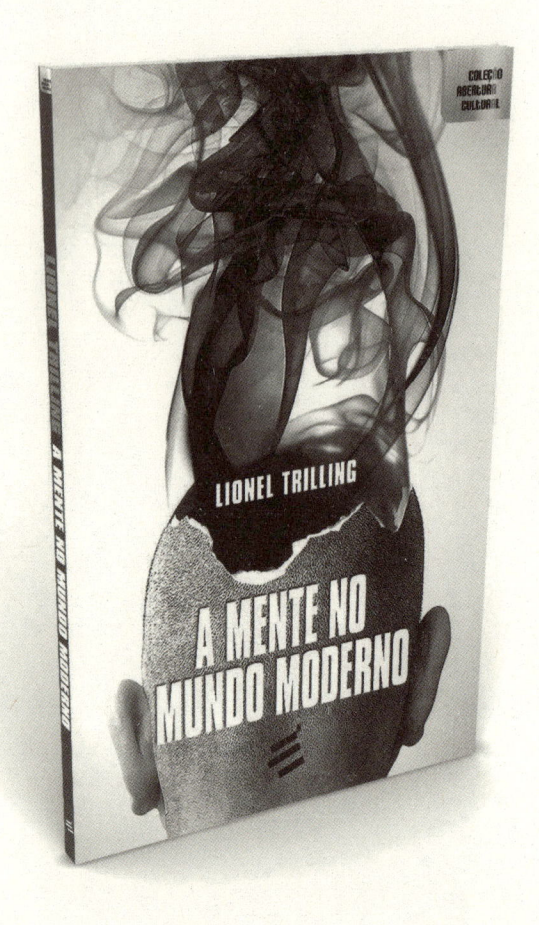

Nesta obra, Trilling denuncia a fragmentação do saber, a especialização excessiva, o descrédito do conceito de mente, o irracionalismo crescente, de um lado, e o cientificismo, de outro – em síntese, o cinismo e o niilismo intelectual. O autor, entusiasta da educação liberal, encarna em sua própria fala a complexidade da experiência humana e o ideal de uma formação humanística.

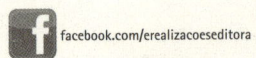

facebook.com/erealizacoeseditora   twitter.com/erealizacoes   instagram.com/erealizacoes   youtube.com/editorae

issuu.com/editora_e   erealizacoes.com.br   atendimento@erealizacoes.com.br

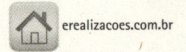